히스토리아
노바

주경철의 역사 에세이

히스토리아 노바

산처럼

| 책을 내면서 |

　시대가 묻고 역사가 답한다. 그 질문과 응답을 매개하는 것이 역사가의 일일 터이다. 지난 과거에 질문을 던지는 이유는 인간의 삶을 직접 살펴보고 사고할 수 있는 유일한 마당이 역사이기 때문이다. 삶의 흔적은 그냥 흘러가버리는 것이 아니고 질문을 던져 다시 불러내면 생명을 얻어 우리에게 돌아온다. 프랑스의 저명한 역사가 마르크 블로크는 역사가란 인간의 살 냄새가 나는 곳이면 어디든 달려가는 식인귀와 같은 존재라고 이야기한 바 있다. 역사가는 인간과 관련된 모든 일에 말을 걸고 캐묻는다.

　이 책에 실린 글들은 우리 사회가 직면한 여러 문제에 대해 질문을 제기하고 대답을 찾아보려던 시도였다. 빠르게 돌아가는 우리 사회의 모습을 한편에 두고 그것을 유장한 역사의 흐름에 비추어보고자 했다. 그처럼 매주 한 번 일간 신문의 지면을 빌려 나의 생각을 던져보는 것은 엄청난 특권이자 아찔한 경험이었다. 그 기록을 다듬어 두 번째 책으로 엮었다. 이전의 묶음과 같은 측면도 있지만 동시에 새로운 생각들을 펼친다는 의미에서 이 책 이름을 '새로운 역사 이야기'라는 의미로 '히스토리아 노바historia nova'라 붙여보았다.

신문 지상에 처음 선보였을 때에는 워낙 짧은 글들이라 생각의 파편을 간명하게 제시할 뿐, 자세한 설명이나 논증은 펼치기 힘들었다. 단편短篇보다 더 작은 장편掌篇, 즉 손바닥 글이라고 부르는 게 맞을 것이다. 이를 다시 모아 약간 편하게 숨 쉴 수 있는 여유를 주었다. 너무 각박했던 정보를 보충하고, 설명이 모자라 오해의 소지가 있는 경우에는 조금 자세한 설명을 추가할 수 있었다. 이렇게 하여 주제별로 모으니 지난 몇 년간 우리가 살아온 시대를 드러내는 장편長篇의 점묘화가 그려지는 것 같기도 하다. 그 그림을 보노라니 프레스토 비바체presto vivace(매우 빠르고 생기 있게)의 급박한 리듬에 몸을 맡겨 내달려온 우리 사회가 이제는 안단테 칸타빌레andante cantabile(느리게 노래하듯이)로 살았으면 좋겠다는 생각도 해본다.

그렇지만 '지금 이곳'은 아직 신산辛酸한 풍경이 널리 펼쳐져 있는 곳이다. 이 책에 묶은 백 개의 꼭지들을 돌아보니 행복하고 아름다운 이야기보다 힘들고 고통스러운 이야기들이 더 많다. 인류의 지난 삶이 원래 그렇게 고단했던가. 그럼에도 그런 어두운 이야기들을 반추하는 이유는 불행이 반복되지 않도록 하기 위함이다. 이 책이 장래 우리가 나아갈 더 나은 방향을 찾고자 할 때 다소나마 생각할 거리가 됐으면 좋겠다. 역사의 가르침이 우리 시대를 풍요롭게 할 것이다.

이 책을 엮는 데에는 도서출판 산처럼이 말 그대로 산처럼 큰 도움을 주었다. 선후배 동학들도 신문지상의 글을 읽고 격려와 비판을 아끼지 않았다. 간혹 전화를 주신 독자 여러분들께는 제대로 정중하게 응대해드리지 못한 데 대해 사과의 말씀을 드리는 바이다. 늘 제일 먼저 원고를 읽고 엄격한 논평을 해주신 이주미 여사와 주은선 양에게도 감사의 마음을 전한다.

2013년 여름
지은이 주경철

주경철의 역사 에세이
히스토리아 노바 —— 차례

책을 내면서 • 5

제1부
문명과 자연의 대화

커피 • 이슬람의 성수(聖水)에서 전 세계의 음료로 • 14
다이아몬드 • 호신용 부적에서 전쟁 자금으로 • 19
이집트 문명 • 영원한 신비 속에 굳어져버린 '차가운' 사회 • 22
국왕의 사체(死體) • 국왕의 신성함을 통치 수단으로 만드는 국민의례 • 26
대동강 문명권 • 세계 5대 고대 문명권? • 31
리스본 지진 • 죽은 자를 묻고 산 자를 치유하자 • 34
흉년 • 굶주림의 역사는 아직 끝나지 않았다 • 39
하수관 • 땅 밑에서부터 시작된 근대적 발전 • 43
홍수 • 선진국은 재해에 대비한 기반시설이 탄탄한 나라 • 47
악마의 선택 • 세상을 삼키는 홍수 앞에 누구를 희생시킬 것인가 • 51
페르미의 역설 • 컴퓨터 게임에 중독되어 지구를 찾아오지 않는 외계인 • 55
우리는 더 아름다워졌는가 • 나의 아름다움을 내가 기획하는 시대 • 59
오스트레일리아의 코끼리 • 생태계 혼란을 초래한 외래종 동식물 • 63
인간과 동물 • 지구는 우리만 사는 곳이 아니다 • 66

제2부
인류의 삶을 수놓은 문화

섹스 스트라이크 • 참혹한 전쟁과 죽음을 넘어서려는 진지한 노력 • **70**
노출 • 올바른 주장과 비열한 선정성이 뒤섞인 문제 • **74**
여배우 • 시대가 주목한 미녀들 • **78**
오즈의 마법사 • 경제적 해석보다는 용기 넘치는 모험 • **82**
버터 • 매운맛에서 부드럽고 섬세한 맛으로 • **86**
축구 • 단순한 공놀이에 깃들어 있는 민족적 스타일과 역사적 흐름 • **90**
올림픽 정신 • 돈과 국가권력, 민족주의 경쟁으로 변질된 인류 최고의 제전 • **95**
바캉스 • 위기 상황에서 시작된 유급휴가 제도 • **99**
빅토리아 앨버트 박물관 • 노동자들의 교양을 위한 보수적인 '인민 궁전' • **102**
영국에 대한 오해 • 이웃 나라 사람들의 못된 비방에 오해받고 있는 나라 • **105**
금지곡 • 국민의 정서를 통제하려던 독재 시대의 노래들 • **108**
강남 좌파 • 민중을 위한 투쟁 이전에 우선 캐비아와 샴페인부터 • **111**
문화와 상품 • 문화의 흐름이 빚어내는 변화들 • **114**
국민 행복 • 경제성장 다음 단계의 행복은? • **117**

제3부
역사 속의 인간들

아마존과 헤라클레스 • 힘과 지혜 그리고 사랑 • 122
동방박사 • 아기 예수를 경배한 '불의 숭배자들' • 127
성 프란체스코 • 성인과 이단의 수괴는 종이 한 장 차이? • 130
콜럼버스 유해의 미스터리 • 신화화된 인물의 시신을 둘러싼 의혹 • 135
국왕의 신화화 • 앙리 4세는 생전에도 존경받는 군주였는가 • 139
프리드리히 대왕 • 강력한 국왕은 어떻게 만들어졌는가 • 142
마리 앙투아네트 • 혁명의 물결에 휩쓸린 기구한 운명의 '작은 요정' • 146
빅토르 위고 • 좌파와 우파, 민중과 엘리트 모두에게 추앙받는 문인 • 150
라스푸틴 • 신비로운 힘으로 정치를 농단한 괴승 • 154
'이상한 패배' • 스스로 역사가 된 위대한 역사가의 죽음 • 158
조지프 스완 • 냉혹한 사업가 에디슨에 가려진 백열전구의 진짜 발명자 • 162
록펠러 • 무자비한 사업가에서 회심한 자선가로 • 166
아마르티아 센 • 시장의 문제보다 부의 배분이나 약자 보호 시스템의 문제 • 170
그라민 은행 • 빈곤 없는 세상을 만들 수 있다는 희망과 믿음 • 173
덩컨과 드밍 • 한국과 일본의 경제성장을 도와준 이방인 은인들 • 177

제4부
전쟁과 학살, 고난의 기억

바람과 함께 사라지다 • 미국의 보수적 정서를 밝혀주는 사료 • 182
도버 • '됭케르크의 기적'이 이루어진 역사 현장 • 186

『징비록』 • 정세에 어둡고, 준비도 없이 내분에 휩싸였던 임진란에 대한 기록 • 190
천연두 • 침략자들의 앞길을 열어준 병원균 • 195
벚꽃 • 봄날의 서정이냐 제국주의의 집단 죽음이냐 • 198
가마카제 • 일본의 젊은 청년들을 희생시킨 잔인한 비극 • 203
한낮의 공포 • 다음의 소식을 전하게 되어 유감입니다 • 209
제차 세계대전 종전 • 산업화되고 대량화된 젊은이들의 죽음 • 213
세상에서 가장 슬픈 만남 • 죽음의 문턱에서 만난 부인과 여동생 • 217
부상병 그리고 군 병원 • 강한 군사력은 병원 체계에서 나온다 • 221
전후 처리 방안 • 복수와 응징이 평화를 가져오지는 않는다 • 225
미사일 • 강력한 힘을 스스로 통제할 수 있는 지혜가 필요 • 228
스푸트니크 • 서방세계를 충격에 빠뜨린 세계 최초의 인공위성 • 232
크메르루주 • 유토피아 이념에서 나온 최악의 독재 디스토피아 • 235

제5부
시간 속에서 숙성된 인류의 지혜

축(軸)의 시대 • 인류는 축의 시대의 통찰을 한번도 넘어선 적이 없다 • 240
조로아스터교 • 세계 최초로 악의 원리를 밝힌 종교 • 244
조로아스터교와 유대교 • 기독교와 이슬람교로 이어진 유일신 사상 • 249
이슬람교에서 보는 예수 그리스도 • 실패한 예언자? • 253
천둥이 한 말 • 절제하고, 보시하고, 자비로워라 • 258
세렌디피티 • 이 세상 만물은 책이며 그림이며 거울이니 • 262
발다로의 연인 • 신석기 시대의 '로미오와 줄리엣' • 266
기사의 사랑, 사랑의 기사 • 고귀한 귀부인을 향한 고결한 사랑의 주인공 • 270
수의(壽衣)에는 호주머니가 없다 • 모든 것을 내려놓아라 • 274

칼레의 시민 • 애국적인 영웅으로 재탄생한 시민들 • 278
프랑스혁명과 칸트 그리고 재스민 혁명 • 혁명, 진보적이면서도 보수적인 • 282
샹그릴라 • 서구가 만들어낸 동양적 신비주의의 '짝퉁' 이상향 • 287
안뜰과 러브 라운지 • 창의적 해결책을 찾으려면 직접 만나서 대화하라 • 290
Please, Thank you • 우리 모두 서로 의존하며 살아가고 있으니 • 293

제6부
정치와 경제의 소용돌이

기적궁 • 낭만도 사랑도 없는 도시 빈민가의 불행한 역사 • 298
베이비 박스 • 백 년 전처럼 아이를 내다 버리도록 해야 하는가 • 302
이자 • 하느님이 허락한 시간을 팔아먹는 행위 • 306
채무 노예 • 인간을 '노예 상태'로 떨어뜨리는 부채 문제 • 309
밑바닥 10억 • 하루 1달러로 살아가는 극빈국에게 우리의 경험을 • 313
특허 • 어느 정도까지 보호해야 하는가 • 316
짝퉁과 기술 도용 • 경제성장 초기에 벌어지는 낯뜨거운 일들 • 320
네덜란드병(病) • 로또 당첨이 인생을 망치듯 • 323
바세나르 협약 • 가족의 가치를 중시하는 분위기에서 나온 노사 합의 • 326
머라이온 • 사자와 물고기의 이종교배 • 330
말라카 해협 • 동서양의 교류·충돌의 핵심 지역 • 334
대분기 • 산업혁명은 왜 유럽에서 일어났는가 • 337
케랄라 현상 • 교육의 확대가 과연 경제발전을 가져오는가 • 341
발전의 대가 • 불평등, 자살, 우울증에 시달리는 부국강병 • 344
여성과 권력 • 조화와 협력의 부드러운 시대가 될 것인가 • 347

참고문헌 • 350

제1부

문명과 자연의 대화

커피

이슬람의 성수(聖水)에서
전 세계의 음료로

커피의 원산지는 에티오피아로 추정된다. 이와 관련된 설화로 「에티오피아의 염소치기 칼디와 춤추는 염소들」이라는 이야기가 있다. 어느 날부터인가 칼디가 기르는 염소들이 밤늦게까지 흥분해서 잠을 자지 못했다. 자세히 관찰해본 결과 염소들이 어떤 나무 열매를 먹고 나면 그처럼 잠을 자지 않는다는 것을 알게 됐다. 의아하게 생각한 칼디는 직접 그 열매를 씹어보았다. 그러자 아주 기분 좋은 느낌이 드는 게 아닌가. 이상하게 여긴 칼디는 근처의 수도원을 찾아가 원장에게 열매를 보이며 이 사실을 이야기했지만, 원장은 쓸데없는 일이라며 열매를 불속에 집어던졌다. 그러자 열매가 구워지며 아주 향긋한 냄새가 났다. 이 열매를 갈아 물에 녹인 것이 세계 최초의 커피가 됐다. 수도원장이 이 음료를 시험 삼아 마시자 정말로 한밤중까지 정신이 또렷한 채 잠이 오지 않았다. 이때 수도원장의 머리를 스치는 훌륭한 생각이 있었으니, 밤에 철야 기도를 하는 수도사들이 이 음료를 마시면 큰 도움이 되리라는 것이었다. 과연 이 열매를 끓인 음료를 마시고부터는

나무에 달린 커피 열매(오른쪽) 그리고 구운 열매(왼쪽).

수도사들이 꾸벅꾸벅 조는 일 없이 밤새 맑은 정신으로 정진할 수 있었다. 이 이야기는 이탈리아의 동양 언어학자인 파우스투스 나이론이 1671년에 출판한 책에 나오는 내용이다.

이슬람권에서는 모카의 성자 알리 이븐 우마르에 관한 설화가 유명하다. 우마르는 스승이 죽으면서 명한 대로 모카로 가서 여러 기적을 행했다. 예컨대 모카에 도착하자마자 그가 흙을 한 줌 움켜쥐자 그곳에서 물이 솟아나왔는데 이것이 이 지역 최초의 우물이라고 한다. 얼마 후 이 지역에 역병이 크게 유행하자 사람들이 그를 찾아와 도움을 청했다. 우마르는 기도의 힘으로 많은 사람들의 병을 고쳐주었다. 그렇게 병을 고친 사람 중에는 이 지방 영주의 딸도 있었다. 그런데 이 일이 있고 난 후 이상한 소문이 돌기 시작했다. 우마르와 그 여인 사이에 이상한 일이 있었다는 것이다. 이 소문을 들은 영주는 격노하여 우마르를 추방했다. 우마르는 제자들을 데리고 산속으로 들어갔다. 이곳에서 커피나무를 발견한 그들은 열매를 달여 마시며 지냈다. 그 후 모카에 또 역병이 돌았고, 사람들은 다시 우마르를 찾아왔다. 그런데 이때 사람들은 우마르가 시커먼 액체를 마시고 있는 것을 보았다. 두려워하는 사람들에게 우마르는 이 액체에 잠잠Zamzam 성수聖水

중동 지역에서 사람들이 커피를 마시는 장면.

와 같은 영험한 힘이 들어 있다고 설명했다. 잠잠은 이슬람교 최대 성지인 메카의 카바 신전 옆에 있는 샘으로써, 수천 년 전 이브라힘의 아들인 이스마엘이 황야에서 갈증으로 울부짖을 때 알라가 물을 솟아나게 한 곳이다. 전 세계의 순례객들이 메카에 와서는 반드시 이 샘물을 마실 뿐 아니라 집에 병자가 있는 사람이면 이 물을 가져다가 먹여서 병을 낫게 한다. 그런데 우마르 성인이 권한 커피가 바로 이 성수와 같은 힘을 가지고 있어서 이 음료를 마신 사람들이 모두 병이 나았다. 이 일이 있고 난 후 영주는 깊이 뉘우치고 성자를 다시 모카로 모셔왔다.

물론 두 설화 모두 신빙성이 없는 이야기일 뿐이다. 특히 우마르 설화는 모카 항구를 통해 수출되는 커피(모카커피는 모카에서 생산된 커피가 아니라 그곳에서 수출하는 커피를 뜻한다)의 명성이 확립된 이후 그것을 정당화하느라고 생겨난 설화로 보인다.

커피가 이슬람 세계에 널리 퍼져간 것은 메카 순례 관습 덕분이다. 신전을 찾는 사람들이 이 음료를 마셔보고는 자기 고향으로 가지고 간 것이다. 사람들은 철야 기도라는 원래의 종교적 의미보다는 점차 이 음료의 향과 맛을 즐기게 됐다. 커피는 16세기 이후 메카로부터 카이로, 이스탄불, 다마스쿠스 등지로 퍼져갔다. 이슬람 세계에서 특히 커피가 널리 보급된 이유는 이 문명권에서 술이 금지되어 다른 기호음료가 필요했기 때문이다. 곧 유럽 여행자들이 터키에서 이 이상한 검은 음료를 보고 처음에 혐오감을 표시하다가 조만간 여기에 빠져들고 말았다.

17세기 중엽이 되면 유럽의 여러 도시에서도 커피를 마시기 시작했다. 그렇지만 커피가 처음 소개됐을 때에는 기호품이라기보다는 우선 약으로 명성을 얻었다. 이는 신상품이 도입될 때 흔히 있는 일인데, 대개 온갖 병을 낫게 하거나 정력을 강하게 해준다는 식의 소문이 돌게 마련이다. 후추, 코코아, 담배, 심지어 감자 같은 경우도 처음 소개될 때에는 이와 마찬가지였다. 1671년 리옹에서 출판된 『커피, 차, 코코아의 효용』이라는 책에는 커피의 약효가 이렇게 나와 있다.

> 이 음료는 모든 차갑고 축축한 체액을 말리고 바람을 제거하며 간을 보하고 수종을 완화한다. 옴이나 피가 썩는 병에도 효과가 탁월하다. 심장의 열을 내리게 하고 지나친 박동을 조절해주며 복통을 완화하고 식욕 감퇴에도 좋다. ……커피에서 나는 김은 안질, 이명耳鳴, 숨이 찰 때, 비장의 통증 그리고 기생충에도 효과가 있다. 특히 과음 과식에 이 이상 좋은 것이 없다.

한마디로 커피는 만병통치약으로 통했다!

오늘날 커피는 세계인이 즐기는 음료로 자리 잡았지만, 원두를 생산하는 지역 주민들을 가난에 빠뜨리는 비극의 작물이 됐다. 원두 값이 요동치기 때문이다. 냉전 시대에는 브라질, 콜롬비아, 르완다, 에티오피아 등 주요 원두 생산국들이 소련의 영향권에 편입될까봐 국제커피협약을 통해 원두 가격을 안정시켰다. 그런데 1991년 소련의 해체 이후 그럴 필요가 없어지자 네슬레를 비롯한 거대 다국적기업들이 협약을 해제했고, 그 결과 원두 가격이 폭락했다. 예컨대 2000년부터 2003년까지 3년 동안 원두 1킬로그램 가격은 3달러에서 86센트로 떨어졌다. 그 결과 에티오피아의 수출액은 8억 3000만 달러나 줄어들었다. 1990년, 전 세계의 커피 생산국들은 모두 110억 달러어치의 원두를 수출했다. 같은 해 전 세계 커피 소비자들은 300억 달러어치의 커피를 소비했다. 2004년의 경우에는 원두 가격 하락으로 원두 수출액이 55억 달러나 줄어들었다. 그런데 최종 소비자들은 커피 소비를 위해 700억 달러나 썼다. 중간 단계에 있는 다국적기업이 막강한 영향력을 행사한 결과다. 최근 원두 가격이 많이 회복됐다고 해도 커피 재배 지역의 많은 주민은 여전히 굶주림에 시달리고 있다.

장구한 역사의 흐름을 거쳐 오늘날 세계인의 음료가 된 그 향긋한 커피 한 잔에는 제3세계 가난한 농민들의 비극이 녹아 있다.

다이아몬드

호신용 부적에서
전쟁 자금으로

다이아몬드가 중산층 자녀의 결혼식 예물 반지로 쓰일 정도로 일반화된 것은 19세기 후반에 남아프리카에서 거대한 다이아몬드 광상鑛床들이 잇따라 발견된 이후의 일이다. 그 이전에는 다이아몬드가 지금보다 훨씬 귀한 물품이어서 왕족이나 최고위 귀족들만 소유했고, 그 용도도 장식용이라기보다는 사악한 힘을 물리쳐주는 호신용 부적의 성격이 강했다.『금강경金剛經(Diamond Sutra)』의 이름도 이와 무관치 않을 것이다. 그런 다이아몬드가 일반인들의 수중에까지 들어가려면 우선 다이아몬드 원석이 많이 나야 한다. 원래 다이아몬드 주산지는 인도였다. 포르투갈 상인들이 인도의 다이아몬드를 유럽에 들여오면 유대인 상인들이 이를 가공하여 판매했다. 그러다가 이들이 이베리아 반도에서 종교적 이유로 축출된 후에는 벨기에와 네덜란드, 혹은 영국으로 옮겨가 이런 곳들이 새로운 다이아몬드 거래 중심지로 떠올랐다.

다이아몬드의 역사가 바뀐 중요한 계기는 1866년 남아프리카의 킴벌리 인근 오렌지 강 연안에서 에라스무스 야콥스라는 한 보어인(네덜

남아프리카 킴벌리의 다이아몬드 채굴 현장인 빅 홀.

란드계 농민) 아이가 빛나는 돌멩이 하나를 주운 일이었다. 이 돌이 21캐럿의 다이아몬드 원석으로 판명나면서 이 지역에 다이아몬드 러시가 일어났다. 다른 다이아몬드 산지와 달리 이곳에서는 다이아몬드가 누런 진흙 속에 파묻혀 있어서 사람들은 원석을 캐기 위해 땅을 파들어갔다. 1871년부터 1914년까지 5만 명의 광부들이 삽과 곡괭이로 땅을 파서 2,722킬로그램의 다이아몬드를 캐냈다. 1캐럿이 200밀리그램이므로 이는 13,610캐럿에 해당한다. 그러는 동안 지름 463미터에 깊이가 200미터가 넘는 빅 홀Big Hole이라는 거대한 구멍이 생겼다. 인간이 손으로 파서 만든 세계 최대의 구멍이라는 빅 홀은 다이아몬드를 향한 인간의 탐욕을 생생하게 보여준다.

남아프리카에서 발견된 다이아몬드 원석 중 가장 유명한 것은 3,106.75캐럿의 컬리넌Cullinan 다이아몬드다. 이 원석에서 잘라낸 530

캐럿짜리 보석(일명 '아프리카의 큰 별')은 영국 국왕의 석장錫杖에 붙어 있고, 317캐럿의 보석 (일명 '아프리카의 작은 별')은 왕관에 붙어 있다. 사실 영국이 잔혹한 보어전쟁을 일으키며 남아프리카에서 식민지 지배를 확대한 것도 다이아몬드와 깊은 관련을 가지고 있다. 19세기에 영국 정부의 비호하에 운영

컬리넌 다이아몬드 원석.

되던 드 비어스 회사는 오늘날까지 세계의 다이아몬드 거래를 사실상 독점하고 있다.

다이아몬드는 흔히 분쟁 국가에서 많이 생산되어 전쟁 자금으로 쓰이곤 했다. 여기에서 나온 말이 '분쟁 다이아몬드'다. 유엔은 이것을 '합법적이고 국제적으로 인정받은 정부들에 반대하는 세력들이나 파벌들이 통제하는 지역에서 생산되고, 또 이들 정부들에 맞선 군사 행동에 자금줄 역할을 하는 다이아몬드'라고 정의한다. 분쟁 다이아몬드의 구매 및 유통을 극구 부인하던 드 비어스 회사는 1998년에 글로벌 위트니스가 앙골라 내전(1975~2002) 당시 다이아몬드 국제 거래 대금이 전쟁 자금으로 흘러들어간다는 사실을 폭로하는 보고서를 발간하자 모든 사실을 인정하고 분쟁 다이아몬드의 구매와 유통을 전면 중지하기로 한 것이다.

오늘날 다이아몬드는 사악한 힘을 막아주기는커녕 흔히 세상을 어지럽히곤 한다.

이집트 문명

영원한 신비 속에 굳어져버린
'차가운' 사회

국립과천과학관에서 파라오 투탕카멘전展이 개최된 적이 있다. 실물로 보는 이집트 유물들은 놀라움을 안겨주기에 충분했다. 고대 이집트의 전성기였던 제18왕조(기원전 1550?~기원전 1292?)의 마지막 파라오로서 18세에 사망한 투탕카멘의 피라미드에서는 고고학 역사상 최대의 수확 중 하나라 할 만큼 눈부신 보물들이 쏟아져나왔다. 거대한 사당祠堂 속에 몇 개의 작은 사당들이 중첩되어 있고 그 한가운데에 위치한 황금관 속에 빛나는 황금 마스크를 쓴 미라가 누워 있다. 전실과 별실, '보물의 방'과 현실玄室에는 상상하기 힘들 정도로 많은 물품들이 채워져 있다. 이 엄청난 것들이 모두 한 소년 파라오의 내세의 행복을 빌기 위한 일이었다는 것이 우리로서는 이해하기 힘들 지경이다.

이집트 문명에 대해서는 흔히 놓치기 쉬운 한 가지 근본적인 문제가 제기된다. 히브리 문명이나 고대 그리스 문명은 오늘날까지도 계속 심대한 영향을 미치고 있지만, 고대 이집트 문명은 아주 오래전에 이미

투탕카멘의 황금 마스크(오른쪽)와 투탕카멘의 무덤에서 나온 부장품으로 금과 보석으로 만든 가슴 장식(왼쪽).

단절되어버렸다. 예컨대 히브리 문명은 유대인들에 의해 지금까지 핵심적인 내용이 전해져오고 있고, 다른 한편 기독교라는 세계 종교로 이어졌다. 이에 비해 오시리스나 아누비스 같은 신들은 단지 머나먼 과거의 존재에 불과할 뿐, 오늘날 그 누구도 이 신들에게 의탁하지 않는다. 우리는 신비에 둘러싸인 이집트 문명 앞에 그저 경탄할 뿐이다. 왜 그렇게 됐을까?

 이에 대해 독일의 이집트 학자 얀 아스만은 고대 이집트가 '차가운 사회'였기 때문이라고 설명한다. '뜨거운 사회'가 변화를 수용하는 사회라면 '차가운 사회'는 역사의 변전變轉이 불러오는 모든 변화를 거부하고 무화無化시켜버리는 사회다. 이를 달리 설명하면 이렇게 된다. 모든 문명은 글로 쓴 것이든 아니든 그 문명의 근간을 이루는 중심 '텍스트들' 위에 성립된다. 그런데 이집트 같은 곳에서는 이 텍스트를 완벽한 정전正典(canon)으로 만든 다음 이에 대해 한 치의 변화도 허락하

투탕카멘 묘의 내부 벽화.

지 않으려 한다. 반면 히브리 문화권이나 고대 그리스 같은 곳에서는 텍스트를 성립시킨 다음 그것을 주석과 주해의 기반으로 삼는다. 이렇게 문명 텍스트에 대해 질문을 던지고 재해석을 하는 과정에서 새로운 혁신이 일어난다. 반면 이집트처럼 주석과 주해를 거부하는 문명권에서는 한번 정립된 진리는 시간을 초월한 영속성을 누리며 단지 반복되고 숭배될 뿐이다.

상이한 두 지역의 역사 서술 역시 다른 성격을 띠게 된다. 이집트 같은 경우는 사람들이 사건을 기록하여 연대기를 작성하려 하는 데 비해, 히브리나 그리스 같은 곳에서는 변전하는 역사의 움직임 속에서 신의 뜻이든 혹은 인간의 업적이든 의미를 파악하려는 경향이 있다. 양자 간에는 건널 수 없는 큰 간극이 생긴다. 아마도 이런 차이를 가져오는 핵심적인 요인 중 하나가 문자의 차이라고 아스만은 지적한

고대 이집트의 신성문자.

다. 이집트의 문자 체계는 동부 지중해 지역을 휩쓸던 거대한 변화의 조류에 휩쓸리지 않고 저항하는 힘을 지녔다. 이집트인들은 그들이 새기는 상형문자 기호들이 큰 힘을 가지고 있다고 믿었기 때문에 글자 한 자 한 자에 정성을 기울였다. 심지어 위험한 뱀을 나타낼 때에는 그 글자에 칼을 꽂아서 위험을 방지하려고 할 정도였다. 그리스인들이 이런 것을 보고 이 글자들이 성스러움을 조각한 것이라 믿고 이를 신성문자神聖文字(hieroglyph. hieros(신성하다)와 gluphein(새기다)를 합한 말)라 부른 것은 정말로 정확한 의미를 파악한 것이다. 그러나 이처럼 자신의 문법 체계를 정전화codification하고 다른 주석을 허용하지 않는 문명은 결국 적응력이 떨어지며, 그 결과 역사 발전에 대해 문을 닫아걸어 자기 내부에 스스로 갇혀버리고 만다.

　화장품, 보드게임, 무기, 악기, 유리컵, 필기구, 면도날, 햇불, 심지어 응급치료 키트에 이르기까지 사후 삶의 준비를 철저히 한 투탕카멘은 이 세상 너머 존재하는 영원의 세계에서 행복하게 지내고 있을까?

국왕의 사체(死體)

국왕의 신성함을
통치 수단으로 만드는 국민의례

과거 영국이나 프랑스에서 국왕이 죽으면 사인死因을 명백히 규명하는 검시 과정을 거친 후 방부 처리를 하여 미라를 만들었다. 사체의 방부 처리 기술은 고대부터 알려져 있었지만 영국은 헨리 1세(재위 1100~35), 프랑스는 필리프 4세(재위 1285~1314)부터 공식 언급됐다. 그 이전에 왕의 사체를 어떻게 처리했는가에 대해서는 기록이 적지만 아주 예외적인 사건은 성왕 루이(루이 9세, 1214~70, 가톨릭 성인으로 시성諡聖됐다)의 경우다. 십자군에 참가했다가 튀니지에서 사망한 국왕의 사체를 프랑스로 가져와야 했는데, 날씨 탓에 부패가 쉽게 일어날 터이므로 포도주 속에서 사체를 끓여 살을 발라내고 뼈만 추려가지고 온 적이 있다.

국왕 사체로 미라를 만드는 처리 방식에 대해서는 기록들이 많이 남아 있다. 이에 따르면 우선 국왕이 서거하면 혹시 다시 숨이 돌아올지 모르므로 24시간을 기다린 후에 궁정의 주요 인물들과 의대 학장이 입회한 가운데 검시를 시작했다(이 자리에 왕실 가족들은 전혀 참여하지 않았다). 왕실 수석 외과의가 흉골에서부터 치골까지 길게 절개하여 흉부와 복부를 열면 참여 의사들이 위, 장, 간, 심장, 비장 등 주요 장기들의 상태를 관찰한 후 기록으로 남겼다.

루이 13세의 경우 기록은 이런 식이다.

> 창자에 구멍이 뚫려 있고, 장간막 상부에 종양이 있으며, 반쯤 썩은 장에 궤양이 발견된다. 신장에 괴저가 있고 기생충들이 있다. 간은 절반 정도 핏기가 사라졌지만 비장은 상태가 좋으며 폐는 약간 궤양이 있고 말라 있다. 위장 안에는 나쁜 체액들이 있는데 아주 큰 기생충 한 마리와 그 외 작은 기생충들이 발견됐다.

이런 기록을 보면 왕이나 범부나 아무 차이가 없다는 것을 새삼 깨닫게 된다.

기록이 정리되면 그 후 본격적으로 방부 처리 과정이 진행된다. 혀와 눈을 비롯하여 부패하기 쉬운 기관들을 제거하고, 정향·장미수·레몬·오렌지·안식향 등의 물질이 함유된 방향성 포도주로 사체를 씻은 다음, 면으로 입·눈·코·귀를 막고 왁스 입힌 천으로 싼다. 사체에서 나는 냄새는 잘못 맡으면 즉사할 정도로 위험하다고 믿었기 때문에 각종 방향제를 사용했다. 사이프러스 껍질, 라벤더, 로즈마리, 소금, 후추, 압생트, 몰약, 정향 등 여러 물질을 몸 안에 채워넣은 후 사체를 봉합했다. 장례식이 장기간 거행되기 때문에 가능한 한 오랫동안 부패를 지체시켜야 했다(샤를 9세 같은 경우는 매장까지 한 달 반이나 걸렸다).

이런 일들이 당시 의학 수준으로는 결코 쉬운 일이 아니었다. 프랑스 역사상 가장 유명한 의사인 앙브루아즈 파레(1510~90)도 방부 처리에 대해 변명조의 이야기를 남겼다. 완벽하게 방부 처리를 하려면 고대에 했던 것처럼 방향 물질들을 첨가한 식초 속에 70일 동안 사체를 담가야 하는데 그렇게 할 수 없는 상황에서 국왕의 사체가 부패하는 것에 대해 자신을 비난한 것은 부당하다는 것이다. 한편 적출한 내장들, 혈액, 지방 그리고 수술 중 사용한 스펀지 등은 모두 수거하여 통에 넣어 관 옆에 함께 두었다. 이때 중요한 기관인 심장은 따로 방부 처리를 했다. 반쯤 미라가 된 국왕의 사체는 납으로 만든 관에 넣어 프랑스 왕실 성당인 생 드니 성당에 안치했다. 이 모든 일을 공개적으로 하는 데에는 국왕의 신체가 개인의 몸인 동시에 '국가기관'으로서 신성한 가치를 지니고, 그래서 국가 기념물로 만들어야 한다는 당대의 관념이 작용했다. 또한 국왕의 죽음과 관련된 모든 진실을 명백하게 밝혀야 한다는 원칙도 중요했다. 그렇지 않으면 온갖 루머와 음모가 판을 칠 우려가 있기 때문이다.

그런데 프랑스혁명 중에 국왕 사체를 훼손하는 중대한 사건이 벌어졌다. 혁명이 가장 과격한 단계에 들어섰던 1793년 가을, 혁명 당국은 지난 시대 왕정의 신성함을 공격하기 위해 역대 국왕의 관을 꺼내 일반에 공개한 것이다. 앙리 4세 사체의 경우 당대 기록은 이렇게 증언한다.

> 잘 보존된 국왕의 사체는 아주 잘 알아볼 수 있었다. 월요일까지 사체를 공개하여 누구든지 와서 관찰할 수 있었다. 심지어 어떤 병사 한 명은 수염 몇 올을 뽑아 기념물로 가져갔다.

왕의 사체를 미라로 만든다는 것은 분명 고대 종교의례의 유제遺制로 보인다. 국왕의 신성함을 영구 보존한다는 것 자체가 국가와 그

프랑스의 역대 국왕들이 매장된 생 드니 성당 국왕들의 묘지.

체제의 영속성을 확보하는 상징이었을 것이다. 그렇지만 그것은 지난 시대의 관념이다. 왕이든 범부든 죽으면 그 몸은 자연으로 돌아가는 것이 순리다. 사회주의 국가들에서 아직도 지도자의 사체를 미라로 만들어 보존하고 전시하는 일은 알고 보면 가장 퇴행적인 정치 행태에 속한다.

대동강 문명권

세계 5대 고대 문명권?

단군 신화가 기록된 가장 오래된 책은 13세기 말에 일연一然이 지은 『삼국유사三國遺事』다.

옛날 하늘나라 임금인 환인桓因에게 여러 아들이 있었는데, 그중 서자庶子 환웅桓雄이 천하를 다스리고자 했다. 환인이 그 뜻을 알고 천하를 두루 살펴보니 태백산이 널리 인간을 이롭게 하기弘益人間에 알맞은 곳으로 보이는지라, 그에게 천부인天符印 3개를 주고 내려가 세상을 다스리게 했다. 환웅은 3천 명의 무리를 거느리고 태백산 마루 신단수神檀樹 아래에 신시神市를 열고 풍백風伯, 우사雨師, 운사雲師를 거느리고 인간 세상을 다스렸다. 이때 곰과 호랑이가 사람이 되고자 하니 환웅은 쑥과 마늘만으로 백 일간 햇빛을 보지 않으면 사람이 될 수 있다고 했다. 이 인내력 테스트에서 호랑이는 도중에 참지 못하고 뛰쳐나가고 승리한 곰熊女이 사람이 됐다. 웅녀가 결혼하고자 해도 사람이 없으므로 신단수 아래에서 아이를 낳게 해달라고 빌었더니 환웅이 잠시 남자로 변하여 웅녀와 결합했다. 이렇게 얻은 아들이 곧 우리 민족

1994년 봄에 재건한 북한의 단군릉. 북한에서는 단군이 실존 인물이고, 고대에 대동강 유역에 선진 문화가 발전하여 대동강 문명권을 이루었다고 주장한다. ⓒ 송호정

의 시조인 단군이다. 단군이 평양에 도읍하여 국호를 조선朝鮮이라 했고, 뒤에 아사달에 천도하여 1,500년간 나라를 다스렸다.

이와 같은 단군 '신화' 이면에 있는 실제 '역사'는 무엇일까? 이 신화는 선진 집단이 후진 집단을 평화적이든 무력으로든 통합하여 고대국가를 세우는 과정을 그린 이야기로 해석할 수 있겠지만, 당연히 이런 모호한 기록을 통해 구체적인 실상을 백 퍼센트 다 알 수는 없는 일이다. 고조선의 실체가 완벽히 고증되지 않은 이상 명확히 정립된 답을 내놓는 것은 쉬운 일이 아니다. 고조선의 강역疆域이 어디까지이며, 평양성이 정확히 어느 곳을 가리키며, 또 권력 집단과 사회구조가 어떤지 여러 문제들이 여전히 논란의 대상으로 남아 있다.

모르는 것은 모른다고 하는 것이 답이다. 그런데 북한 학계는 실로 명쾌한 답을 제시하고 있다. 단군은 실존 인물이고 『고기古記』에 나오는 평양은 곧 현재의 평양을 가리킨다. 1990년대 단군릉 일대를 발굴했을 때 약 5천 년 전 부부의 유골이 발견됐는데 이들이 바로 단군 부부로 밝혀졌다는 것이다. 더 나아가서 북한 학계는 평양 일대에서 고인돌, 집터, 성터 등이 계속 발견됐으며, 이것들은 대동강 유역에 구석기 시대부터 매우 발달한 고대문화가 존재했다는 증거라고 설명한다. 예컨대 약 4,800년 전 고인돌 무덤에서 하늘의 별자리를 표시한 구멍들이 발견됐는데, 이는 세계의 다른 어느 지역보다 3천 년 정도 천문학이 앞선 증거라는 것이다.

　우선 북한 학계가 자세한 발굴 과정 보고서를 공개하지 않기 때문에 사실 자체를 명확하게 확인할 수는 없지만, 고대에 대동강 유역에서 선진 문화가 발전해 있었던 것은 분명하다. 문제는 북한이 이를 과장하여 '대동강 문명권'을 설정하고 이것이 세계 5대 문명 중 하나라고 주장하는 점이다. 이는 세계사 교과서에서 흔히 거론하는 세계 4대 문명론(황허黃河, 인더스, 나일, 메소포타미아 문명권)을 수정하는 놀라운 주장이다. '민족의 성지'인 대동강 유역은 고대 이집트 문명권이나 중국의 황허 문명권과 어깨를 나란히 하는 세계 최선진 지역으로 자리매김됐다. 우리 민족의 역사를 찬미하는 데에 반대할 생각은 없지만 이건 아무래도 너무 무리한 주장이라는 느낌을 지울 수 없다. 수많은 사람들이 아사餓死하고 김일성 주석 사망 이후 권력 승계 문제가 불거진 위기 상황에서 나온 이 학설은 정권의 정통성 확보에 역사학이 무리하게 협조한 결과로 보인다.

리스본 지진

죽은 자를 묻고
산 자를 치유하자

　지진과 쓰나미가 대재앙을 가져온 역사적 사례는 적지 않다. 그중 하나가 1755년 11월 1일에 일어난 리스본 대지진이다. 이날 아침 9시 40분, 포르투갈 서부 지역에 진도 9의 지진이 발생했다. 진앙은 포르투갈 남서쪽으로 200킬로미터 떨어진 대서양 해저로 추정된다. 이날, 안전한 곳을 찾아 항구 지역의 공터로 달려간 사람들은 이상한 현상을 목도했다. 바닷물이 멀리 물러나면서 맨땅이 드러나 옛날에 침몰했던 배와 화물들이 모습을 드러낸 것이다. 그러더니 약 40분 후, 이번에는 엄청난 쓰나미가 몰려왔다. 운 좋은 소수만이 말을 타고 전속력으로 높은 지대로 달려가 피신했을 뿐 대부분의 사람들이 밀어닥친 바닷물에 휩쓸렸다. 시내 곳곳에 발생한 화재는 5일 동안 계속됐다. 이 엄청난 재앙으로 리스본에서만 수만 명이 사망하고 건물의 85퍼센트 이상이 파괴된 것으로 추정된다. 문화적 손실도 적지 않아서 왕실 도서관의 귀중한 장서 7만 권과 루벤스, 티치아노 등의 그림들이 영영 사라졌다.

리스본 지진 당시 파괴된 채 그대로 남아 있는 성당.

　자연의 엄청난 위력 앞에 인간은 무력할 수밖에 없다. 그렇다고 맥없이 눌러앉아 있을 것인가? 포르투갈의 총리 폼발 후작은 곧바로 재건 사업에 매진했다. "이제 어떻게 할 것인가? 죽은 자를 묻고 산 자를 치유하자"는 것이 그의 모토였다. 시의 중심 구역은 아메리카의 에스파냐 식민지에 세워진 신도시 유형을 본받아 격자 형태로 재건하기로 했다. 해안가에 있던 왕궁은 복구가 불가능할 정도로 파괴됐으므로, 새로운 계획에 따라 큰 광장을 건설하고 주변에 왕궁과 정부 청사들을 세우기로 했다. 쓰나미와 함께 파헤쳐진 진흙 뻘밭 위에는 북유럽에서 수입한 재목 수천 개를 박아 기초를 다지고, 그 위에 석재 건물을 올렸다. 이 기회에 리스본을 유럽에서 가장 아름다운 도시로 재건하려는 것이 목표였다. 그러나 재건 사업은 오랜 시간이 소요되는 힘든 과업이었다. 공사가 진행되는 동안 서민들은 리스본 주변의 일곱 개 언덕 위에 지은 초라한 임시 거주용 오두막집에서 근근이 살아갔다.

자연재해는 또한 정신적으로 큰 충격을 주었다. 일부 사제들은 신도들에게 과도한 공포감을 심어주어, 또 다른 공황을 막으려는 정부의 노력에 찬물을 끼얹었다. 어느 예수회 신부는 정부의 재건 노력에 대해 하느님이 이제 더 큰 징벌을 내리려 하는 마당에 무익한 일을 벌인다고 비난했다. 그가 계속 정부의 노력을 훼방하자 결국 그를 종교재판소에 넘겼다. 그는 이단 판정을 받아 화형당했고, 그의 재는 바다에 뿌려졌다.

재앙에 뒤이어 이 나라에서 전개된 극도의 종교적 경건성과 편협성은 계몽사상가들의 주목을 끌기에 충분했다. 예컨대 당대 프랑스의 대표적 문필가인 볼테르(1694~1778)는 『캉디드』에서 변신론辯神論(theodicy)을 비판하는 근거 중 하나로 리스본 지진을 들었다. 독일의 철학자 라이프니츠는 이 세상은 "가능한 최선의 세계 중에서도 최선의 상태"로 되어 있으며, "악惡이라는 것도 신이 선善을 이루기 위한 방편"이라고 주장했지만, 수많은 사람이 하루아침에 사망하는 엄청난

리스본 지진 이후 복구사업 장면. 질서를 어지럽히는 사람들을 사형시키는 모습이 그려져 있다.

재앙을 경험한 볼테르는 그런 낙천적 견해를 비판했다.

> 리스본의 4분의 3을 파괴한 지진이 스쳐간 후, 그곳 현인賢人들은 무시무시한 재앙을 미리 막기 위한 방법으로 사람을 잡아다 불태워 죽이는 화형식이 가장 효험이 있다고 판단했다. 그래서 그들은 코임브라 대학교에서 모든 사람이 지켜보는 가운데 몇 사람의 죄수를 약한 불로 태워 죽이는 장엄한 의식을 집행하기로 결정했다. 그래서 대모代母와 결혼한 것으로 밝혀진 비스케인 그리고 닭고기를 먹을 때 기름 덩어리를 뽑아낸 포르투갈인 두 명(비밀 유대인이라는 의미다)이 체포됐다.……
>
> 팡글로스와 캉디드 역시 서늘한 낯선 방으로 끌려갔다. 그 방에는 햇빛 한 줄기도 들어오지 않았는데, 그들은 거기서 일주일을 멍하니 보낸 후 각기 화형장에 끌려갈 때 입게 되는 죄수복을 입고 머리에는 종이로 만든 삼각형의 승려관을 쓰게 됐다. 그러한 차림을 한 채 행렬을 따라 끌려가서는 성가 합창의 아름다운 목소리와 퍽 감동적으로 읊조

리는 설교를 들어야만 했다. 팡글로스 교수가 먼저 처형당했다. 세상에 이런 관습이 또 어디 있겠는가. 그때, 엄청난 굉음과 함께 새로운 지진이 다시 한 번 리스본 전역을 뒤흔들었다. 캉디드는 이 갑작스런 공포에 어리둥절하고 제정신이 아닌 듯이, 온통 피투성이의 몸뚱이를 한 채 가슴 죄며 하늘을 보고 서서 중얼거렸다. 이게 바로 최선의 세계인가!

우여곡절을 겪은 끝에 리스본은 완벽하게 재건됐다. 시내 중심부는 이전보다 더 아름다우면서도 지진에 충분히 견딜 만큼 튼튼하게 건축했다. 그리고 전국에 걸쳐 다음번 지진에 대비하기 위한 조사를 수행했는데, 이것이 지진학seismology의 발전에 큰 기여를 했다. 자연재해 앞에 인간은 물리적으로든 정신적으로든 엄청난 충격을 받곤 했지만 끝내 그것을 이겨내고 오늘날까지 역사를 이어왔다. 2011년 3월 11일 동일본대지진이라는 초유의 엄청난 재난을 겪은 이웃 일본도 능히 이를 이겨내리라 믿는다.

흉년

굶주림의 역사는
아직 끝나지 않았다

    과거에는 나라의 모든 일이 농사에 달려 있었다고 해도 과언이 아니다. 흉년이 들면 사회 도처에 빨간불이 켜진다. 그 옛날 흉년의 기록은 차마 눈뜨고 볼 수 없는 비극적인 광경을 보여준다. 자식들이 팔려가는 정도는 다반사이고, 굶주림 끝에 정신착란을 일으킨 부모가 아이들을 잡아먹었다는 흉흉한 이야기는 이상할 정도로 자주 나온다. 전근대 시대에는 90퍼센트 이상의 주민들이 농사에 매달렸지만 워낙 농업 생산성이 낮은지라 충분한 식량을 확보하기가 쉽지 않았다.

    과거 기근이 닥친 지역의 기록을 보면 처참하기 그지없다. 6세기 말에 투르의 그레고리우스는 이렇게 적고 있다.

    갈리아의 거의 모든 지방에 기근이 덮쳤다. 많은 사람들이 포도씨나 헤이즐넛 꽃으로 빵을 만들었는가 하면, 다른 사람들은 양치식물이나 잡초를 눌러 말린 다음 가루를 내고 여기에 약간의 곡식가루를 섞어서 먹었다. 곡식가루를 전혀 갖지 못한 사람들은 온갖 풀들을 모아서 먹

기근이 닥쳤을 때 소나무 껍질을 벗겨 먹기 위해 손질하고 있는 모습.

기도 했다. 그러나 이런 사람들은 허약해지고 몸이 부었다.

이건 그나마 약간의 곡식이 있는 곳이고, 그마저도 없는 중부 이탈리아 지방에서는 사정이 더 심각했다.

기근이 어찌나 심한지 작은 풀포기 하나라도 보면 사람들은 허겁지겁 그리로 달려가서 허리를 숙여 그 풀을 뽑으려고 했으나 워낙 기력이 없어 그마저도 하지 못했다. 그리고는 풀 위에 손을 뻗은 채 죽어갔다. ……굶주린 사람들은 놀란 표정, 충격을 받거나 정신 나간 눈길을 한 채 땅에 쓰러져 있다. 어떤 사람들은 굶어 죽고 어떤 사람들은 그들이 먹은 음식에 중독되어 있다. 그들은 체온이 크게 떨어져 있으며, 신생아처럼 아주 소량의 음식만 주어야지 그렇지 않으면 자신이 먹은 음식을 소화시키지 못해서 죽게 된다.

이 비슷한 종류의 기록은 양洋의 동서를 막론하고, 또 시대를 가릴 것 없이 흔히 볼 수 있다. 미국의 소설가 펄 벅(1892~1973)의 장편소설 『대지』에 나오는 유명한 장면에는 먹을 것이 다 떨어진 농민들이 흙을 파먹지 않던가. 음식이 풍부해지고 더 나아가서 사람들이 비만에 대해 걱정하는 것은 20세기 이후, 그나마 일부 지역에 한정된 일이다. 인류 역사 대부분은 온통 굶주림의 역사라 해도 과언이 아니다. 중세 기독교 교리에서 자기 혼자 밥을 많이 먹는 '폭식'이 7가지 대죄大罪 중 하나인 것이 이 때문이다.

이런 상황에서 정부 당국은 곡물의 재배와 판매를 엄격하게 감시했다. 영국 법에서는 어려운 식량 상황을 악용해서 돈을 버는 행위를 가증스러운 중범죄로 취급했다. 다량의 곡물을 구매하는 매점engrossing, 시장에 유통시키지 않고 가격이 오르기를 기다리는 매석forestalling, 높은 값에 소매로 팔아 큰 이익을 남기는 폭리regrating는 3대 죄악이었다.

흉년이 들면 당장 그해에 잘 못 먹는 것도 문제이지만 다음 해 농사를 망치는 것이 더 큰 문제였다. 수확한 곡물 중 일부를 다음 해 농사 종자로 따로 저장해놓아야 하는데, 굶주림에 내몰리다 보면 그 곡물을 먹어치우려는 유혹을 떨치기 어렵다. 오늘날 아프리카의 극빈국가에서 자주 벌어지는 일이지만, 종자까지 먹어버리면 다음 해에 더 심각한 위기에 빠지고 만다.

내년 농사를 위해 지금 굶주림을 견디는 일이 얼마나 힘든지 보여주는 사례로는 일본의 에도江戶 시대에 있었던 '교호享保의 대기근' 사태를 들 수 있다. 1732년, 시코쿠四國 지방에서 메뚜기 떼가 극성을 부려 굶어 죽는 사람이 부지기수이고 각지에 무장봉기가 발생했다. 이때 대부분의 사람이 마지막 남은 보리 한 톨까지 먹어치웠지만 사쿠베作兵衛라는 농민은 종자를 보존하기 위해 보리 한 섬을 베개로 만들어

숨겼고, 그 덕분에 다음 해에 농사를 지을 수 있었다. "나는 굶어 죽어도 이 보리씨로 많은 생명을 구할 것"이라고 말하며 끝까지 종자를 지킨 사쿠베는 이 지방에서 의농義農으로 추모되고 있다.

우리나라에서는 쌀 수요가 계속 줄고 있어서 이제는 벼 수확량이 크게 줄어도 쌀값 파동 같은 혼란이 일어나지는 않는다. 그러나 많은 빈국들에서 흉작은 여전히 최악의 사태를 불러오곤 한다. 당장 북한에서 벼 수확이 줄 때 어떤 비극적인 사태가 벌어질지 우려하지 않을 수 없다.

하수관

땅 밑에서부터 시작된
근대적 발전

　강물이 식수원이자 동시에 자연 하수 처리 시설로 이용되던 시절, 대도시의 위생 상태는 끔찍할 정도였다. 위생 수준이 최악의 지경에 이르렀다가 오히려 이를 계기로 공중보건 혁명이 일어난 곳은 19세기의 영국 런던이었다.

　1827년에 나온 한 팸플릿은 당시 템스 강의 상태에 대해 "130개 이상의 공용 하수구, 쓰레기장과 거름더미에서 흘러나온 오수汚水, 병원이나 도살장의 쓰레기, 염료, 납, 비누 원료, 제약 공장 및 각종 제작소에서 나온 폐기물, 동물 사체로 가득 차 있다"고 묘사했다. 당시 성업 중이던 수도 회사들은 큰 이물질을 제거하는 여과 장치를 도입하거나 물을 끌어오는 관을 오염이 덜 심한 상류 쪽으로 옮기는 조치를 취할 뿐이었다. 오염은 갈수록 심해져서 1833년 이후에는 템스 강에서 연어가 사라졌다.

　무엇보다 체계적인 하수 처리 시설이 없다는 것이 문제였다. 혁신적 위생 설비인 수세식 변소가 급속히 늘어난 것이 역설적으로 사태를 악

런던의 '대악취'를 그린 캐리커처.

화시켰다. 분노가 넘치는 템스 강은 참을 수 없는 악취를 뿜어 냈다. 런던 역사에서 가장 덥고 건조했던 1856년 여름에는 도시 전체가 '대악취the Great Stink'에 시달렸다.

악취보다 무서운 것은 전염병이었다. 콜레라는 역사상 처음으로 빠르게 전 세계로 확산된 질병으로서, 19세기 사람들에게는 가장 두려운 존재였다. 심지어 아침에 병균에 감염되면 해질녘에 극심한 탈수 증상으로 엄청난 고통 속에 죽을 수도 있었다. 환자는 급작스러운 위경련, 극심한 설사, 구토, 고열에 시달렸다. 병에 걸리면 얼굴이 핼쑥해지고 꺼졌으며, 얼굴빛은 모세혈관 파열로 검게 또는 푸르게 변했다. 그리고 결국에는 혈액순환 체계가 무너져서 죽음에 이르게 된다. 병에 걸리면 적게는 5분의 1에서 많게는 반이 사망했다.

19세기 중엽까지도 콜레라가 오염된 공기를 통해 전염된다는 것이 정설이었다. 예컨대 영국의 간호사 플로렌스 나이팅게일도 이런 견해를 믿었다. 1848~49년과 1853~54년 두 차례의 콜레라 발병으로 런던이 황폐화되자 이 질병의 원인을 둘러싼 논의는 더욱 가열됐다. 영국의 의사 존 스노(1813~58)는 콜레라가 수인성水因性 질병이라는 자신의 이론을 뒷받침할 수 있는 결정적 증거를 찾기 위해서 두 번째 콜레라 유행 시기에 브로드 가에 있는 한 무료 공중 수도를 대상으로 전염병에 걸린 소수의 케이스를 추적해나갔다. 이 수도는 소호 가에 있는 자신의 병원에서 멀지 않은 곳에 있었는데 그 주변의 인구가 밀집된 빈민 거주 지역 사람들이 많이 사용했다. 수도가 오염원으로 추정되는 하수도와 가까운 거리에 있다는 사실을 확인한 스노는 추가 전염을 막기 위하여 수도를 제거해야 한다고 지방 정부

영국의 의사 존 스노.

를 설득했다. 그러나 그는 콜레라를 연구하는 정부 내 특별위원회까지 설득할 수는 없었다. 위원회는 여전히 이 질병이 공기를 통해 전염된다고 믿고 있었다. 스노는 짧은 생애 내내 자신의 연구 내용을 알리기 위해 노력했으나 결국 뜻을 이루지 못하고 세상을 떠났다.

이런 선구자들의 노력 덕분에 점차 물이 문제라는 점이 명백해졌다. 이후 런던의 대도시사업위원회Metropolitan Board of Works는 신속하게 도시 위생 시설과 상수도 체계를 건설해나갔다. 런던 지하에 정교한 하수도망이 지어졌다. 그 관의 일부는 오수를 런던 중심부에서 멀리 떨어진 하류로 보내기 위해서 강의 양쪽에서 강과 평행하게 이어졌다. 그리고 일부 저지대에서는 오수가 주요 하수관에 원활하게 유입되도록 관을 높여서 묻기도 했다.

새로운 하수 처리 시설의 효과를 확인할 기회는 바로 찾아왔다. 1866년 콜레라가 유행했을 때 런던에서 피해를 입은 유일한 집단은 새로운

콜레라로 인해 많은 사람이 목숨을 잃는 상황을 묘사한 잡지 표지.

하수도망에 아직 완전히 편입되지 않은 지역 사람들이었다. 이후 런던은 다시는 콜레라에 시달리지 않았다. 1866년의 경험을 통해, 공식 견해는 콜레라가 오염된 물을 통해 전염되는 질병이라는 스노의 가설 쪽으로 기울었다. 여기에 대해 끝까지 의심했던 이들도 1892년 독일 함부르크에서 있었던 극적인 예를 보고는 입장을 바꿀 수밖에 없었다. 그 도시에서 한 도로를 사이에 두고 엘베 강에서 정수하지 않은 물을 끌어다 쓴 동네는 콜레라 유행으로 엄청난 피해를 입었던 반면, 물을 여과하여 마신 반대편 동네 사람들은 모두 무사했던 것이다. 이때는 이미 독일인 과학자 로베르트 코흐가 1883년 이집트에서 콜레라가 유행했을 때 콜레라균이 물을 통해 전파된다는 사실을 알아냈다고 발표한 이후였다.

런던의 사례는 세계로 확산됐다. 우리나라는 언제부터 하수 처리 시설이 설비됐을까? 1910년 무렵 조성된 벽돌식 하수관이 2012년에 서울 시내 지하에서 발견됐다. 일제 강점하에서이긴 하지만, 우리나라 역시 땅 밑에서부터 근대적 발전이 시작되고 있었다.

 홍수

선진국은 재해에 대비한
기반시설이 탄탄한 나라

네덜란드는 역사상 수많은 홍수와 해일을 겪었다. 유럽의 지형을 보면 그 이유를 알 수 있다. 네덜란드라는 이름 자체가 '저지대'를 가리키는 데에서 알 수 있듯이(Nether- '낮은', land- '땅') 이 나라는 국토 전체가 낮고 평평하다. 가장 높은 곳이라고 해야 해발 321미터에 불과하고, 많은 곳은 아예 해수면보다 낮다. 유럽 대륙의 동쪽과 남쪽의 고지대에서 발원한 라인 강, 마스 강, 스헬더 강이 모두 이 나라로 흘러와서 바다로 들어가고, 그 강들의 하구에는 수많은 지류들이 복잡하게 얽혀 있다. 말하자면 이 나라 전체가 하나의 삼각주라 할 수 있다. 따라서 자국 영토가 아니라 먼 이국 땅에서 큰비가 와도 그 물이 전부 이 나라로 흘러와서 넘치곤 했다. 특히 상류에서 큰물이 내려오는 것과 만조 혹은 해일이 겹치면 엄청나게 큰 피해를 입었다.

역사상 최대 홍수로 알려진 1421년 성 엘리자베스 축일의 홍수 때에는 1만 명이 죽고 20여 마을이 물에 잠겼다. 1287년에는 거대한 민물 호수였던 플레보 호의 북쪽 입구가 물에 휩쓸려가면서 호수가 바

1421년 성 엘리자베스 축일의 홍수.

다와 연결되어 커다란 내해內海가 됐다. 홍수가 아예 지형을 변화시킨 것이다. 최근 사례로는 1953년 홍수를 들 수 있다. 이때 약 2,600제곱킬로미터가 물에 잠기고 1,800명 이상이 사망했으며 10만 명이 집을 잃었고, 가축 100만 마리 이상을 잃었다. 당시 암스테르담 시는 거의 5미터 높이의 물에 잠겼다. 1995년에도 라인 강과 마스 강의 수위가 올라가서 25만 명의 주민과 100만 마리의 가축을 소개疏開하는 대역사가 벌어졌지만 다행히 큰 피해 없이 끝났다. 천 년 이상 된 물과의 싸움에서 물은 전혀 위력을 잃지 않고 어쩌면 갈수록 더 무서운 존재로 변하고 있다. 특히 지구 온난화로 빙하가 녹고 해수면이 올라가면 이 나라는 물에 잠길 우려가 있다. 언제 물에 빠질지 모르는 상황이므로 이 나라의 모든 학교에서는 수영을 강습하고 있는데, 이는 꼭 건강을 위해서만은 아니다.

네덜란드에서는 역사상 어느 세대나 한두 번 정도 심한 물난리를 겪게 마련이고, 그때마다 많은 인명 피해를 입었다. 홍수가 나면 마치 성벽이 돌진해오는 것처럼 물이 밀려온다. 제방이 맥없이 무너지고 물이 그 사이로 쏟아져들어오며, 제방 뒤쪽 바닥에는 깊은 구덩이가 생긴다(깊이가 20~30미터에 달하는 이 웅덩이를 빌렌wielen이라고 하는데, 이 나라의 곳곳에 과거 홍수의 기억으로 남아 있다). 천둥 치는 소리와 함께 엄청난 양의 물이 몰려가며 지나가는 곳의 모든 것을 휩쓸어가버린다. 이를 피하는 길은 다락 위로 숨거나 아직 시간이 있다면 무너지지 않을 것 같은 제방 위로 피하는 것이다. 그리고 나서는 바람이 잠잠해져 보트를 띄울 수 있을 때까지 기다리는 수밖에 없다.

이와 같은 위험에 맞서 네덜란드인들은 꿋꿋하게 국토를 지켜냈다. 이들은 제방을 쌓고 간척사업을 하여 폴더polder라 불리는 간척지를 만들었다. 13세기 이래 이 나라에서 이처럼 간척을 통해 얻은 땅이 1만 제곱킬로미터로 국토 전체 면적의 20퍼센트나 된다. 그러니 "신이 세상을 만들었다. 그러나 네덜란드인들은 네덜란드를 만들었다"고 자부하는 말이 과장이 아니다. 이미 300년 이상 된 진부한 표현이지만 네덜란드 사람들은 아직도 이 말을 하기를 좋아한다. 이 나라의 물 관리는 중세의 물 관리 조직에서 유래한 정부 독립 기관waterschappen이 담당한다. 이 기관은 전체 주민에 대해 세금을 부과하는데, 이 세금으로 수질 관리까지 함께 한다. 한편, 오늘날에는 이 나라의 치수 방식이 더 발전하여, 보통 때에는 물길을 열어두어 생태계가 자연스럽게 살아나도록 하면서 심한 폭풍우가 칠 때에는 댐을 닫아 안전을 확보하는 정교한 시스템을 운영하고 있다.

어떤 나라가 선진국인가? 여러 기준이 있겠지만 선진국이 되는 중요한 사항 중 하나는 재해에 대비한 기반시설이 잘 갖추어져 있다는 것이다. 태풍이 불거나 지진이 일어났을 때 선진국에 비해 후진국에서 인명 피해가 엄청나게 크다는 사실이 이 점을 잘 말해준다. 우리나라가 선진국으로 진입하는 시점에서 가장 긴급히 해야 할 일 중 하나는 재해 방지 및 구호 시스템의 재정비일 것 같다.

악마의 선택

세상을 삼키는 홍수 앞에
누구를 희생시킬 것인가

2005년 미국 남부에 들이닥친 허리케인 카타리나는 가공할 자연재해의 위험과 동시에 미국 사회의 내부적 취약성을 여실히 보여주었다. 이 아픈 상처의 기억이 채 가시기도 전인 2011년, 다시 백 년 만의 폭우로 미시시피 강 수위가 급격히 올라가면서 홍수 위험이 대두됐다. 이 재앙 역시 미국 사회의 내면이 어떤 상태인지 드러내 보여주는 기회가 됐다. 루이지애나 주 당국은 하류의 배턴루지와 뉴올리언스 같은 대도시가 물에 잠기고 정유시설이 큰 피해를 입는 사태를 피하기 위해 모간자 방수로의 수문을 열어 물길을 서쪽으로 돌렸다. 동쪽의 큰 피해를 줄이기 위해 서쪽을 희생시키는 '악마의 선택'을 한 셈이다.

미시시피 강의 치수 작업은 18세기부터 미국 엔지니어들의 주요 과제였다. 누구는 강에 제방을 쌓는 동시에 수문과 저수지를 갖추어야 한다고 했고, 누구는 제방과 함께 방파제를 건설해야 한다고 했다. 그렇지만 1879년에 미국 의회에서 구성한 미시시피강위원회는 다른 시설 없이 단순한 제방을 쌓는 것이 가장 효과적이라는 19세기 중엽의

1927년 미시시피 강 대홍수의 피해 상황을 표시한 지도.

엔지니어인 앤드루 험프리스의 안을 채택했다. 제방을 쌓으면 강물의 유속이 빨라져서 강물이 바닥을 파내므로 근본적으로 문제가 해결된다는 것이 그의 주장이었다. 그렇지만 막상 그렇게 하자 강바닥을 파내는 효과가 전혀 나타나지 않고 수위만 높아졌다. 수세기 동안 미시시피 강은 광대한 하천 유역을 조성해왔는데, 이는 대지와 급류, 충적토 사이의 아슬아슬한 균형 상태에 있었다. 그런 차에 양안兩岸에 제방을 쌓아 강을 마치 운하처럼 만들자 강물이 빠질 곳이 없어져 수위가 크게 올라갔고, 만일 강이 범람하면 엄청난 피해를 입을 것이 분명했다. 그러니 범람을 막기 위해서는 제방을 계속 높이 쌓을 수밖에 없었다. 1850년에만 해도 루이지애나의 모간자 지역에서는 2.5미터의 제방으로 범람을 막았지만 제방 높이를 계속 올려 1920년대에는 13미터에 이르렀다. 이 정도면 충분한 대비를 할 수 있으리라 예상했다.

이 예상은 1927년 봄의 대홍수 때 보기 좋게 빗나갔다. 그 전해인

1926년 여름부터 비가 많이 내려 여러 강들의 수위가 높아졌다. 9월이 되자 아이오와 주와 일리노이 주에 범람 현상이 나타났다. 그 후로도 가을 내내 비가 더 내리자 주민들이 불안해하기 시작했지만 당국과 엔지니어들은 제방이 충분히 버틸 수 있다고 자신 있게 말했다. 그렇지만 1927년 4월에 폭우가 쏟아지면서 우려했던 일이 드디어 터지고 말았다. 4월 14일에 그린빌의 제방이 무너져서 나이아가라 폭포 수량의 두 배가 넘는 물이 넘쳐났다. 그 후에도 수위가 계속 높아져서 남쪽의 빅스버그, 배턴루지, 뉴올리언스 등이 위험에 빠졌다. 1913년에 설치한 배수펌프들로는 역부족이었다. 강제 징집한 흑인 노동자들을 총으로 위협하며 수십만 개의 모래주머니를 쌓아올렸지만 소용이 없었다. 드디어 4월 29일, 세인트버나드와 플라커민즈 지역의 제방을 다이너마이트로 폭파하여 물길을 돌렸다. 뉴올리언스를 구하기 위해 주변 지역을 희생시킨 것이다. 최초로 '악마의 선택'을 한 이날, 탄탄한 제방으로 물길을 통제한다는 미국 엔지니어들의 오랜 신조는 완전히 막을 내렸다.

그 후 벌어진 일들 역시 공평성과는 거리가 멀었다. 쿨리지 당시 미국 대통령은 허버트 후버를 특별재난대책위원회 위원장으로 임명했다. 후버는 이재민을 돕고 지역을 재건하는 일을 지휘하여 자신의 능력을 한껏 과시했다. 두 달에 걸쳐 현지에 머무는 동안 그는 때로 기차와 보트 안에서 잠을 자며 주민 소개疏開와 이주민 구조에 전력을 다했다. 그렇지만 인종 갈등의 장소인 남부에서는 구호의 손길도 백인과 흑인을 나누어 대접했다. 백인 이재민들은 당국이 징발한 호텔에서 자면서 적십자사가 제공하는 음식을 받았지만, 흑인들은 화장실도 없는 텐트촌의 축축한 맨바닥에서 잤다. 이들은 자기 이름과 소속 플랜테

악마의 선택 ·053·

이션을 기입한 명패를 목에 걸어야 했고, 강제노동을 하는 대가로 불충분한 식량을 받았다. 많은 흑인들이 불충분한 영양 공급, 특히 비타민 B3의 부족으로 인해 생기는 병인 펠라그라에 시달렸다. 총검을 지닌 군인들이 흑인들을 감시했고, 악명 높은 KKK단이 린치를 가하기도 했다.

미시시피 강은 9월이 되어서야 수위가 원래 수준으로 되돌아왔다. 후버는 미시시피 강 치수 시설을 재정비했다. 새로 제방을 쌓으며 이번에는 분출구, 저수조, 도수로, 둑 같은 시설을 함께 설비했다. 그러나 사회적 상처는 완전히 아물지 않았다. 흑인들이 대거 미시시피 유역을 떠나 클리블랜드, 디트로이트, 시카고로 옮겨갔다. 시카고가 흑인들의 노래인 블루스의 중심지가 된 것도 이 이후의 일이다.

미국 사회는 심각한 문제를 안고 있고, 때로 악마적인 방식으로 약자들을 희생시킨다는 사실을 미시시피 강이 웅변으로 증언한다.

페르미의 역설

컴퓨터 게임에 중독되어
지구를 찾아오지 않는 외계인

 1940년대의 어느 날, 이탈리아 출신의 유명한 물리학자인 엔리코 페르미(1901~54)가 동료 학자들과 지구 바깥에 지적인 생물이 존재할 가능성에 대해 대화를 나누고 있었다. 지구에서 아주 급속하고 연속적으로 생명의 진화가 이루어져, 지적이면서도 기하급수적 번식력을 자랑하는 생명체인 인간이 이토록 늘었다. 그런데 우리 은하계에 별이 1천억 개나 있고, 지구는 그중 하나일 뿐이다. 논리적으로 생각해보면 수십억 년의 우주 역사가 흐른 지금쯤이면 외계의 지적인 생명체가 은하계에 널리 퍼져 있어야 한다. 그런데 왜 여태 그런 지적 생명체가 지구에 찾아오지 않았을까? 지난 40년 동안 외계의 지적 생명체를 찾기 위해 탐색을 거듭해왔지만 아직 아무런 전파 신호도 받지 못했고, 우주선도 보지 못했으며, 어떠한 외계인도 만나지 못했다. 그들은 다 어디에 있단 말인가? 이 수수께끼가 페르미의 역설로 알려져 있다.

 혹자는 지구를 찾아올 정도의 과학기술 능력을 갖춘 생명체라면 자신의 가능성을 스스로 제한하고, 더 나아가서 자신을 소멸시키려는

UFO.

경향을 가진 것이 아닐까 하고 생각했다. 우주선을 만들 만큼 지능이 뛰어난 외계인이라면 원자폭탄 같은 무기를 만들어낼 수 있을 테고, 그런 무기로 서로 공격하여 자멸하지 않았겠느냐는 추론이다. 반면 미국 뉴멕시코 대학교의 저명한 진화심리학자인 제프리 밀러는 그런 지적 생명체는 인간과 마찬가지로 컴퓨터 게임에 중독되어 있기 때문에 지구를 찾아오지 않는다고 말한다. 그들은 가상현실의 나르시시즘에 빠져 다른 데 한눈을 팔 겨를이 없을 것이며, 우주를 식민지로 삼을 시도를 시작도 하지 못한 것이다. 이 농담 같은 이야기 뒤에는 매우 진지한 고찰이 숨어 있다.

지금까지 인간은 생존하기 위해 맛있는 음식을 구했고, 똑똑하고 건강한 자식을 얻기 위해 매력적인 짝을 찾아왔다. 그런데 이제는 맛있는 음식 대신 패스트푸드를 찾고, 매력적인 짝을 찾는 대신 포르노가 성행한다. 고도로 과학기술이 발전한 이후 사람들은 '간접적인 신호'에 더 큰 관심을 기울이게 된 것이다. 과학기술의 발전은 곧 자연에 대한 통제와 지배의 강화를 뜻하지만, 그와 동시에 위장과 착각의 기술 역시 발전시켰다. 우주 탐험을 직접 하기보다는 영화「스타워즈」를 찍어 은하계를 지배하는 흉내를 내고, 자연 속에서 노닐기보다는 가

가상현실에 몰두하는 현대인의 모습.

상현실의 세계를 무대로 한 게임에 몰두한다. 과학기술이 고도로 발전한 나머지 이제는 아예 가상의 자연을 만들어냄으로써 오히려 자연이 더 이상 필요 없게 된 셈이다. 1900년 무렵에는 대부분의 발명이 자동차·비행기·전등 등 우리 몸과 직접 맞닿은 구체적인 현실과 관련된 것이었지만, 21세기에 중요한 발명은 주로 가상현실의 오락산업을 위한 것들이다. 현실 경제에서 가상 경제로, 물리학에서 심리학으로 중심이 옮겨갔다. 우리 시대에는 우주로 나아가기보다는 좁은 범위 내에서 인간적 관심사에 대해서만 이야기를 나눈다. 외계인들도 똑같이 이러한 나르시시즘에 빠져 있을 것이다. 그들이 힘들게 지구까지 찾아와 정복할 이유가 없는 것이다. 그들이나 우리나 모두 쾌락을 위해 소비하면서 점차 멸종을 향한 길로 나아가는 것이 아닐까?

이런 황당하면서도 진지한 이야기를 접했을 때 제일 먼저 머리에 떠

오른 것은 컴퓨터 게임에 푹 빠져 있는 젊은이들이었다. 오늘날 대학에서 중도 하차하는 사람은 과거처럼 독재타도 투쟁에 앞장선 의협심 강한 열사도 아니고, 술과 연애에 홀랑 빠져 있는 낭만적 게으름뱅이도 아니다. 세 번 이상 학사경고(성적이 기준 이하일 때 학교에서 주는 경고)를 받아 대학에서 퇴출당하는 사람 중 다수는 컴퓨터 게임에 빠져 육체와 정신이 심하게 훼손당한 소위 폐인들이다.

극심한 경쟁으로 인해 많은 학생들이 심한 스트레스를 받는 피해도 막대하지만, 그에 대한 보상으로 컴퓨터 오락에 몰입하는 것이 장차 더 큰 문제가 될지 모른다. 멋진 생의 즐거움 대신 쉽고 단순한 기계적 오락의 거대한 유혹이 사회를 덮고 있다. 과학기술의 발전이 인간을 나르시시즘적인 폐인으로 만드는 현대의 새로운 역설에 맞서 어떻게 호연지기浩然之氣를 키워주느냐, 그것이 문제다.

우리는 더 아름다워졌는가

나의 아름다움을
내가 기획하는 시대

　현대인들은 갈수록 아름다워지는 걸까? '아름다움'의 기준이 무엇이냐에 따라 다르겠지만, 프랑스의 한 사회학자가 분석한 결과를 보면 대체로 그렇다고 답할 수 있을 것 같다.

　프랑스인들은 19세기 이래 키가 커지고 날씬해졌다. 1830년 162센티미터였던 남녀 평균 키는 1950년에 170센티미터, 2004년에는 177센티미터가 됐다. 체중은 1960년대 이래 남성은 평균 360그램, 여성은 700그램 감소했다(다만 과체중인 사람의 수도 동시에 늘어나서 1950년에 전 인구의 3퍼센트였던 것이 오늘날 10퍼센트에 달하게 됐다). 영양 공급이 개선되어 사람들은 더 건강해졌다. 스포츠 활동 인구도 많이 늘어, 스포츠클럽 회원 수가 1950년의 300만 명에서 현재는 1400만 명으로 늘었다. 건강에 대한 사람들의 관심이 부쩍 커진 것은 분명하다. 건강 관련 잡지가 크게 늘어난 것이 한 예다. 위생 상태도 많이 좋아졌다. 1950년대만 해도 프랑스의 서민들은 겨우 한 달에 한 번 샤워를 했지만, 오늘날에는 거의 매일 한다. 사실 매일 샤워를 하려면 목욕탕

이 집 안에 따로 있어야 한다. 욕조 혹은 샤워 시설이 갖추어진 독립된 욕실 공간이 집 안에 생긴 것은 19세기 말 대 부르주아 저택에서 시작된 일이다. 그렇지만 1930년대에도 집을 지을 때 반드시 욕실을 두지는 않았다. 1950년대 말에 가서야 욕실이 필수 요건이 됐다.

미용 상품 판매액은 1965년부터 1985년 사이 4배 증가했고 1990년부터 2000년까지 다시 두 배 증가했다. 미용 수술은 현재 매년 10만 건 정도 시술되며, 전체 인구의 6퍼센트가 미용 수술을 했다고 한다. 남자들도 5명 중 한 명이 어떤 방식이로든 미용 관련 시술을 받은 것으로 통계가 잡힌다. 프랑스 남자들에 비해 우리나라 남자들은 어떨지, 관련 통계가 있는지 궁금하다. 분명한 것은 남성의 육체 역시 매력의 대상이 됐다는 것이다. 어느덧 우리도 그런 개념에 익숙해졌지만 이는 그렇게 오래된 일이 아니다. 서구의 경우 남성이 미를 추구하는 것은 1970년대 이후에 시작된 일이다. 젊은이만의 이야기가 아니다. 1980~90년대 이후 중노년층의 '안티에이징'은 거스를 수 없는 대세가 되어 급격히 증가하고 있다. 누구나 아름다움을 추구하는 시대가 됐으니, 그야말로 미의 민주화가 실현된 셈이다.

아름다움을 추구하는 것은 젊은이들뿐만 아니라 중노년층에게도 거스를 수 없는 대세가 되어 '안티에이징'이 급격히 증가하고 있다. 이탈리아 화가 폼페오 바토니의 「시간이 노년에게 미를 파괴하라 명하다」, 1746년, 런던 내셔널 갤러리 소장.

여기에서 한 가지 빼놓을 수 없는 점은 사람들이 점차 '토실토실' 유형보다 '슬림' 유형을 선호하게 됐다는 점이다. 프랑스의 경우 마른 몸매를 선호하는 것은 1930년대 '남자아이 같은 여성garçonne' 모델로부터 시작됐다가 1970~80년대에 일반화됐다. 그것은 단순히 마른 게 아니라 유연하고 역동적인 몸으로 젊음을 나타내는 표시라 할 수 있다. 이제 사람들은 'fun'과 'cool'이라는 용어를 좋아하는데, 그 뜻이 무엇인지 정확하게 파악되지는 않으나 많은 사람들이 애호하는 미묘한 뉘앙스를 담고 있다. 그것은 곧 '젊음'을 가리킨다.

몸에 대한 관념이 크게 변화한 시점은 1970년대였다. 이때부터 미니스커트나 꽉 끼는 옷을 입어 자신의 몸매를 드러내는 방식이 널리 퍼졌다. 이는 단순히 성적 매력을 발산하는 것이 아니라 '내 몸은 나의 것이며, 나는 내가 원하는 것을 할 수 있다'는 주장을 담고 있다. 이와 함께 아름다움의 기준 자체가 다양해졌다. 1950년대만 해도 누구나 대개 동의하는 아름다움의 전범典範이 존재했지만, 오늘날에는 각자 자신의 개성 있는 아름다움을 추구한다. 이제 아름다움은 타고난 운명이 아니라 자신이 만들어가는 '기획'이 됐다. 자신의 외양을 변화시키는 이 현상은 소비 사회의 특징이라 할 수 있다. 이는 미래보다 현재에 더욱 많은 투자를 하는 것이고, 무엇보다 내 몸에 더 큰 주의를 기울인다는 것이다. 달리 표현하면 내가 남에게 보여주려고 하는 것, 그것이 곧 '나'라는 의미가 된다. 이는 또한 개인주의의 강화로도 해석된다. 대담한 노출은 흔히 '난잡함'의 표시로 오해할지 모르지만, 정반대일 수 있다. 나를 적극적으로 드러낸다는 것은 남이 넘어오지 못하는 '나의 경계'를 강화하는 것이라 한다. 더욱더 나에 대한 자각이 증가하는 것이다.

프랑스의 사례 분석은 우리 사회를 이해하는 데에도 도움을 준다. 우리 역시 분명 유사한 경향을 보인다. 다만 서구 사회에서 일어난 변동이 훨씬 짧은 기간 동안에 더 빠르고 격렬하게 진행됐다는 점이 다를 뿐이다. 어쩌면 거기에서 한 걸음 더 나아가고 있는지 모른다. 이제까지는 외국의 영향을 받아 변화가 일어났지만, 이제는 우리 나름의 아름다움을 창안하고 그것이 서구에 수출되고 있지 않은가?

오스트레일리아의 코끼리

생태계 혼란을
초래한 외래종 동식물

　오스트레일리아는 외래종 동식물에 의한 환경 재앙이 빈발하는 국가다. 대표적인 사례로는 1859년에 이 나라에 들어온 토끼를 들 수 있다. 오스트레일리아는 원래 영국에서 범죄자들을 추방하는 식민지로 출발했다. 이게 문제였는지도 모른다. 조상에 대한 콤플렉스를 안고 있던 이 나라 사람들은 19세기 중엽에 이르러 어느 정도 잘살게 되자 본국 귀족들의 고상한 삶을 따라 하고 싶어 했다. 그래서 영국 귀족들의 대표적인 취미 활동인 여우사냥을 하기 위해 여우를 들여왔고, 여우 먹이로 삼기 위해 토끼를 가져온 것이다. 이처럼 한가한 이유로 들여온 토끼가 그토록 엄청난 환경 재앙을 불러오리라고는 아무도 예상치 못했을 것이다. 천적이 없는 이 땅에서 토끼는 빠른 속도로 번식하기 시작했다. 1880년 뉴사우스웨일스까지 퍼져갔고 1890년대에는 180만 마리의 토끼가 널라버 사막을 가로질러 서부로 향했다. 1902~07년에는 토끼의 확산을 막기 위해 북쪽에서 남쪽 해안까지 1,600킬로미터나 되는 울타리를 쳤지만 결국 1920년대에 토끼가

오스트레일리아에서 과도하게 번식한 토끼들.

이 울타리를 뚫고 나왔다. 1950년에는 급기야 토끼 개체 수가 5억 마리에 달했다! 이후 오스트레일리아 당국은 생태 재앙을 불러일으키는 토끼를 없애고자 온갖 수단을 다 취했다. 불도저, 다이너마이트, 천적인 오소리 등을 동원하고 심지어는 치사율이 99.8퍼센트에 이르는 토끼 병균을 퍼뜨리기까지 했지만 여전히 토끼의 개체 수 증가를 완전히 통제하지 못하고 있다.

오스트레일리아에는 이외에도 유사한 일들이 많이 벌어졌다. 아웃백outback이라 불리는 내륙의 황무지를 개척하기 위한 아이디어로 낙타를 들여왔다가 낙타들이 야생 상태로 돌아가서 계속 번식을 한 결과 현재 오스트레일리아는 세계에서 야생 낙타가 가장 많은 국가가 됐다. 또 작물의 해충을 잡아먹는 천적으로 이용하기 위해 수수두꺼비cane toad를 들여왔지만, 이 두꺼비는 사람 의도와 달리 해충을 잡아먹지 않고 다른 먹이만 먹으면서 숫자가 불어났다. 수명이 보통 10~15년이지만, 어떤 놈은 심지어 35년이나 살면서 크기가 54센티미터까지 자라기도 한다. 문제는 수수두꺼비에게 독성이 있어서 다른 동물들은 잡아먹지 못한다는 점이다. 최근에는 악어가 이 두꺼비를 잘못 먹고 죽는 일도 빈번하다고 한다. 이처럼 천적이 없는 상태에서 암컷은 매년 3만 개씩 알을 낳아 퍼뜨려서 이 나라의 골칫거리가 되고 있다.*

이렇게 혼이 나고도 오스트레일리아 사람들은 다시 새로운 동물종 도입을 계획하고 있다. 지난 몇 년 동안 이 나라는 대규모 산불로 큰 피해를 보았는데, 그 원인 중 하나로 1930년대에 가축 사료용으로 아프리카에서 도입한 감바gamba라는 풀이 지목됐다. 이 풀은 4미터까지 자라는 까닭에 캥거루나 들소 같은 동물이 먹지 못한다. 이렇게 무성하게 자라난 감바는 불에 잘 타는 성질 때문에 대형 산불을 일으키곤 한다. 오스트레일리아 태즈메이니아 대학교의 생태학자인 데이비드 바우먼 교수가 이 문제를 해결하기 위해 제안한 것이 이 풀을 먹어치우는 아프리카코끼리를 들여오자는 것이었다.

바우먼 교수는 코끼리가 외래 동물의 급속한 증가도 막아줄 수 있으리라고 기대하고 있다. 오스트레일리아는 야생 돼지, 들소, 염소 같은 외래종 초식동물들이 급증해 생태계 혼란이 발생하고 있다. 포식자인 딩고(오스트레일리아의 야생 늑대)는 수가 크게 줄어 초식동물의 개체를 조절하지 못한다. 그런데 코끼리가 들어오면 같은 초식동물들끼리 경쟁해 이런 동물들을 적정 수준으로 줄일 수 있다고 믿는 것이다.

과연 그럴까? 이번에는 외래종이 사람 의도대로 유용한 역할을 해줄 수 있을까? 혹시 또 다른 생태 재앙의 씨앗이 되지는 않을까? 외래종 동식물 유입에는 늘 신중한 고려가 필요하다.

---

* 오스트레일리아의 동물보호법 때문에 이 두꺼비를 마구잡이로 때려잡아서는 안 된다. 두꺼비를 죽이는 허용된 방법은 이 두꺼비를 랩으로 싼 후 냉동실에 넣어 겨울잠이 들게 한 뒤 서서히 죽도록 하는 것이다.

인간과 동물

지구는 우리만
사는 곳이 아니다

　　멧돼지를 비롯한 야생동물이 시골과 도시에 출몰하여 피해를 주는 사례가 부쩍 늘었다. 서울 주택가에 이웃 산에서 내려온 멧돼지가 뛰어다니다가 사살되든지 혹은 올림픽대로에 멧돼지가 뛰어들어 차에 받혀 죽는 사고가 일어나기도 한다. 이는 사람 입장에서 보면 야생동물이 인간 세계를 침범한 일이지만, 동물 입장에서 보면 사람들이 자신들의 터전을 무단 점령했기에 일어난 결과일 것이다.

　　약 1만 년 전인 구석기 시대까지만 해도 생태계 전체에서 사람이 차지하는 비중은 그리 크지 않았다. 당시 인구밀도는 2~3제곱킬로미터당 한 사람 정도여서 곰과 유사한 수준이었다고 한다. 고대 제국의 역사를 보면 용맹한 군주들이 직접 사냥에 나서 사자나 호랑이, 코끼리를 잡았다는 이야기들이 많다. 그만큼 야생동물들이 인간 세계 근처에 가까이 있었던 것이다. 그러나 인간의 거주 구역이 확대되면서 동물들과 충돌하는 일이 잦아졌다. 특히 곰처럼 자기 영역에 강하게 집착하고 도망가지 않는 종이 큰 문제였다. 서유럽의 경우 중세 시대를 지나

늑대퇴치대의 표시.

는 동안 곰은 평원지대 대부분에서 사라지고 산악지대에만 남게 됐다. 아시아에서는 호랑이에 의한 피해 이야기가 많다. 필리핀의 강에는 악어들이 우글대서 가끔 수영하던 사람이 악어에게 잡아먹힐 뻔했지만 격투 끝에 간신히 목숨을 구했다는 식의 기사를 요즘도 볼 수 있다. 베이징北京 북쪽에는 야생마들이 많아서 사람들이 라소lasso(걸어서 잡는 데 쓰는 던지는 올가미)로 사냥했다.

유럽에서는 늑대 피해가 막심했다. 집단으로 움직이는 데다가 행동이 빠르고 번식력도 좋은 늑대는 퇴치가 쉽지 않은 동물이었다. 섬나라인 영국에서는 19세기 초에 늑대가 완전히 퇴치됐지만, 유럽 대륙에서는 그 후에도 오랫동안 늑대의 위협이 지속됐다. 프랑스에는 늑대의 피해에 관한 기록들이 많다. 1420년에 성벽의 틈새를 통해 늑대 떼가 파리로 들어왔다. 1438년 9월에 다시 늑대가 파리 북쪽 지역에 출몰하여 사람들을 공격했다. 1640년에는 늑대가 브장송 시에 들어와 길거리에서 아이들을 잡아먹었다. 1520년경에 국왕 프랑수아 1세는 '늑대퇴치대louveterie'를 창설하여 영주와 마을 사람들을 동원하여 몰이사냥을 했다. 그러나 1779년에도 여전히 늑대 퇴치는 요원했다. 어떤 사람은 이런 의견을 펼쳤다. "늑대 퇴치는 영국 같은 섬나라에서는 가능할지 몰라도 프랑스처럼 넓고 사방으로 열려 있는 나라에서는 불가능하다." 그런데 1783년 상공회의소에서는 영국에다가 늑대를 많이 들여보내 대다수의 인구를 없애버리자는 황당한 의견을 진지하게 논의했다. 18세기 후반에도 프랑스에서는 연평균 50명 정도가 늑대에게 잡아먹혔는데, 주로 어린아이와 노인들이 희생됐다. 유럽의 민담에 사람을 잡아먹는 늑대가 자주 등장하는 것은 우연이 아니다.

인간과 동물 간 영토 싸움에서 완전히 인간 쪽으로 세가 기운 것은 비교적 최근인 19세기 중반 이후라 한다. 속사 총기의 개발이 여기에 큰 공헌을 했다. 유럽과 미국에서는 늑대가 급격히 줄어들었고, 중동과 중앙아시아 지역에서는 사자가 멸종 위기에 몰렸다. 이제 이름도 생소하게 된 아시아사자는 인도 서부의 깊은 숲속에만 일부 남아 있다. 이러한 동물들의 멸종 사태는 20세기 후반부터 진정됐다. 인간만이 지구상에 홀로 사는 것이 아닐진대, 사람도 살고 멧돼지도 사는 참신한 방법은 없을까? 흔히 이야기하듯 지구상의 다른 생물들이 멸종하면 인간도 멸종을 피할 수 없다.

제2부

인류의 삶을 수놓은 문화

섹스 스트라이크

참혹한 전쟁과 죽음을
넘어서려는 진지한 노력

기원전 5세기 고대 그리스 세계는 전쟁이 그치지 않는 아수라장이었다. 당시 패권을 잡고 있던 아테네는 페르시아 제국의 침략을 막기 위해 그리스의 폴리스(도시국가)들이 힘을 합쳐 동맹군을 유지해야 한다며 각국으로부터 군사비를 받아냈다. 명분은 그럴듯했지만 사실 이는 제국주의적인 착취와 다르지 않았다. 이 돈을 이용해 온갖 문화 활동 지원비로 사용했으니, 따지고 보면 아테네 문화의 황금기는 주변 국가들의 세금으로 이룬 셈이다. 이웃 강국 스파르타가 여기에 저항하여 급기야 두 국가 사이에 전운이 감돌았다. 모두 공멸할 수밖에 없는 이 아비규환의 사태를 막을 수는 없을까?

극작가 아리스토파네스가 내놓은 안은 실로 절묘하기 짝이 없다. 부드러운 여성들의 힘으로 남성들의 폭력성을 누르자는 것이다. 다름 아니라 그리스의 모든 남성들이 전쟁을 중단하는 그날까지, 여성들이 남성과의 동침을 거부하자는 것! 어느 날 밤, 아테네의 여인 뤼시스트라테가 발의하여 각국 여성 대표들이 모여 섹스 스트라이크를 결의한다.

애인이든 남편이든 이 세상의 어떤 남자도 일으켜 세워가지고 접근하지 못하게 하라. 집에서는 비단 옷을 입고 화장하여 예쁘게 꾸며 남편이 내게 뜨거운 욕정을 느끼게 만들고 난 후 절대 남편에게 허락하지 않으리라. 만일 그가 강압적으로 나오면 하기는 하되 아주 서툴게 할 것이며, 화합하여 몸을 흔드는 일도, 슬리퍼를 천장을 향해 올리는 일도, 또 칼자루에 조각된 사자처럼 웅크리고 앉는 일도 하지 않으리라.

뤼시스트라테.

남자들을 살살 약만 올린 후 절대 해주지 말자고 만방의 여인들이 약속한 그날 이후, 그리스 세계 전체에서 난리가 나고 말았다. '아프로디테의 의식'이 중단되자 남자들은 모두 비참한 지경에 이르게 된다. 고통과 신음 속에 지내던 남자들은 여자들이 꾸민 국제 음모에 당했다는 것을 깨닫고, 이 사태를 해결하기 위해서는 세상 어떤 일이라도 다 하겠다고 결의한다. 그러는 동안 여인들은 파르테논 신전을 점거하여 더욱 강하게 압박을 가한다. 폭력밖에 모르던 무식한 남자들은 끝내 여인들의 연대에 항복하고, 정전협정을 체결하여 이 땅에 세계 평화가 찾아온다.

기원전 411년에 초연된 아리스토파네스의 「뤼시스트라테」라는 희

기자회견장의 리머 보위.

극의 내용이다. 이는 단지 평화를 염원하는 작가의 즐거운 공상에 불과할 뿐, 이 발칙한 상상을 누군가가 실제로 실행하리라고는 상상도 못했다. 그런데 우리 시대에 가장 치열하게 투쟁하는 여걸이 다름 아닌 바로 그 방법을 사용하여 평화를 지키는 데에 큰 기여를 했다. 2011년 노벨 평화상 공동 수상자 중 한 명인 리머 보위(1972~)는 비폭력 평화운동에 헌신한 라이베리아의 실천가다. 참혹한 라이베리아 내전 와중에 소년병들의 심리치료를 수행하던 그녀는 기독교도와 무슬림 여성들 모두로부터 적극적인 지지를 받는 반전운동을 펼쳤다. "우리는 지쳤다! 우리는 우리 아이들이 죽어가는 데에 지쳤다! 여성들이 강간당하는 데에 지쳤다! 여성들이여 일어나라! 당신들은 평화의 길에 목소리를 낼 수 있다!" 그녀는 이런 내용의 유인물을 돌렸다.

2002년, 그녀는 '평화를 위한 라이베리아 대중행동' 운동의 대변인이자 정신적 지도자 역할을 했다. 그녀가 지도하는 여성 운동원들은 생선 시장에 몰려가 기도하고 노래를 불렀다. 기독교도와 무슬림이 모두 모여 두 종교를 위해 함께 기도했고, 비폭력적 항의 운동을 펼쳤다. 그들의 투쟁 방식 중에는 전쟁이 끝날 때까지 남편과 성관계를 하지 말자는 섹스 스트라이크도 포함되어 있다. 이에 대해 보위는 이렇게 설명한다. "섹스 스트라이크는 몇 개월 동안 지속됐다. 그것은 실제적인 효과는 거의 없었지만, 우리를 미디어에 알리는 데에는 매우 유용했다." 더 나아가서 그녀들은 찰스 테일러 라이베리아 대통령을 만나 그에게 직접 메시지를 전달하기 위해 축구장을 점거했다. 대통령이 그 근처의 길을 자주 지나간다는 것을 알기 때문이었다. 과연 테일러 대통령은 그녀를 만나지 않을 수 없었고, 그녀는 2천 명의 여성과 함께 대통령 저택 앞에서 그들의 주장을 전달했다.

 변화를 이루는 것은 여성의 힘, 어머니의 힘이라는 것이 그녀의 주장이다. 실제 2003년 제2차 라이베리아 내전이 종식되고 그 후 아프리카 첫 여성 대통령(엘런 존슨설리프. 2011년 노벨 평화상 공동 수상자)이 당선된 데에는 그녀의 헌신적인 노력이 큰 몫을 했다. 2천 년 전 고대 그리스의 희극을 연상시키는 그녀의 섹스 스트라이크 운동은 자칫 웃기는 이야기로 보일지 모르지만, 그것은 참혹한 전쟁과 죽음의 땅에서 평화를 지키려는 진지한 노력이었다.

노출

올바른 주장과 비열한 선정성이 뒤섞인 문제

1969년 프랑크푸르트 대학교의 6호 강의실에서 테오도어 아도르노가 강연을 진행하고 있었다. 그때 여학생 두 명이 교단 앞으로 다가와 젖가슴을 드러내는 바람에 아도르노는 강의실을 나와야 했다. 어느 논평자는 이 사건에 대해 "이 철학자를 침묵시킨 것은 노골적인 폭력이 아니라 벌거벗은 여자의 폭력이었다"고 썼다.

여성의 노출은 때로 폭력일 수 있고 무기가 될 수 있다. 이런 일들은 상당히 많은 사례가 알려져 있다. 1990년 하이델베르크의 한 백화점에서 형사가 여자 도둑 두 명을 적발했다. 그러자 갑자기 한 여자가 블라우스를 걷어 올리면서 드러난 가슴을 형사에게 들이밀었다. 형사는 당황한 나머지 두 여자를 놓치고 말았다. 마닐라의 슬럼가에 컨테이너 항구를 건설하려고 가옥을 철거했을 때의 일이다. 여자들이 불도저 앞에 드러눕는 바람에 여럿이 다치고 목숨을 잃었다. 이어서 군대가 투입되자 주민들은 최후 수단을 썼다. 수많은 여자가 느닷없이 웃통을 벗어젖히자 군인들이 혼비백산하여 도망가고 말았다.

「프뤼네의 재판」, 호세 프라파의 그림.

과거의 기록에도 이런 일들이 자주 보인다. 가장 고전적인 예는 고대 아테네에서 있었던 프뤼네의 재판일 것이다. 불경죄로 고발된 프뤼네를 위해 웅변가 휘페레이데스가 변호했는데, 판결이 불리하게 날 것 같자 그는 프뤼네의 옷을 벗겨 판관들에게 가슴을 보여주었다. 이 장면은 후대의 많은 예술가들에 의해 묘사됐다. 그녀의 아름다움에 감탄한 판관들은 미신적인 공포감에 싸여 '아프로디테의 예언자이자 여사제'인 그녀를 사형에 처할 수 없다고 생각했고, 그녀는 석방됐다고 한다. 여성의 뜻밖의 노출은 늘 충격적인 결과를 가져오곤 했다.

1968년 12월, 독일의 여성협회 회원 한 명이 질서 문란 혐의로 함부르크 법정에서 재판을 받던 도중 회원들이 윗옷을 벗고 나타나 소동을 벌였다. 그때 이 여성들이 제시한 이유는 한번 경청해볼 만하다. "소비 사회에서 후기 자본주의를 유지하기 위한 광고용 무기로 남용

우크라이나 여성 인권 단체 피멘 회원이 상의를 벗은 채 항의시위를 하고 있다. 몸에는 '벗은 가슴은 우리의 무기다'라고 쓰여 있다.

되고 있는 성性은 이제 우리의 혁명 투쟁을 위한 무기로 해방되어야 한다. 그렇기 때문에 우리는 상황을 반전시키기 위하여 우리의 가슴을 노출한다."

대중들 앞에서 '상체를 드러내는 행위'가 특히 1960~70년대에 젊은 여성들에게 혁명적인 해방의 의미를 지니고 있었다. 당시 북아메리카 지역에서는 브래지어 추방 운동을 벌였다. 1969년 8월 1일 샌프란시스코에서는 약 500명의 여성이 브래지어를 벗어던졌다. 이처럼 전 세계적으로 노출 시위가 많아서 경찰이나 군대가 현장에서 매우 곤혹스러워하는 일이 잦았다. 당시 미국 경찰은 이런 사태에 대비하기 위해 「치안 사태 발생 시 냉정을 유지하는 법」이라는 소책자를 준비하기도 했다(어떻게 대응하라고 지시했는지 내용이 무척 궁금하다).

여성의 노출은 순수한 젊음의 발산일 수도 있고, 상품을 팔아먹기 위한 교묘한 소비자 세뇌 전략일 수도 있지만, 요즘 우크라이나의 여성 인권 단체 피멘Femen이 자주 선보이듯 정치적 주장을 펴는 수단이 될 수도 있다. 우크라이나에서 출발하여 동유럽을 거쳐 점차 세계적으로 퍼져가는 이 운동은 소위 성극단주의sextremism를 통해 사회에 충격을 가하려 한다. 그들은 가부장적인 사회가 여성성의 상징인 가슴을 통제한다고 생각하기에 토플리스가 됨으로써 억압의 상징인 가슴을 저항의 도구로 탈바꿈시킨다고 주장한다. 문제는 많은 서구 국가들에서는 누드가 일상화되어 있는지라 이들의 행동에 그리 큰 충격을 받지 않으며, 반대로 아랍 국가들처럼 정작 가부장제 해체가 절실해 보이는 곳에서는 이들의 태도가 공감을 얻기는커녕 분노를 유발한다는 것이다.

노출은 미묘하면서 충격적이고, 아름답다가도 추악하고, 올바른 주장과 비열한 선정성이 뒤섞인 문제다.

여배우

시대가 주목한 미녀들

영화는 시대를 반영한다. 한 편의 영화는 그것을 만든 사회의 내밀한 속내를 드러내주는 훌륭한 사료다. 특히 많은 사람들의 주목을 받는 여주인공이 어떤 캐릭터인지는 매우 흥미로운 문제다. 2011년 3월 23일에 사망한 엘리자베스 테일러(1932~2011)는 할리우드의 전성기를 빛낸 최고의 여배우이며, 세상에서 가장 아름다운 여인 중 한 명으로 추앙받았던 존재다.

그와 동시대에 활동했던 대표적인 여배우로는 브리지트 바르도(1934~)와 메릴린 먼로(1926~62)를 들 수 있다. 이들은 1920년대 후반부터 1930년대 초반 사이에 태어나 1950년대와 1960년대에 전성기를 구가했다. 브리지트 바르도(BB로 널리 알려져 있다)는 「그리고 신은 여자를 창조했다」에 출연해 청순하면서도 섹시한 매력을 뽐냈고, 메릴린 먼로는 「신사는 금발을 좋아해」에서 멍청한 금발 미녀의 전형을 연기했다.

서구에서는 1950년대까지도 딱딱한 모델이 대세였지만, 이때부터

브리지트 바르도와 같은 새로운 유형의 매력적 여성이 등장했다. BB는 이전과는 분명히 다른 섹스어필을 선보였다. 과감하게 가슴과 엉덩이를 강조하고, 입술이 두툼한 데다가 아무렇게나 쪽진 머리를 한 야생적인 아름다움을 선보였다. 그녀 스스로 말하지 않았던가, "나는 야생적인(불어로 소바존 sauvageonne이라 한다) 여자가 되고 싶다"고. 그녀의 아름다움은

『엘르』 잡지 표지의 브리지트 바르도.

이전 시대의 마를렌 디트리히나 그레타 가르보와는 분명 성격이 다르다. 그녀는 남자의 그림자 안에서 살아가는 존재가 아니라 당당하게 자기 자신을 내세우는 스타일이다. "원하시는 대로 하세요"가 아니라 "내 맘에 드는 것을 내가 한다"는 주장을 통해 그녀는 전통적인 단정함을 비웃었다. 요즘은 주로 동물보호 운동에 매진하다가 가끔 한국의 개고기 문화를 강력히 비판하며 한국 물품 불매 운동을 주도하는 인물로 등장하는데, 이제 옛날의 청순한 아름다움은 많이 사라졌지만 젊었을 때 BB는 꽤나 매력적이었다.

   같은 시대에 사회주의권에서 이들에 필적할 만한 인기를 누렸던 최고의 여배우는 타티아나 사모일로바(1934~)였다. 당대의 냉전 상황에서 우리나라에 소개되기는 힘들었지만 그녀가 출연한 「학이 날다」(1957)는 전 세계에서 대호평을 받았고, 1958년 칸 영화제에서 황금종

1967년, 영화 「안나 카레니나」 출연 당시의 타티아나 사모일로바 모습(오른쪽)과 영화 「학이 날다」의 포스터(왼쪽).

려상을 받았으며, 그녀 자신도 특별상을 수상했다.

그녀의 매력은 서방세계의 섹스 심벌형 미녀들과는 다른 소박한 아름다움이었다. 이것은 소련 사회에서 생각보다 매우 큰 의미를 지닌다. 그 이전 소련 영화의 여주인공들은 사회주의 이데올로기에 충실한 전형을 보여야 했기에, 어떤 고난에도 굴하지 않는 확고한 믿음을 지녔거나 강렬한 전사 역할을 해야 했다.

이에 비해 이 영화에서 그녀는 전쟁통에 사랑하는 애인을 잃고 비열한 인간에게 강간당한 후 원치 않는 결혼을 해야 하는 고통받는 여인을 보여주었다. 이를 두고 소련 영화에서 '마스크'가 아닌 살아 있는 인간의 '얼굴'을 보여준 첫 사례로 거론한다. 사회주의 영화에서는 모든 역할이 사회적 의미를 지녔다. 보통 소련 영화의 주인공은 소련 사회가 원하는 역할을 담당해야만 했다. 나치에게 학살당하는 희생자, 혹은 백군白軍 병사를 사랑하지만 할 수 없이 그를 저격해야 하는 적군赤軍 여전사 같은 식이다.

그러나 「학이 날다」에서 그녀가 맡은 베로니카 역은 그런 것과는 거리가 멀다. 그녀는 전쟁 상황에서 결코 아무런 영웅적 일을 하지 않는다. 어떤 의미에서 그녀는 전쟁과 무관하다. 그녀는 단지 사랑만 갈구하며, 자신의 본성과 느낌만 따르는 존재로 나온다. 영화는 그런 주인공에 대한 가치판단도 하지 않는다. 관객이 자신의 기준에 따라 판단하도록 맡겨두는 것이다. 그녀는 독립적이고 개별적인 존재다. 그녀는 약탈당하고 강간당하는 망가진 삶을 살 수밖에 없지만, 그래도 자신의 삶을 사는 존재다. 한마디로 사모일로바는 사회주의적 인간형이 아니라 수백만 명의 여느 소녀와 크게 다르지 않은 인물, 그러나 다만 시적詩的으로 미화된 주인공이었다. 지금 우리는 이런 것이 어떤 의미가 있는 사건인지 아예 모르고 넘어갈 수도 있으나, 당시에는 실로 큰 문화적 사건이었다.

1953년 스탈린이 사망하고, 1956년 소련공산당 제20차 전당대회에서 흐루쇼프 서기장이 스탈린의 개인숭배를 비판하며 시작된 정치적 변화가 영화계에 이런 변화를 가져온 것이다. 여우女優의 미 역시 시대의 흐름을 벗어나지는 못하는 모양이다.

오즈의 마법사

경제적 해석보다는
용기 넘치는 모험

프랭크 바움(1856~1919)의 소설 『오즈의 마법사』는 1900년에 처음 선보인 후 영화와 뮤지컬로 각색되어 널리 알려졌다. 특히 1939년에 빅터 플레밍(1883~1949) 감독이 만든 영화는 「무지개 너머Over the rainbow」와 같이 우리에게 잘 알려진 멋진 노래와 재미있는 춤이 어우러진 흥겨운 작품으로 지금까지도 팬들의 사랑을 받고 있다. 그런데 원작 소설이 원래는 미국 대통령 선거운동을 지원하는 맥락에서 만들어졌다는 해석이 제기된 적이 있다.

윌리엄 제닝스 브라이언(1860~1925)은 은화자유주조운동free silver movement을 정강政綱으로 내세워 대통령에 세 번이나 출마한 인물이었다. 1890년대 미국은 심각한 불황에 빠져 거액의 빚을 진 서민들이 큰 고통을 당하고 있었다. 1879년 미국이 금본위제金本位制를 채택한 이후 달러화가 금 가치에 묶여 있어, 채권자들에게는 투자가치가 보장된 반면 채무자들은 재산이 압류되는 등 부담이 가중됐다. 이때 브라이언 같은 포퓰리스트가 들고 나온 주장은 금 외에 은으로도 주조를 하는 금은복본위제도bimetallic standard를 도입하여 화폐 가치를 낮추어 서민들을 보호하자는 것이었다. 「오즈의 마법사」는 이 상황에 대한 정치적 알레고리라는 것이다. 이에 따르면 영화와 뮤지컬은 다음과 같은 독해가 가능해진다.

캔자스 주의 농장에 사는 소녀 도로시는 돌풍(은화자유주조운동)에 휩쓸려 마법의 나라로 날아간다. 사람들을 못살게 구

영화 「오즈의 마법사」 포스터.

는 동쪽과 서쪽의 나쁜 마녀들(미국 동부와 서부의 금융·철도·석유 재벌들)의 훼방에도 주인공은 에메랄드 시에 사는 마법사(미국 대통령)의 도움을 받아 집에 돌아가려 한다. 가는 길에 뇌 없는 허수아비(힘없는 농민), 심장 없는 양철 나무꾼(비인간화된 산업 노동자)과 함께 겁 많은 사자(정치인, 아마도 브라이언)를 만나 동행한다. 그들은 노란색 블록 보도(금본위제)만 쫓아가면 되는데 이때 도로시가 신은 마법의 은 신발(은본위제)이 도움을 준다(다만 원작과 달리 영화에서는 이것이 루비 슬리퍼로 바뀌었다). 오즈Oz는 온스ounce(중량과 화폐의 단위)의 약어다.

정말 그럴까? 그렇게 생각할 여지가 전혀 없지는 않다. 1901년에 만들어진 뮤지컬에서는 당대 정치 현실에 관한 여러 사실들을 언급하기도 했고, 1902년판에서는 시어도어 루스벨트 대통령이나 다른 인물들을 직접 거명하기도 했다. 양철 나무꾼이 기름이 다 떨어지면 어떻

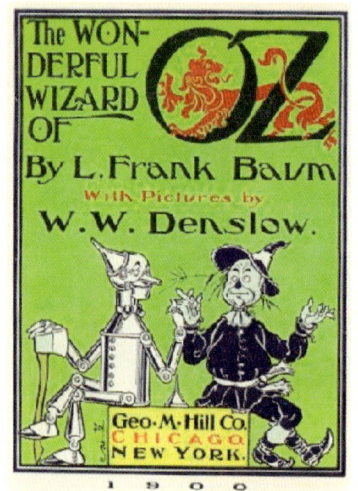 

『오즈의 마법사』의 책표지(왼쪽)와 책에 나오는 삽화로 겁쟁이 사자 그림(오른쪽).

게 할지 고민하자 허수아비는 이렇게 대꾸한다.

"그래도 너는 록펠러만큼 사정이 나빠지지는 않을 거야. 기름이 떨어지는 일이 일어나면 록펠러는 1분에 6천 달러씩 잃는다구."

이렇듯 프랭크 바움이 사용한 이미지나 캐릭터 중에는 분명 1890년대의 사건들과 유사한 것이 많이 보인다. 그런 식으로 해석하면 길 잃은 도로시는 당대 평범한 모든 미국인의 모습이고, 또 이들이 도착한 에메랄드 궁전 안에서 사기 행위가 벌어지고 있는 것을 보면 이 자체가 그린백greenback이라는 별칭을 가진 미국 달러화—명목 가치만 가진 돈—를 가리킨다고 해석하는 게 논리적으로 성립할 수도 있다.

그렇지만 이런 해석에 무리가 많고 앞뒤가 안 맞는 측면이 있으며, 같은 이미지를 놓고 정반대되는 해석이 제시되기도 하여 많은 비판이 따르는 것이 사실이다. 이와 같은 기계적 해석보다는, 자신이 허약하다고 생각하던 주인공들이 알고 보니 꾀 많고 가슴이 따뜻하고 용감한 인물이었다는 점을 스스로 깨닫는 데에 이 작품의 묘미가 있다. 도로시가 사기꾼 같은 마법사의 도움 없이 자신의 진실한 마음으로 집에 돌아간다는 이 작품의 결말 그 자체가 약간 억지스러운 해석보다 더 가슴에 와 닿는다. 정말 오래된 작품인데도 지금껏 사랑받는 이유가 여기에 있나보다.

버터

매운맛에서
부드럽고 섬세한 맛으로

　프랑스 요리는 언제부터 그렇게 부드럽고 섬세한 맛을 내게 됐을까? 1천 년 전에도 프랑스인들은 그런 맛을 좋아했을까? 전혀 그렇지 않다. 중세 시대에 후추를 많이 첨가한 귀족의 음식은 오늘날의 인도 음식보다 더 매웠고, 또 매울수록 고급 음식으로 쳤다. 이런 매운 음식 대신 부드럽고 순한 맛 위주의 음식이 널리 유행한 것은 대체로 16세기 이후의 일이다. 그러니까 유럽 음식의 역사를 장기적 시각에서 정리하면 중세의 매운맛에서 근대의 부드러운 맛으로 이행했고, 그 정점을 차지한 것이 18~19세기 프랑스 요리라 할 수 있다. 이런 큰 흐름에서 핵심 사항은 버터의 확산이었다.
　우리나라 사람이 서양 요리를 좋아하려면 결국 우리의 혀가 버터에 완전히 익숙해져서 버터가 맛있다고 느껴야 한다. 우리는 요즘 서양풍 음식에 많이 익숙해진 편이지만, 그래도 해외여행을 하다 보면 고향 음식이 얼마나 우리를 강하게 지배하는지 깨닫게 된다. 서양 요리에서 버터는 마치 우리 음식에 들어가는 장醬과 같은 역할을 한다. 외국인이 우리 음식에 맛을 들이려면 간장·고추장·된장에 익숙해져야 하는 것과 마찬가지다.

버터는 원래 유목 민족이 개발한 식품이다. 역사학자 마르크 블로크(1886~1944)에 의하면 몽골인들은 우유에서 지방을 제거한 후, 기둥에 걸어둔 가죽 주머니에 넣어두었다가 휘저어서 버터를 만들었다. 지금도 북서부 아프리카 지역에서는 이처럼 가장 오래된 버터 제조법을 간직하고 있다. 고대 수메르 혹은 고

1499년 파리에서 출간된 『여자 목동의 캘린더』 중에 버터 만드는 모습을 그린 판화.

대 이집트의 기록에도 버터가 나온다. 베를린 파피루스 제1호에 이집트 제18왕조에 살았던 해적의 체험기가 들어 있는데, 그는 아카바 만의 한 지역 베두인 족장에게 피신했다가 그로부터 여러 종류의 버터와 치즈를 얻어먹었다고 한다. 여러 기록들로 보건대 버터는 유목 세계에서 주로 이용했으나 일찍이 고대부터 농경 세계에 전해졌음을 알 수 있다.

그렇지만 오랫동안 버터는 유럽의 변방에서만 인기를 누렸고, 중심 지역에서는 버터를 알고는 있었지만 크게 환영하지는 않은 것으로 보인다. 고대 그리스인과 로마인은 버터를 각각 '부투론'과 '부티룸'이라고 불렀는데, 요리할 때 많이 쓰지는 않았다. 로마의 문인이자 『박물지』의 저자인 플리니우스가 버터를 야만의 음식이라고 부른 것을 보

면 당대 분위기를 짐작할 수 있다. 14세기 후반에 나온 프랑스의 요리책에도 버터가 사용된 레시피는 고작 2퍼센트에 불과했다. 이 당시 소스는 지방질이 거의 없고 신맛과 매운맛이 강했다. 16세기에 가서야 버터가 남유럽에까지 널리 보급되기 시작했다.

그런데 버터의 보급과 확산은 뜻하지 않게 중요한 문제들을 야기했다. 버터는 동물성 지방의 한 종류이니 가톨릭이 정한 육식 금지 기간에 먹어서는 안 되는 금지 식품이 된 것이다. 이미 버터에 완전히 길들여져 있던 북유럽 사람들로서는 올리브기름을 수입해서 버터의 대체재로 사용해야 한다는 데에 불만이 컸다. 15세기 말에 브르타뉴, 독일, 헝가리, 보헤미아, 프랑스의 여러 지역에서 교황청에 특별 요청을 하여 금식 기간이라도 버터를 사용할 수 있는 특권, 곧 일종의 '면죄부'를 얻었다. 이 권리를 얻느라고 적지 않은 돈을 주어야 했으니 꽤나 큰 저항을 불러일으켰을 법하다.

결국 이 문제가 종교개혁 당시 큰 논란이 됐다. 루터는 "하느님께서는 우리가 먹고 마시고 옷 입는 방식에 대해 관여하시지는 않는다"고 주장하더니 급기야 1520년, 「독일의 그리스도교 신자들에게 보내는 연설」에서 작심하고 이런 비판을 가한다.

가톨릭교도들은 엉터리 금식을 하고 있다. 자신들은 신발에도 바르지 않을 저급한 기름을 우리에게 먹으라고 강요한다. 그러면서 금식 기간에 금지된 식품을 먹을 수 있는 권리를 팔고 있다. 그들은 교회법을 핑계로 우리의 자유를 훔쳐갔다. 그들은 버터를 먹는 일이 거짓말을 하거나 신을 모독하거나 부정을 탐하는 것보다 더 나쁜 죄악이라는 말도 안 되는 주장을 하고 있다.

유럽 음식의 역사 전문가인 장루이 플랑드랭은 16세기에 가톨릭에서 이탈한 나라와 버터를 먹는 나라가 거의 일치한다는 흥미로운 관찰을 했다. 버터 하나로 모든 것을 설명할 수는 없지만, 음식으로 대표되는 문화의 차이가 종교와 깊은 관련을 갖는다는 점을 알 수 있다.

버터가 음식을 만드는 기본 베이스가 되면 당연히 음식 맛이 크게 변화한다. 중세의 요리책에 나오는 대부분의 소스에는 기름, 버터, 혹은 그 외의 어떤 지방 성분도 사용되지 않는 대신 포도주, 식초, 포도즙, 자두즙 그리고 여러 종류의 향초와 향신료가 들어가서 신맛이 강했다. 그러던 유럽 음식이 버터의 확산과 함께 점차 부드러운 맛이 강해졌다. 후추를 많이 사용하던 중세에 비해 근대의 음식은 고급 요리일수록 부드러워졌고, 특히 프랑스의 섬세한 요리는 유럽 엘리트들 사이에 큰 성공을 거두었다. 그 결과 이와 같은 식재료를 생산하는 목축업이 확대됐다. 프랑스의 노르망디 지방이 대표적인 사례다. 어찌 보면 시시해 보이는 맛의 추구라는 현상이 사실 지대한 영향을 끼치는 것이다. 중세에 사람들이 매운맛을 찾은 것이 동남아시아에서 중동 지역을 거쳐 지중해에 이르는 원거리 후추 교역을 발전시켰고, 근대에 부드러운 맛을 찾은 것이 농촌 지역에 목축업의 발전이라는 큰 변화를 초래했다.

음식의 역사, 혹은 더 넓게 취향의 역사는 단순하거나 사소한 문제가 아니다. 이는 인간의 섬세한 감각이라는 측면과 사회구조의 거대한 변동이 함께 어우러진 특이하고도 심원한 문제다.

축구

단순한 공놀이에 깃들어 있는
민족적 스타일과 역사적 흐름

축구가 있는 곳에 늘 격렬함이 따라다닌다. 예컨대 스코틀랜드에서는 아일랜드 출신 가톨릭 노동자들의 팀인 셀틱Celtic과 장로교 중산층의 팀인 레인저스Rangers가 아주 격하게 충돌하곤 한다.

레인저스는 무려 140여 년 전인 1872년에 만들어진 팀이다. 당시 글래스고의 운동장은 거의 진흙탕 수준이어서 다른 팀들이 하듯 드리블을 할 수 없어 패스 위주의 경기를 했고, 이것이 오히려 이 팀의 중요한 전술이 됐다. 그 후에 등장한 셀틱은 이 도시 동부에 모여 살던 아일랜드계 노동자들이 만든 팀이다. 당시 글래스고에 조선업이 발달하여 아일랜드에서 많은 노동자들이 이주해 와 현지인들과 갈등을 벌이고 있던 터였다. 이들은 켈트족 후예임을 나타내기 위해 이름도 셀틱이라 지었다. 이 팀이 창단된 다음 해 경기에서 레인저스를 5 대 2로 눌렀다. 이제 두 팀의 경기는 단순한 축구 경기가 아니라 스코틀랜드 내 개신교도와 가톨릭교도 간, 본토인들과 아일랜드계 이주민 간 자존심을 건 싸움이 됐고, 이후 오늘날에 이르기까지 철천지원수처럼 격렬하게 맞붙는다. 차범근 씨 말대로 기성용 선수가 스코틀랜드에서 제대로 몸싸움을 배울 수 있었던 것이 그런 배경에서 나왔다.

축구 관중의 폭력성을 나타내는 훌리건은 잉글랜드가 원조다. 원래 훌리건이라는 말은 거리에서 싸움을 일삼는 깡패를 일컫는 말이었지만 이제는 축구장에서 난동을 부리는 패들을 가리키는 말로 굳어졌다. 1960년대 잉글랜드에서는 철도를 이용한 원정 응원이 유행했다. 자연히 원정 팬들과 홈 팬들 간 충돌이 빈번해지기 시작했다. 원정 팬들은 무리를 지어 돌아다니며 행패를 일삼았고, 그러다가 상대 팬들을 공격하거나 기물을 파괴하는 일도 잦아졌다. 이 정도만 해도 큰 문제인데, 사태가 더 심각해진 것은 1970년대 런던 동부 지역을 중심으로 스킨헤드가 등장하면서부터다. 완전 삭발하고 통일된 복장을 한 집단이 폭력을 일삼으면서, 우리가 현재 이야기하는 훌리건의 전형적인 양태가 나타난 것이다. 극우 성향을 지닌 훌리건들은 "흑인들은 꺼져라" 같은 유색인종 선수들을 비난하는 응원가를 만들어 불렀다. 또 폭력의 정도가 극심해져서 칼이나 쇠파이프를 휘두르기도 하고 때로는 사상자도 생겨났다.*

1980년대에는 리버풀과 런던을 중심으로 신개념 훌리건들이 생겨났다. 캐주얼Casual이라 불리는 이들은 과거의 훌리건들이 노동자 중심이었던 것과는 달리 중류층 출신으로, 고급 메이커의 옷을 입어 자신

---

* 2013년 이탈리아에서 드디어 인종차별 성격의 응원이 문제를 일으켰다. 밀라노의 산시로에서 열린 이탈리아 프로축구 AC밀란과 AS로마의 경기에서 AS로마 관중은 상대 팀의 흑인 선수 마리오 발로텔리에게 인종차별적 야유를 보냈다. 심판이 경기를 일시 중단시켰고, 다음 날 이탈리아 축구협회 징계위원회에서 AS로마 구단에 벌금 5만 유로를 부과했다. 여론은 이 정도의 징계에 그쳐서는 안 되며 더 강경한 조치가 필요하다는 쪽으로 기울었다. 이 사건이 앞으로 축구 경기에서의 인종차별 문제에 어떤 영향을 줄지 귀추가 주목된다.

을 차별화했다. 이들은 디스코텍에서 마약을 사용하기도 하고, 또 소규모 집단으로 움직이며, 경기장 난동도 사전에 치밀하게 계획하는 등 이전과는 사뭇 다른 양태를 보인다.

축구로 인한 폭력의 예는 이루 헤아릴 수 없이 많다. 이미 1920년 대에 이탈리아에서는 볼로냐의 서포터스와 제노바의 서포터스 사이에 총싸움까지 벌어졌다. 1960년대에 맨체스터의 서포터스인 레드 아미 Red Army는 경기 후 상대방과 싸우는 것이 아예 중요한 목표가 됐다. 1985년에는 유러피언컵 결승전 당시 리버풀의 훌리건들이 상대팀 유벤투스의 응원단인 티포시Tifosi를 공격해서 39명이 사망하는 참사가 일어났다. 이탈리아인들이라고 크게 다르지는 않아서 축구 후 난동은 도시 게릴라 수준으로 확대됐다.

축구 폭력은 유럽만의 일이 아니다. 1962년 가봉에서 콩고와 가봉 간의 경기에서 원정 팀인 콩고팀이 승리를 거두자 반反콩고 폭동이 일어나서 9명이 사망하고 3천 명의 콩고인이 축출됐다. 그러자 이번에는 콩고에서 보복으로 가봉 사람들을 축출했고, 한때 양국 간 외교관계가 끊어졌다. 1969년에는 월드컵 예선전을 벌이던 엘살바도르와 온두라스 간에 '축구전쟁'이 일어났다. 축구 경기의 흥분이 과도하게 달아올라 온두라스 정부는 자국에 많이 들어와 있던 엘살바도르 출신 농부들을 축출해버렸고, 이에 대한 대응으로 엘살바도르 군대가 온두라스를 침공한 것이다. 사흘 동안 벌어진 전투로 군인과 민간인 약 3천 명이 사망했다.

축구는 민족 정체성 강화에 기여한다. 예컨대 우루과이는 거칠고 저돌적인 축구를 했던 반면, 아르헨티나는 섬세하고 우아한 아트 사커 스타일을 개발했는데, 이런 것들이 민족적 스타일을 대변하는 것으로 여겨졌다. 그렇지만 이런 측면도 과도하면 역시 문제가 될 수 있다. 브라질은 1950년 자국에서 열린 월드컵 대회에서 우승할 것으로 예상했지만 의외로 결승전에서 우루과이에 패배하고 말았다. 이 당시 충격이 어찌나 컸던지 축구 팬들이 자살하는 사건이 터져나왔고, 그때까지 입던 대표 팀의 유니폼도 재수 없는 옷이라고 해서 새로운 디자인으로 바꾸었다.

이런 것과는 완연히 다른 축구의 양태가 나타나는 곳은 최근의 미국이다. 미국은 야구와 풋볼(미식축구), 농구와 아이스하키 같은 스포츠는 강하지만 축구는 즐기는 사람도 별로 많지 않고 수준도 낮을 것이라 생각하기 쉽다. 15년 전 미국을 방문했을 때만 해도 초등학교 아이들이 축구 놀이를 할 때면 아직 룰을 제대로 알지 못해 일부 아이들이 공을 손으로 잡으려 하고 다른 아이들이 "손을 쓰면 안 돼" 하고 소리쳤다. 그러던 미국에서 축구가 엘리트층 자녀들의 대표적 스포츠 중 하나가 된 것이다.

미국에서 축구는 다른 스포츠와 대조적인 특징을 지닌다. 교양 있는 학부모들이 볼 때 미식축구는 폭력을 용인·조장하는 경기이고, 야구는 실력 없는 아이들에게 스트레스를 주며, 농구는 흑인 빈민가 스포츠의 상징이었다. 이에 비해 축구는 그런 사회·문화적 선입견이 없는 백지상태였다. 교육 전문가들은 덜 경쟁적이고 덜 승리 지향적인 운동경기로 축구를 선택했다. 유소년 축구팀은 해마다 선수 구성을 완전히 뒤바꿔, 무슨 수를 써서라도 이기겠다는 성향을 막으려 했다. 이런 스포츠 운영 방식에 중산층이 호응했다. 축구는 세계의 거의 모든 나라에서 노동계층의 대표적 문화이지만 미국에서만은 남아메리카 이주자를 제외하면 중산층의 스포츠가 됐다.

사실 미국인들 중 상당수는 여전히 축구를 혐오한다. 보수주의적 정치인들 중에는 '풋볼은 민주적 자본주의이고, 축구는 유럽식 사회주의'라고 강변하는 사람도 있다. 축구 혐오는 곧 미국 문화의 옹호와 연결된다. 야구와 풋볼만이 진정 미국적인 가치를 담고 있는 스포츠라 굳게 믿는 것은 미국이 세계에서 특별한 역할을 수행하고 있다는 소위 미국 예외주의와 통한다. 이런 사람들에게 축구의 확산은 미국의 고유 문화에 대한 일종의 위협으로 받아들여지는 것 같다. 반대로 축구를 좋아하는 것은 미국의 전통 일변도에서 벗어나 세계와 소통하는 성향으로 읽을 수 있을 것 같다.

공을 발로 차거나 머리로 받아 상대방 문 안에 집어넣는 이 단순한 놀이에 역사의 큰 흐름들이 녹아들어가 있다.

올림픽 정신

돈과 국가권력, 민족주의 경쟁으로 변질된 인류 최고의 제전

 올림픽 정신은 민주주의와 엘리트주의가 결합되어 빚어진 순수한 이상理想이었다. 쿠베르탱 남작이 근대 올림픽을 구상하던 19세기 후반은 민주주의의 발전을 향해 사회적 노력을 기울이던 때이기도 하다. 모든 남녀 아동들에게 의무적으로, 또 무상으로 초등교육을 시행할 것을 규정한 쥘 페리 법안(1881, 1882)이 통과되어 대중교육이 확산된 것이 대표적인 사례다. 스포츠 역시 모든 참가자에게 똑같은 기회를 부여해야 한다는 점에서 이와 유사하다. 본인의 능력 여부에 따라 승패가 판가름 날 따름이지 다 똑같은 선상에서 출발한다는 것이다. 1896년에 시작된 근대 올림픽은 여성과 노예가 배제된 고대 그리스의 올림픽과 이 점에서 큰 차이가 난다.
 그렇지만 스포츠 정신은 또한 내면에 귀족적 엘리트주의도 포함하고 있다. 당시에 여가를 활용하여 운동을 즐길 수 있는 사람은 소수의 부유한 인사들에 한정됐다. 여가를 활용한 놀이가 스포츠라는 이름으로 도덕성을 띠면서 정당화될 수 있었다. 올림픽의 근본 법칙으로 승

근대 올림픽의 아버지 쿠베르탱 남작.

화된 아마추어 정신은 이득을 바라지 않고 오직 스포츠 자체에만 목적을 둔 사람들만 참가하는 것을 원칙으로 한다. 이는 중세 이래 면면히 이어져오는 기사도 정신을 연상시킨다. 상대방을 존중하고 규칙을 따르며 속임수 없이 정정당당하게 겨루는 행위는 이제 단순한 놀이의 수준을 넘어 도덕적인 모범으로 승격됐다. 이렇게 해서 고상한 귀족적 가치가 사회 전체로 확산됐다. 스포츠가 훌륭한 교육 방법이 된 것이 이 때문이다.

그러나 시간이 흐르면서 올림픽의 이상은 현실에서 많이 훼손됐다. 개인이든 국가든 우선 이기는 것이 중요했다. 말로는 참가에 의의가 있다고 하지만 실제 승부의 세계는 냉혹하다. 만인의 주목을 받는 메달리스트와 예선 탈락자 사이에는 천지 차이가 있다. 결국 자본의 힘이 올림픽에 영향을 미쳤다. 장래 IOC 위원이 되는 모니크 베를리우는 일찍이 1970년에 "우리는 순수한 아마추어 정신을 과도하게 지키는 척하며 위선을 찬양한다"고 비판했다. 1981년에는 사마란치 IOC 위원장이 "우리는 시대에 맞추어 살아야 한다"고 선언하더니, 과연 1984년에 올림픽 선서에서 아마추어 정신이라는 말이 사라졌다. 거대 자본의 스폰서들이 달려들었고, 결국 올림픽은 돈 잔치로 변했다. 미디어는 스포츠를 화려한 쇼비즈니스로 만드는 데 일등공신이 됐다.

물불 가리지 않고 어떻게든 이기는 것이 중요해진 다음에는 약물 복용 문제가 중요한 이슈가 됐다. 사실 약물을 통해 신체의 힘을 극대화하려는 시도는 일찍부터 있었다. 미국의 중거리 자전거 선수 조지 랜더가 스트리크닌이라는 약물로 인해 사망하여 약물 중독 사고를 당한 첫 번째 사례로 알려져 있다. 1920~28년에 금메달 8개를 포함하여 모두 12개의 메달을 획득한 핀란드의 전설적 육상 선수인 파보 누르미는 일간지에 자신이 사용하는 '기적의 약'을 대놓고 선전했다. 이때만 해도 약물 사용이 공식적으로 금지되지 않았던 시기였다. 그가 사용한 약물은 남성 호르몬 테스토스테론 제재였다. 이후에도 남성 호르몬 제품은 암암리에 계속 사용됐다. 다른 한편 권투 선수들은 통증을 더 잘 견뎌내기 위해 코카인을 사용했다.

1920~28년에 모두 12개의 메달을 딴 핀란드의 육상 영웅 파보 누르미.

1970~80년대에는 특히 동독 선수들이 의혹의 대상이었다. 냉전이 극에 달했던 그 시기에 올림픽에서의 성과는 국력을 과시하는 좋은 선전 도구였다. 각국은 메달 경쟁에서 이기기 위해 선수들에게 지원을 하는 정도를 넘어 불법으로 약물을 사용했다. 동독 여자 수영 선수들

은 1976년과 1980년 올림픽에서 모두 20개의 금메달을 땄다. 당시 금메달리스트 중 많은 선수들이 스테로이드 약물을 사용했다고 실토했다. 1980년 모스크바 올림픽의 금메달리스트 페트라 슈나이더는 14세부터 호르몬 주사를 맞았다고 고백했다. 심지어 고의로 임신시켜 신체의 호르몬 상태를 변화시킨 다음 유산시키기도 했다. 1990년대 말에 동독 트레이너와 의사들이 조사를 받고 유죄 판결을 받았다.

숱한 스캔들 속에서도 올림픽은 여전히 인류 최고의 제전 중 하나로 발전했다. 올림픽이 백 년 이상의 역사를 가지게 되면서 이제 이 행사는 일종의 신화적 혹은 유사 종교적 현상으로 진화한 듯하다. 수많은 군중이 운집해 있고, 간접적으로는 미디어를 통해 전 세계의 시민이 지켜보는 가운데, 집단적인 열광의 분위기가 연출된다. 평범한 인간의 능력을 훨씬 뛰어넘는 행위를 선보이는 선수들은 반신반인半神半人의 영웅이 되고, 관중의 환호는 마치 신심 넘치는 신자들의 집단 기도를 연상시킨다. 특히나 올림픽 입장식 개막 행사는 고상한 보편적 가치를 온 세계에 알리기 위해 엄청난 인력과 자원을 결집한 현대 사회의 최대 이벤트로 자리 잡았다. 종교 자체가 점차 약화되는 서구 사회에서는 스포츠가 일종의 종교 역할을 수행하는 느낌도 받는다.

올림픽은 여전히 백 년 전의 순진한 이상주의를 간직하고 있을까? 어느덧 돈과 국가권력, 과도한 민족주의 경쟁으로 말미암아 기묘하게 변질된 것은 아닐까? 원래의 스포츠 정신과 올림픽 정신을 어떻게 되살릴 수 있을지 지혜를 모아야 한다.

바캉스

위기 상황에서 시작된
유급휴가 제도

　장기 유급휴가, 곧 바캉스vacance는 1930년대 후반 프랑스에서 꽤나 비장한 분위기에서 제도화됐다. 유럽 각국에서 파시즘의 위협이 날로 거세지던 당시, 프랑스에서는 노동자와 농민, 지식인 등이 극우 세력의 준동에 대항하여 민주주의를 옹호해야 한다는 목소리를 높였다. 그동안 대립을 이어오던 사회당과 공산당이 제휴했고, 노동총동맹과 공산당계의 통일노동총동맹의 양대 노조까지 통합한 데다가, 각종 좌파 단체들 그리고 중산층이 지지하는 정당까지 가담하여 모두 100개 가까운 단체들의 연합체가 형성됐다. 이를 '인민연합'이라 부르며, 이들의 공동전선 전략을 '인민전선'이라 부른다.

　1936년 에스파냐에서 먼저 인민전선이 선거에 승리한 후 프랑스에서도 4월 선거에서 반反파시즘 세력이 총선에서 다수 의석을 차지했다. 그 직후 엄청난 규모의 자발적 총파업이 발생했다. 200만 명의 노동자가 연좌농성을 벌였고, 공장에서 음악회와 축제를 벌이는 낙천적 분위기에서 파업이 진행됐다. 드디어 6월 5일, 프랑스의 정치가 레옹 블룸은 그동안 정부 참여를 거부하던 공산주의자들과 더불어 인민전선 내각을 발족시켰다. 6월 7일, 정부와 노동자 및 고용주 측이 '마티뇽 협정'으로 알려진 합의에 서명하여 파업을 해결했다. 프랑스 노동계의 마그나 카르타(대헌장)라고 불리는 이 합의문에 따라 여러 개혁 법안들이 만들어졌다. 당시 73일 동안 133개나 되는 법안이 추가됐는데, 그중에는 15퍼센트의 임금 인상, 노동시간 주 40시간 단축 같은 사항 외에도 연간 2주의 유급휴가가 포함되어 있었다. 바캉스가 본격적으로 정착하게 된 것이다.

그 이전에도 바닷가에 휴양지들이 있었지만 이는 귀족이나 중산층만 이용할 수 있었다. 사회당 인사로서 인민전선 정부에서 스포츠와 레저 담당 차관이었던 레오 라그랑주(1900~40)는 서민들의 바캉스 계획을 돕기 위해 50만 건의 할인 열차 여행과 호텔 서비스를 제공했다. 그러고 보면 바캉스는 나치즘과 파시즘에 저항하여 인간의 기본 권리를 지킨다는 중대한 국가정책으로 탄생한 것이다.

사실 인민전선 내각 당시 사정이 결코 순조롭지는 않았다. 단기간에 지나치게 많은 개혁 조치들이 쏟아지자 고용주들이 반발한 것은 당연한 일이었다. 낙천적 분위기는 그해 7월에 에스파냐 내전이 발발하면서 깨졌다. 레옹 블룸은 이웃 국가의 형제 정권을 돕고 싶어 했으나 프랑스의 우익 언론이 강력하게 비판했다. 프랑스 외무부와 영국 외무부 모두 에스파냐 공화국을 돕는 것이 히틀러와 무솔리니로 하여금 에스파냐 반군을 원조하도록 만들까 두려워했다. 결국 블룸은 불간섭 정책을 취했는데, 그러자 이번에는 프랑스 공산당의 비판에 직면해야 했다. 블룸은 불간섭 정책이 에스파냐 공화국을 돕는 동시에 전 유럽의 전쟁을 막는 길이라고 생각했다. 그러나 실상은 에스파냐 내전으로 인해 독일과 이탈리아의 도전이 더욱 거세졌다.

한편으로 일촉즉발의 위기 상황에서, 다른 한편 노동계급의 낙천적 흥분 상태에서 시작된 제도이지만 역사적 변천에도 불구하고 유급휴가 제도는 뿌리를 내리고 더 확대되어갔다. 그 후 프랑스에서 유급휴가는 1950년대에 3주, 1960년대에는 4주로 늘었고, 다시 미테랑 대통령 때인 1981년에 5주로 늘어났다. 이제 여름철이 되면 프랑스의 전 국민은 쥐이에티스트juillettiste(7월에 바캉스를 떠나는 사람)와 우시엥aoûtien(8월에 바캉스를 떠나는 사람) 두 종류로 나뉜다. 바캉스 비용을 마련하지 못한 사람은 자신의 자동차를 팔아 그 돈으로 버스를 타고 놀러 갈 정도로 철저하게 잘 논다.

우리의 바캉스는 교통지옥과 바가지 가격, 개미 떼 같은 인파에 시달려 오히려 몸과 마음이 더 피곤해지기 십상이다. 바캉스를 한가한 개인 문제로 치부할 것이 아니라 국가의 주요 정책 중 하나로 생각하여 품격 있는 바캉스를 만들 대책이 필요하다.

빅토리아 앨버트 박물관

노동자들의 교양을 위한
보수적인 '인민 궁전'

　영국의 빅토리아 앨버트 박물관은 다른 박물관들처럼 예술품 컬렉션의 소장이나 전시가 아니라 영국의 디자인을 개선한다는 아주 특별한 목적을 위해 설립됐다. 영국은 산업혁명의 선구자로서 '세계의 공장'이라 불릴 정도로 제조업 분야에서 앞서나갔지만, 19세기 중반에 이르면서 점차 이웃 국가들의 추격을 받고 있었다. 특히 산업디자인 분야에서 뒤처져간다는 점이 문제였다. 1836년 하원 특별위원회의 조사 결과 영국의 디자인 교육이 부적절하며 주변국들, 특히 프랑스와 독일의 디자인 수준이 영국보다 뛰어나다는 점을 확인했다. 영국 정부는 국립디자인학교를 설립하여 대처하고자 했다. 로열아카데미 안에 문을 연 이 학교는 교육을 목적으로 많은 고전 미술품과 당대의 장식 예술 작품들을 수집하여 박물관을 꾸몄다.
　런던만국박람회(1851)의 조직자들 중 한 명이었던 헨리 콜이 1852년에 이 학교의 교장이 된 후 "디자이너를 교육하고 제조업자들에게 영감을 주며 일반 대중의 취향을 개선한다"는 목적을 내걸고 학교와

빅토리아 앨버트 박물관 건물 전경.

박물관 운영을 크게 개선했다. 그는 대중들이 전 세계의 최신 상품들에 관심이 많다는 것을 알고 있었다. 그는 또한 탁월한 디자이너의 교육은 그들이 만든 상품을 팔 시장이 없다면 무의미하다는 점을 잘 알고 있었다. 빅토리아 여왕의 남편이었던 앨버트 공이 콜의 아이디어에 동조하여, 만일 만국박람회를 디자인 학교 운영 계획의 일부로 포함시키고자 한다면 적극적으로 돕겠다고 나섰다. 그리하여 버킹엄 궁 근처의 왕실 거주지인 말보로 하우스를 만국박람회 전시품을 토대로 한 새로운 전시관으로 사용하도록 하고, 더 나아가서 예술과 과학을 산업 발전에 이용할 수 있는 기관으로 확대하기로 했다. 각종 산업 디자인 제품들을 수집하여 일반인에게 전시하되, 이것이 '폐품 수집' 수준에 그치지 않도록 하기 위해서는 많은 노력이 필요했다. 박물관 내에 강의를 개설하고, 많은 사람들이 부담 없이 찾아오도록 저렴하게 식사할 수 있는 식당을 여는 등 세심한 배려를 한 것도 그 때문이다.

그들은 '가장 많이 아는 자가 가장 창의적이 된다'는 자신들의 생각을 중산층과 노동계급 상층으로까지 확산시키려고 노력했다. 노동자들이 술집에서 돈을 탕진하는 대신 가족들과 함께 박물관에 와서 교양을 쌓으며 즐길 수 있는 '인민 궁전'을 만드는 것이 그들의 이상이었다. 이렇게 하면 당시 유럽 대륙을 휩쓸던 '혁명 바이러스'에 대한 예방책이 되며, 또 방문객들에게 멋진 물품들을 보여줌으로써 상품 수요를 창출한다는 생각도 마음 한구석에 가지고 있었다.

> 대중들로 하여금 물건들에 욕심을 내도록 만들자. 그들이 가게에 가서는 이렇게 말할 것이다. "우리는 이러저러한 것을 좋아하지 않아요. 우리는 이것보다 더 예쁜 것을 박물관에서 보았어요."

그런 목적을 표방한 이 박물관은 지극히 보수적이고 자본주의적인 성격을 띠고 있다.

제조업 발전 다음에는 필연적으로 디자인 문제가 제기된다. 국가 주도로 디자인 수준을 높이는 것이 꼭 좋은 방향인지는 모르겠지만, 최소한 문제를 인지하고 해결 방향을 찾으려고 노력한 영국 사례는 진지하게 참고할 만하다.

영국에 대한 오해

이웃 나라 사람들의 못된 비방에 오해받고 있는 나라

영국인들은 죄를 많이 지어서 그 벌로 악마의 표시인 꼬리를 달고 있는데, 이것을 바지 속에 잘 숨기고 있다. 중세 프랑스인들은 그렇게 믿었다. 당시 프랑스인들은 영국인들을 '고동 쿠에Godon coué'라고 칭했는데, 여기에는 약간의 언어학적 설명이 필요하다. '고동Godon'이란 영국인들이 걸핏하면 "God!"이라는 말을 하기 때문이고, 쿠에coué는 그들에게 꼬리가 달려 있기 때문이다('꼬리'를 나타내는 불어 단어 queue의 철자가 cou로 바뀌었고 그래서 coué가 되면 '꼬리 달린'이라는 뜻이 된다). 안개 끼고 해가 안 나는, 슬픈 나라에 살다 보니 여자들 안색이 그렇게 허옇고, 남자들은 끔찍한 술집pub에 모여들어 토할 때까지 맥주를 마시면서 일 년 내내 멍청한 내기만 하고 있다. 이 나라 관습이 남녀를 철저히 가르는지라 남자들은 우울증, 여자들은 신경증에 걸려 있다. "날씨 탓인지, 맥주나 독주 탓인지, 두툼한 고깃덩이 탓인지, 혹은 늘 이 나라를 감싸는 안개나 토탄土炭 연기 탓인지 이 나라 사람들은 애처롭고 우울하다." 18세기 프랑스의 철학자 디드로의 분석이다.

"프랑스뿐 아니라 모든 나라에서 정중한 예의를 바치는 대상은 세상에서 가장 소중한 창조물 곧 여성인데, 영국에서는 그게 말馬이다." 19세기 프랑스의 여성 작가 플로라 트리스탕의 말마따나 영국인들은 말을 너무나 좋아한다. 그래서일까, 영국의 소설가 조너선 스위프트는 『걸리버 여행기』의 4부인 「휴이넘」에서 세상에서 가장 도덕적인 존재가 말이고 인간은 야후yahoo라 불리는 비천한 존재로 전락한 세상을 그렸다. 영국 여자들이 어떻기에 말보다 못한 대접을 받을까? 프랑스의 철학자이자 역사가 이폴리트 텐(1928~93)이 관찰한 영국 여자들은 '멍청하게 입 벌리고 있는 놀란 표정의 여자들' 아니면 '우둔하고 뚱뚱한 암송아지' 같은 아가씨들뿐이다.

에스프리도 없고 문화도 없는 이 나라에서 하는 거라고는 그저 돈벌이뿐이다. "모든 사람이 돈에만 신경 쓰고 돈만 밝힌다."(아르장송) 그들을 움직이는 동기는 오직 이윤이다. "세계의 모든 나라가 프랑스를 필요로 하지만, 영국은 세계 모든 나라를 필요로 한다."(리바롤) "이 나라는 상점주들의 나라다."(나폴레옹) 그들은 다른 어떤 고귀함도 모르기 때문에 "사업은 사업이다business is business" 같은 한심한 말만 한다. 그러니 이 나라에서 사업수완 없는 사람들은 굶주리는 프롤레타리아로 전락하는데, 프랑스 소설가 스탕달에 의하면 "영국의 계급은 인도의 카스트와 똑같다." 사정이 이쯤 되니까 영국의 경제학자 토머스 맬서스는 하층민들에게 더 이상 아이를 낳지 않는 것이 미덕이라고 가르쳤던 것이다. 그뿐이랴, 그들이 먹는 스테이크는 요리라고 할 수도 없으며, 다른 접시에 담겨 있는 것들도 모두 슬픈 물건들이다. 영국의 일요일Le dimanche anglais은 다 문 닫았고 다 불 꺼져 있어서 모두 죽은 것 같은 최악의 날이다!

이미 눈치 챘겠지만, 이건 전부 '개구리나 잡아먹는' 이웃 나라 프랑스 사람들이 하는 말이다. 프랑스 소설가 모파상은 대놓고 이렇게 말했다. "나는 영국인들을 증오한다. 그들은 노르망디의 진짜 적이고, 세습적인 적이고, 자연스러운 적이다." 모파상의 고향을 알아보니 역시나 노르망디 근처에서 태어났다. 이렇게 서로 앙숙인 두 나라가 1815년 나폴레옹 전쟁 이후 서로 싸우기를 멈추고, 더 나아가서 7월 왕정기와 1904년에 화친협상Entente cordiale을 맺었다. 이건 애초에 불가능한 이야기란다. 왜냐하면 영국은 "배신을 밥 먹듯이 하는 나라"(보쉬에)이고 이 나라 사람들은 등 뒤에서 욕하는 놈들이기 때문이다. "영국과 동맹? 그건 내 불알이다!" 하고 셀린은 외쳤다(셀린은 이름의 어감과 달리 남성 작가다). 영국과 프랑스 사이가 가장 안 좋았던 1930년대에는 영국인들을 노예로 삼아야 한다고 주장하는 극우파도 나오고 "영국은 카르타고처럼 파괴되거라!" 하고 악담을 하는 작가도 나왔다. 물론 다른 한편에 영국 애호가 작가들이 줄줄이 있었다는 사실도 지적해야 마땅할 것이다. 볼테르, 샤토브리앙, 뱅자맹 콩스탕, 스탈 부인, 토크빌, 앙드레 모루아, 쥘리앵 그라크 등이 그런 계보를 이룬다.

그런데 영국을 그렇게 몹쓸 놈의 나라인 것처럼 떠들더니, 정작 제2차 세계대전 당시 모든 나라가 히틀러 치하에 들어갔을 때 용감하게 자유를 지켜낸 나라는 영국뿐이었고, 프랑스 임시정부도 런던에 기대어 활동했다. 그러니 이웃 나라 사람들이 흔히 하는 못된 비방은 믿을 게 못 된다. 다만 날씨 안 좋다는 말만은 과히 틀린 이야기가 아니지만……

 금지곡

국민의 정서를 통제하려던
독재 시대의 노래들

지금으로부터 약 30~40년 전만 해도 대중가요에 대한 검열과 금지가 상상을 초월할 정도로 극심했다.

송창식의 「왜 불러」는 반말을 한다는 이유로 금지곡이 됐다. 이장희의 「그건 너」는 남에게 책임을 전가한다는 이유에서, 조영남의 「불 꺼진 창」은 그냥 창에 불이 꺼졌다는 이유로 금지곡이 됐다. 김추자의 「거짓말이야」는 창법 저속과 불신감 조장이라는 항목으로 금지 조치되고, 한대수의 「물 좀 주소」는 노래 제목이 물고문을 연상시킨다는 이유로, 「행복의 나라로」는 '그렇다면 지금은 행복의 나라가 아니라는 뜻인가' 라는 이유로, 양희은의 「이루어질 수 없는 사랑」은 '왜 사랑이 이루어질 수 없느냐, 사랑이 이루어질 수 없다고 강조하면 사회에 우울함과 허무감이 조장된다'는 이유로, 정미조의 「불꽃」은 공산주의를 상징한다는 이유로, 이금희의 「키다리 미스터 킴」은 '단신인 대통령의 심기를 불편하게 할 수 있다'는 이유로, 배호의 「0시의 이별」은 통금이 있던 시절

> '0시에 이별하면 통행금지 위반'이라는 이유로 금지됐다.
> ─민은기, 『독재자의 노래』, 한울, 2012, p. 271.

　정말 '이유 같지 않은 이유'로 금지곡 딱지를 받던 시절이다. 만일 싸이의 「강남 스타일」이나 「젠틀맨」이 그 시절에 나왔으면 아흔아홉 가지 이유쯤으로 금지곡이 됐을 법하다.
　독재체제가 음악에 큰 관심을 기울이는 이유는 음악이 다른 어느 예술보다 인간의 정신세계에 직접적으로 가 닿기 때문일 것이다. 음악은 사회 통합을 강화하는 접착제 역할을 할 수 있다. 대중을 통제하고 세뇌하는 데에 음악보다 효과적인 수단은 많지 않다. 그래서 체제를 정당화하는 음악은 장려했고 반대로 지배 질서와 사회 통합을 저해하는 것으로 보이는 음악은 무자비하게 탄압했다.
　특히 박정희 시대에 문제 삼은 것은 소위 '왜색가요'였다. '트로트', '전통 가요', 때로는 '뽕짝'이라는 이름으로 불리는 이 노래들은 20세기 초 일본 엔카演歌의 영향을 받아 생성된 후 1930년대 유성기 음반의 황금시대를 열어나갔으며, 그 이후로도 지금까지 엄청난 대중성을 지니고 생존해 있다. 그런데 유독 박정희 시대에 이 노래들이 퇴폐와 저속이라는 이름으로 단죄의 대상이 됐다. 표면적인 이유는 이 노래들이 일본의 음계와 이를 바탕으로 한 멜로디를 사용했다는 것인데, 당시 '건전가요'로 선정됐던 노래 역시 그 점에서는 차이가 없었으므로 이는 정직한 이유가 아니다. 문제는 국민을 기계적으로 동원해야 했던 독재체제하에서 '명랑함과 씩씩함'의 정서적 통일을 기하는 데 이런 노래들이 크게 방해가 됐다는 데에 있었다. 센티멘털리즘, 처연함, 애상적인 감정은 철저히 짓눌러야 하는 대상이 됐다. 이런 불건전 퇴폐 가요들에 대한 정화작업은 박정희 정권 초기부터 중요한 국가 시책으로 자리 잡았고, 한국예술윤리위원회와 한국방송윤리위원회라는 기구를 통해 끊임없이 국민들의 정서를 통제하려 했다. 유신 시대가 되면 이런 억압은 한층 더 심해졌다. 이제 국가안보와 국민총화에 악영향을 줄 수 있는 것, 외래 풍조를 무분별하게 도입한 것, 패배와 자학, 선정과 퇴폐의 내용을 담은 것 등은 방송에서 사라져야 했다. 눈물이나 한숨이 내포된 노래, 청년문화의 주요 코드였던 록음악과 포크는 하나같이 금지곡이 됐다. 국가가 국민들의 정서를 깨끗이 드라이클리닝해주려고 작심을 한 것이다.

1960~70년대에 대해 우리는 지독한 가난을 이겨내고 경이적인 경제성장을 이루어낸 도약의 시대로만 기억하려는 경향이 있다. 그게 틀린 것은 아니지만 그 시대에 지극히 암울하고 고통스러운 측면이 있었다는 점을 잊어서는 안 된다. 시간의 마법은 지난 시절을 미화하여 간직하도록 만든다. 그렇지만 실제로 그 당시에는 두 번 다시 경험하고 싶지 않은 아픈 경험들도 수두룩하다. 우리는 그런 것들을 극복하고 오늘 여기에 도달했다. 이 문제와 관련해서 서민의 노래는 다른 어느 문서 자료보다 많은 것을 증언한다.

강남 좌파

민중을 위한 투쟁 이전에
우선 캐비아와 샴페인부터

'강남 좌파'는 역사적으로 늘 있어왔던 현상이다. 프랑스에는 고가의 귀족 식품인 러시아산 철갑상어 알(캐비아)을 즐기는 부자이면서 민중을 옹호하는 '캐비아 좌파gauche caviar'가 있다. 유사한 종류의 사람을 독일에서는 토스카나 지방에서 휴가를 보낸다는 뜻으로 '토스카너 프락치온Toskaner Fraktion'이라 부르고, 영국에서는 최고급 샴페인을 즐긴다는 의미에서 '샴페인 좌파Champagne Left'라 하며, 미국에서는 부자들의 주거지인 뉴욕의 센트럴파크 인근 5번가에 집중적으로 모여 산다고 '피프스 애비뉴 리버럴5th Avenue Liberal'이라 부른다.

민중을 위해 투쟁한 빛나는 역사상의 위인들이 실상 얼마나 부자들이었는지 알면 놀랄 것이다. 열렬한 혁명가 카미유 데물랭이 바스티유 요새를 장악하기 위해 민중들을 모은 곳은 화려하기 그지없는 오를레앙 공의 저택이었다. 민중 세계를 예리하게 글로 묘사한 에밀 졸라는 격조 높은 아파트에 살며 시골에 별장을 소유하고 또 정부情婦까지 거느리고 있다는 이유로 비판을 받았다. 광부들의 친구라는 장 조레스

에밀 졸라.

역시 좌파 내부에서는 반대파들로부터 부르주아라고 손가락질당했지만 정작 부르주아들로부터는 배신자 소리를 들었다. SFIO(세계노동자연맹 프랑스 지부) 리더인 레옹 블룸은 고상한 부르주아적인 삶을 영위하는 나머지 '황금 식기'를 사용한다는 소문이 돌았다. 도미니크 스트로스 칸이 엄청난 자산가라는 점은 이미 알려져 있었지만 IMF 총재 재직 중 이번에는 섹스 스캔들을 일으켜 그의 진면목을 세상에 널리 알렸다. 세계의 자유와 권리가 부정된 현장에 몸소 달려가 정의로운 목소리를 낸 우리 시대 최고의 지식인 베르나르 앙리 레비 역시 억만장자로 알려져 있다.

이들에 대한 사람들의 시각은 곱지 않다. 입으로는 민중의 고통에 대해 이야기하고 사회의 특권 계급을 비판하지만, 이들 자신이 대단한 자산가로서 특권적인 삶을 누리며 자기 아이들에게 최고급 엘리트 교육을 시키기 십상이다. 이들의 풍요로운 삶이 민중과 괴리되어 '입만 좌파'라는 말이 나오지 않을 수 없다. 당연한 일이겠지만, 기업인들은 이들을 증오한다. 좌파 지식인들은 기업의 생리를 잘 알고 또 그들 자신이 기업으로부터 흔히 적지 않은 돈을 받으면서도 기업의 이기주의에 대해 비난을 퍼붓곤 한다. 그렇다고 이들 자신이 이타적이냐 하면 물론 그렇지는 않다. 그래도 기업으로서는 이들의 영향력이 너무 크고 특히 여론을 좌우하는 위치에 있기 때문에 뒤에서는 온갖 욕을 하더라도 면전에서는 웃으며 모실 수밖에 없다. 정치가들 역시 강남 좌파를 꼭 반기지는 않는다. 강남 좌파는 스스로 손에 물을 묻혀가며 행동하지는 않는 대신 언제나 남에게 훈계를 한다. 현실 정치의 현장에서 온갖 험한 꼴을 다 겪으며 힘겹게 싸우는 정치가들로서는 저 높고 우아한 자리에서 명징한 논리와 해박한 지식을 동원하여 도도하게 비판을 가하는 강남 좌파들이 미워도 '너~무' 미울 것이다.

그렇지만 『캐비어 좌파의 역사』를 쓴 로랑 조프랭에 의하면 사실 이들은 역사의 진보에서 지극히 중요한 역할을 해왔다. 독일에서는 19세기 말 노동자들이 유럽 프롤레타리아의 선두에서 새로운 사회적 타협을 모색할 때 토스카너 프락치온이 지대한 도움을 주었다. 영국의 샴페인 좌파는 비인간적으로 착취당하는 노동계급의 상태를 개선하기 위해 노력하는 노동당원들의 편에 섰다. 피프스 애비뉴 리버럴은 루스벨트·케네디·존슨·클린턴 대통령과 더불어 미국 사회를 혁신한 민주당 출신 의원에게 개혁의 틀과 사상을 제공했다.

우리나라도 마찬가지다. 공익의 문제에 관심을 가지고 명석한 논리와 근거를 통해 우리 사회가 나아가야 할 방향에 대해 논하는 것이 '강남 좌파 스타일'이다. 오히려 이들이 샴페인에 캐비아를 즐기기만 하는 부르주아로 굳어지면 그것이야말로 우리 사회에 희망이 사라지는 것이다. 아무런 전망도 내놓지 못하고 콘텐츠도 없는 상태에서 오직 그악스러운 욕만 뱉어내는 극좌파가 주도하는 것이야말로 비극적 코미디가 될 터다. 그러니 미운 건 미운 거고, 강남에 거주하시는 좌파 선생님들께서 우향우 하는 대신 계속 올바른 이야기를 하시는 것이 우리 사회의 건전성 혹은 최소한 종 다양성의 관점에서 좋은 일이다.

 **문화와 상품**

문화의 흐름이 빚어내는 변화들

　문화는 원래 사고파는 상품이 아니다. 그러나 실제로는 상품 속에 문화가 녹아 있고 또 문화 자체가 상품화되어 전 세계 사람의 삶을 알게 모르게 변화시킨다.
　아시아 사회에서 줄서기 문화는 분명 서구에서 수입된 것이다. 그렇지만 유럽인들이라고 언제나 줄을 잘 섰던 것은 아니다. 1850년대에 독일인 여행자가 영국을 방문했을 때 사람들이 줄을 제대로 안 선다고 개탄했다. 1950년대에는 반대로 영국인이 독일을 방문했을 때 독일인들이 줄을 제대로 안 서는 것을 보고 놀랐다. 21세기가 되면서 영국에서 다시 줄서기 문화가 갈수록 흐려지고 있다고 한다. '본토'에서 줄서기 문화가 쇠락하는 동안 그것이 아시아로 수출됐다. 중국에서 줄을 제일 반듯하게 잘 서고, 화장실을 깨끗하게 사용하는 곳은 햄버거 가게라는 말이 있다. 작은 예이지만 서구식 가게가 외래문화가 흘러들어오는 창구 역할을 하는 것이다.
　브라질의 인구 동향을 연구하는 학자는 20세기 후반에 이 나라의

루브르 박물관 앞에 길게 늘어선 줄.

인구 증가율 하락의 중요한 원인이 1970년대에 들어온 미국 연속극이라고 분석했다. 텔레비전에서 방영되는 미국 연속극은 중간계급이나 상층계급의 도시적 가치를 매우 매력적으로 보이게 만들어 전국에 내보냈다. 시청자들은 이제 그들의 전통문화와는 다른 행동 패턴과 다른 가치에 눈을 뜨게 됐다. 가족계획 프로그램보다 이런 드라마가 훨씬 강력한 영향을 끼쳤던 것이다.

서구 영상물의 파괴적 효과에 특히 민감하게 반응하는 곳은 중동 이슬람 국가들이다. 화면에 보이는 서구 여성들의 의상, 행동 방식, 사회적 지위 같은 것들이 여성 시청자들에게 선망을 불러일으키고 본보기가 되기 때문이다. 이 지역의 종교인이나 보수적 지도자들이 볼 때 할리우드 영화는 낯선 가치를 숨기고 있는 트로이의 목마나 다름없다. 이슬람 근본주의의 입장에서는 서구의 문화적 '공격'이 무슬림의 정체성을 말살하고 그 대신 세속적이거나 심지어 기독교적인 정체성을 심으려 하는 것으로 비쳤다. 사실 경제적 경쟁 관계로 보면 서구보다는 동아시아가 이슬람권에 더 위협일 수도 있다. 20세기 후반 동아시아 국가들의 빠른 경제성장이 어떤 면에서는 이슬람 국가들로부터 기회를 빼앗는 면이 있었고, 실제로 이들 국가들은 동아시아의 성공에 그리 공정하지 않은 측면이 있음을 느낀다고 한다. 그런데도 동아시아 국가들이 서구만큼 공분公憤을 불러일으키지 않은 이유는 이 나라들이 지금까지 이슬람권에 상품만 수출했지 문화를 수출하지 않았기 때문이다. 그러나 이제 여기에도 변화가 일어날지 모르겠다. 우리나라의 경우 한류韓流라 불리는 대중문화 수출이 급격하게 증가하여, 노래와 드라마들이 전 세계로 퍼져가고 있다. 그런데 그 한류의 콘텐츠는 정말 우리 고유문화일까? 아니면 우리 문화와 서구문화의 융합일까? 한류 수입국에서는 어떤 느낌으로 이를 수용하고 있을까?

    우리는 그동안 늘 외래문화 유입의 충격에 대해 우려해왔다. 그러나 이제 우리 문화가 세계로 흘러나가고 있다. 우리의 대중가요 리듬에 맞춰 세계인을 춤추게 하고 우리 음식을 맛보게 하고 더 나아가서 우리의 삶을 동경하도록 만든다는 것이 어찌 보면 뿌듯하지만, 달리 생각해보면 혹시라도 우리에게나 그들에게나 어떤 부작용이 생기는 것은 아닌지 걱정도 든다. 역지사지易地思之의 자세로 진지하게 생각해볼 문제다.

국민 행복

경제성장 다음 단계의 행복은?

2013년에 새로 출범한 정부의 주요 정책 키워드는 행복이다. 사실 모든 사람이 행복을 추구한다고 하지만 행복이 무엇인지 정의하기는 쉽지 않다. 그런 마당에 '국민 행복' 추구는 자칫 안개 속으로 빠져들 수도 있다.

행복에 대한 선구적 연구자로는 남캘리포니아 대학교의 행복경제학자인 리처드 이스털린(1926~)을 들 수 있다. 세계 30개 지역에서 수행한 설문조사를 바탕으로 한 그의 연구는 부유한 나라와 가난한 나라, 동양의 나라와 서양의 나라, 공산권 국가와 자본주의 국가, 동아시아 국가와 아랍 국가 등 다양한 종교적·문화적·경제적·정치적 배경을 가진 나라들을 총망라하고 있어 참고할 만한 가치가 있어 보인다. 연구 결과에 따르면 세계인들이 생각하는 행복의 구성 요소는 경제적 안정, 원만한 가족 관계와 사회생활, 그리고 건강으로, 놀라울 정도로 비슷하다. 그렇다면 행복이 무엇인가 하는 질문에 대한 답은 의외로 쉽게 얻을 수 있고, 또 전 세계적으로 비슷한 결과를 얻을 수 있으리라고 짐작할 수 있다. 사람 사는 세상이 그저 비슷하다는 평범한 진리를 확인했다고나 할까?

대체로 소득수준과 개인의 행복감은 정비례 관계인 것으로 나타났다. 소득수준이 높아질수록 생활이 윤택해지고 건강이나 사회생활에도 유리한 조건을 갖추게 되므로 사람들이 더 행복감을 느끼리라는 것은 상식적으로 수긍이 간다.

이 정도 결론으로 끝났다면 그의 연구는 별 의미가 없었을 것이다. 이 연구에서 흥미로운 점은 그다음 사실이다. 소득수준이 높아질수록 사람들이 더 행복해진다면 부유한 나라는 가난한 나라에 비해 행복한 사람이 훨씬 더 많아야 할 것이다. 그런데 실제로는 어느 나라나 행복하다고 느끼는 사람의 비율은 별 차이가 없었다. 잘살게 될수록 행복하다면 미국처럼 잘사는 나라에서는 자신이 행복하다고 느끼는 사람으로 넘쳐나야 하고, 쿠바 같은 가난한 나라에서는 그 비율이 매우 낮아야 할 것이다. 그렇지만 어느 나라나 행복하다고 답한 사람의 비율에는 큰 차이가 없었다. 말하자면 소득수준이 올라가면 개인은 행복해지지만 '국민 행복'이 증대하지는 않는다. 이를 이스털린의 '행복의 역설'이라 한다.

다른 연구자들의 후속 연구는 이스털린의 발견을 부분적으로 부정하기까지 한다. 특히 선진국에서는 소득수준의 향상이 국민의 행복뿐 아니라 개인의 행복에도 별 도움이 되지 않는다는 주장이 제기됐다. 런던정경대LSE의 노동경제학·행복경제학 연구자인 리처드 레야드(1934~)는 "일단 생계가 보장된 다음에는 사람들을 더 행복하게 만드는 것이 쉽지 않다"는 점을 밝혔다. 이런 연구들을 종합해보면, 1인당 국민소득이 높아지면 처음에는 행복지수가 급격히 올라가지만 어느 단계를 지나면 행복지수가 별로 높아지지 않는다고 정리할 수 있다. 말하자면 '경제성장 효용체감의 법칙'이 작용하는 것이다. 모든 종류의 '체감의 법칙'이 그렇듯, 처음에는 효과가 크게 나타나다가 어느 시점 이후에는 그 효과가 정체한다. 구체적인 수치를 들어 살펴보면, 한 사회의 차원이든 개인의 차원이든 소득이 1만~1만 5천 달러에 이르기까지는 행복지수가 크게 증가한다. 그러나 이 지점, 소위 '결별점 decoupling point'을 지나면 소득이 늘더라도 행복감은 크게 늘지 않는다. 결별점 이전과 이후에는 어떤 변화가 있을까? 이전 단계는 대체로 영양과 위생이 크게 개선되는 시기다. 그 결과 생활이 크게 좋아지고 수명도 연장된다. 그런데 이다음 시기부터는 예컨대 건강 문제도 단순히 영양 상태와 위생 조건 개선에 그치는 게 아니라 콜레스테롤 조절, 금연과 절주, 운동, 환경오염 방지, 스트레스 완화 같은 요인들이 중요해진다. 이제는 경제적 요인보다 비경제적 요인이 더 중요해지는 것이다.

우리나라 역시 거의 이 단계로 진입한 것으로 보인다. 이제부터는 소득을 올리는 것도 중요하지만 다른 요인들을 함께 고려해야 한다. 양도 중요하지만 질을 생각할 때인 것이다. 이 단계에서 행복은 생활습관과 사고방식에 크게 좌우된다. 경제성장이 여전히 중요하지만 이제부터는 문화적 요인을 함께 고려하는 '현명한 경제성장'을 구상해야 한다.

제3부

역사 속의 인간들

 아마존과 헤라클레스

힘과 지혜 그리고 사랑

    헤라클레스는 제우스와 인간 여인 사이에 태어났다. 제우스는 그를 미케네의 왕으로 삼고 싶어 했지만 '남편 신'의 바람기를 질투하는 헤라가 농간을 부려 추방, 박해, 위험만이 따르는 운명으로 점찍었다. 그로 인해 헤라클레스의 삶은 평생 모험의 연속이었다. 그의 일화 중 유명한 것이 소위 '헤라클레스의 선택 Herculean Choice'이라는 것이다.

    젊은 날 그는 테베 왕국의 공주와 결혼하여 두 아들을 낳고 행복하게 살고 있었다. 그런데 헤라의 저주로 광기에 휩싸여 아내와 아이들을 살해하고 만다. 정신이 들고 나서 자신이 저지른 참담한 일들을 본 그는 자살을 결심하지만, 마침 테베를 지나가던 테세우스가 그를 구원한다. 그의 조언대로 헤라클레스는 델피의 아폴로 신전에 가서 신탁을 구했다. 신탁의 내용은 미케네로 가서 아우리스테우스가 시키는 일은 무엇이든 하라는 것이었다. 그는 8년 동안 10가지의 과업을 지시했고, 여기에 더해 두 가지를 추가시켰다(두 가지는 테세우스와 함께 했다는 이유로 '무효 처리'됐고 따라서 두 가지 일을 더 수행해야 해서 모두 '열두

과업'이 됐다).

헤라클레스는 자신의 잘못을 발작 탓으로 돌릴 수도 있었지만 자신의 잘못을 고치기 위해 고난의 길을 선택했다. 이후 쾌락과 덕 사이에 갈등이 벌어질 때 후자를 선택하는 것을 헤라클레스의 선택이라 부르게 됐다.

헤라Hera는 남성 영웅을 의미하는 히어로hero의 여성형으로 원시 모권 사회가 섬기던

아기 때 그를 죽이기 위해 헤라가 요람에 독사를 넣었으나 헤라클레스는 독사를 목 졸라 죽였다.

대모신大母神이었다. 이에 비해 천신인 제우스는 북쪽에서 내려온 신이었다. 헤라가 그리스 땅에서 먼저 주인 역할을 하고 있었는데, 외국 출신 제우스가 최고신의 지위를 빼앗은 것이다. 둘이 부부관계로 설정된 것은 아마도 토착 모권 사회와 침략자 부족 사이의 역사적 대립의 결과로 보인다. 이 대립 과정에서 제우스 신앙을 그리스에 뿌리내리게 한 상징적 존재가 헤라클레스다. 그는 헤라와 그의 사주를 받는 미케네 왕에게 온갖 박해를 받으면서도 끝까지 견디어낸다. 12과업의 의미는 그렇게 해석할 수 있다.

헤라클레스의 최후는 매우 비감하다. 그는 속임수에 넘어가 입으면 온몸이 타들어가는 고통을 느끼는 히드라의 독이 묻은 옷을 입는다. 그는 안간힘을 다해 제우스 제단에 나무를 쌓고 불을 지펴 그 위에 올라가 스스로 화장火葬을 했다. 화장은 농경 사회에서는 금물이다.

헤라클레스의 청동상. 리시포스가 기원전 315년 경에 만든 작품을 재현한 것이다. 파리 루브르 박물관 소장.

죽으면 어머니인 대지의 품으로 돌아가야 하기 때문이다. 화장은 하늘의 신 제우스에게 귀의한다는 것을 뜻한다. 그가 스스로 화장한 것은 그를 박해하는 지모신 헤라에 맞서 끝까지 아버지 제우스에 대한 신앙을 지킨 순교라 할 수 있다.

그의 12과업 중에는 네메아의 사자와의 싸움, 거대한 물뱀의 퇴치, 3천 마리의 소가 머무는 외양간의 청소 등이 잘 알려진 것들이다. 그중 흥미로운 것으로 아홉 번째 과업이 있다. 그것은 강력한 여전사 집단인 아마존의 여왕 히폴리테의 혁대를 빼앗아오라는 것이었다. 널리 알려져 있는 판본에 따르면 헤라클레스가 한 무리를 이끌고 아마존에 가서 전투를 벌여 여왕을 죽이고 혁대를 빼앗아오는 것으로 되어 있다. 여성들이 무기를 휘두르며 남성들에 대한 복종을 거부하는 이 나라는 억압당해온 여성들의 복수를 상징한다. 남성들은 공상의 세계라 할지라도 그런 도발적인 생각을 허용하기 싫었는지, 아마존 신화는 대개 남자 영웅들에게 진압당하는 것으로 끝나곤 한다. 중세 전설에서는 아마존 여자들이 아예 사탄의 무리로 변모하기도 한다. 알렉산드로스 대왕이 동방 원정 중에 여러 '부정한' 종족을 한 곳에 가두고 청동문으로 막아서 못 나오게 했다는 전설이 있는데, 아마존도 그 사악한 집단 중에 끼어 있다.

그렇지만 신화와 전설은 늘 다양한 판본이 있어서, 훨씬 사랑스럽게 진행되는 아마존 이야기도 있다. 헤라클레스는 테세우스와 함께 이 나라에 갔다. 성격이 급한 헤라클레스는 싸움부터 하려고 하지만, 힘과 지성을 겸비한 테세우스는 여왕의 동생인 안티오페를 구슬려서 협상을 벌였다. 테세우스를 보자마자 한눈에 사랑에 빠진 안티오페는 그와 마음껏 밀회를 즐기기 위해 시간을 벌려는 심사로 기발한 제안을 한다. 헤라클레스가 아마존 여인 50명을 성적으로 만족시키는 동안 테세우스와 자신

바지를 입은 모습으로 아마존 여전사를 그린 고대 그리스 토기.

이 동거하고, 그 후에 여왕의 혁대를 주기로 약속한 것이다. 헤라클레스가 그 일을 마치려면 적어도 두세 달은 족히 걸릴 것으로 예상했기 때문이다. 과연 그럴까……? 안티오페와 테세우스가 하룻밤을 즐겁게 보내고 새벽이 됐을 때, 거칠게 문을 두드리는 소리가 났다. 문을 열어보니 헤라클레스가 서 있었다. 그는 짧게 말했다. "다했어!" 이미 강력한 여전사 50명은 헤라클레스의 사랑 파워에 질려 땅바닥에 드

아마존과 헤라클레스 · 125 ·

러누운 채 더 이상 움직이지도 못하는 상태였다. 그로부터 1년이 지나 헤라클레스의 피를 물려받은 딸 수십 명이 태어난 이 나라는 그 어느 때보다도 강력해졌다.

　힘과 지성, 거기에 사랑이 더해지면 험한 세상에서도 조금은 더 행복한 결과를 얻는다.

동방박사

아기 예수를 경배한
'불의 숭배자들'

　동방에서 아기 예수를 찾아와 경배한 동방박사는 어떤 사람들일까? 『마태복음』 제2장 제1, 2절에 기록된 박사Magus라는 말은 물론 박사학위Ph. D.와는 아무런 관련이 없으며, 원래 '조로아스터교의 사제' 혹은 '점성술사'를 뜻한다고 한다. 이들에 대한 전승은 여러 가지가 있지만 페르시아의 사바Savah라는 곳에서 동방박사의 성묘聖廟를 찾아갔다고 주장하는 마르코 폴로의 기록이 흥미롭다.

　페르시아에는 사바라 불리는 도시가 있는데, 예수 그리스도를 경배하러 온 세 명의 동방박사가 출발한 곳이다. 이들은 각각 발타자르, 가스파르, 멜키오르라는 이름을 가지고 있다. 이 도시에는 세 명의 동방박사가 묻혀 있는 매우 크고 아름다운 성묘가 세 개 있으며, 성묘 위에는 지붕이 돔으로 된 매우 정성스럽게 만들어진 네모난 집들이 서로 나란히 붙어서 세워져 있다. 그들의 유해는 아직도 온전하여 머리카락과 수염도 그대로 있다고 마르코 폴로는 기록했다.

　이곳에서 사흘 거리에 칼라 아타페리스탄이라는 마을이 있는데 이

「아기 예수를 경배하는 동방박사」, 바르톨로메 에스테반 무리요의 그림.

는 '불의 숭배자들'이라는 뜻이다. 이들이 불을 숭배하게 된 이유는 동방박사들의 행적과 관련이 있다. 동방박사들은 갓 태어난 한 예언자를 경배하러 가서 황금과 유향과 몰약을 가지고 그 예언자가 하느님인지 아니면 지상의 왕인지 혹은 치유자인지 알아보기로 했다. 만일 아이가 황금을 받으면 지상의 왕이고, 유향을 받으면 신이며, 몰약을 받으면 치유자일 것으로 생각했다.

아이가 태어난 곳에 찾아가서 그들 가운데 가장 나이 어린 사람이 홀로 아이를 보러 들어가니, 그의 나이와 생김새가 자기와 닮았다는 것을 발견하고는 무척 놀라 밖으로 나왔다. 그 뒤 중간 나이이던 두 번째 사람이 들어가보니 역시 나이와 생김새가 자기와 닮았다는 것을 발견했다. 마지막으로 가장 나이 많은 사람이 들어갔을 때에도 역시 다른 두 사람과 똑같은 일을 경험하고는 생각에 잠겨 밖으로 나왔다.

세 사람은 함께 모여 자기들이 본 것에 대해 서로 이야기를 주고받았다. 크게 놀란 세 사람이 다 같이 들어가자 비로소 아이는 생후 열사흘밖에 되지 않은 본래 모습으로 돌아왔다. 그들은 아기 예수에게 황금과 유향과 몰약을 바쳤다. 아이는 세 사람을 맞이하고 선물을 모두 받은 다음 그들에게 봉함된 상자 하나를 주었다.

세 사람이 자기 나라를 향해 돌아가다가 아이가 준 것이 무엇인지 보고 싶어서 상자를 열어보았더니 그 안에 돌멩이 하나가 있었다. 그들은 예수가 세 가지 선물을 모두 받는 것을 보고 그가 지상의 왕이요 신이며 치유자라고 생각했는데, 예수는 그런 믿음이 돌처럼 굳고 변함없어야 한다는 의미로 돌을 준 것이다. 그러나 세 사람은 그 의미를 깨닫지 못하고 돌멩이를 우물에 던졌다. 그러자 거대한 불기둥이 우물 구멍을 통해 하늘로 치솟았다. 그제서야 그들은 이 돌이 큰 의미와 효용을 갖고 있음을 깨달았다. 그들은 곧 그 불을 채취하여 자기 나라로 가져가 매우 아름답고 훌륭한 교회에 안치했다. 그리고는 그것이 항상 타오르도록 했고, 그 불을 마치 하느님처럼 숭배했으며, 번제燔祭를 드릴 때에는 모두 그 불로 굽도록 했다. 혹시 그 불이 꺼지는 일이 생기면, 그 불을 숭배하며 같은 신앙을 가지고 있는 다른 사람에게 가서 그 교회에 있는 불을 약간 달라고 하여 다시 불을 붙였다.

조로아스터교 신앙과 기독교의 동방박사 전승이 묘하게 혼합된 아름다운 이야기다.

성 프란체스코

성인과 이단의 수괴는 종이 한 장 차이?

    이탈리아 아시시의 프란체스코(1181~1226)는 극적인 성인의 생애를 보여준다.

    그는 유복한 상인 집안에서 태어났다. 젊은 시절 프란체스코는 돈 잘 쓰고 친구와 잘 어울리며 흥겹게 지내는 전형적인 부잣집 아들로 살았다. 그러나 군인으로 전쟁에 참가했다가 포로 생활을 경험하고, 또 고향에 돌아와서 큰 병을 앓고 난 후 심경에 변화가 일어났다. 이전에 한량 생활을 하던 때와 달리 갑자기 과묵해진 그를 보고 친구들이 놀리며 여자 생각 때문에 그러느냐고 물었다. 그럴 때면 프란체스코는 "물론이지, 자네들이 한번도 본 적이 없는 아주 멋진 여인과 결혼하려고 한다네" 하고 답했다. 그가 평생 같이하려는 신부는 다름 아닌 '가난이라는 귀부인'이었다.

    시골의 한 작은 성당의 예수 성상이 그에게 "프란체스코야, 내 집이 무너지고 있으니 고쳐주렴" 하고 말하는 환상을 경험하고는 아버지의 가게에서 돈을 가져다가 기부했다. 아버지가 그를 심하게 나무라자 그는 아예 집을 떠나 본격적인 걸인 행각에 나섰다. 그는 모든 것을 버리라는 예수의 가르침을 가슴에 품고 있었다. "너희가 거저 받았으니 거저 주어라. 너희 전대에 금이나 은이나 동이나 가지지 말고 여행을 위하여 주머니나 두 벌 옷이나 신이나 지팡이를 가지지 말라."(『마태복음』 제10장 제8~10절)

그는 누더기 옷에 맨발로 설교를 하고 다녔다. 그렇지만 사제가 아닌데 설교를 하는 것은 교회법 위반인 셈이다. 그는 추종자들과 함께 직접 교황을 찾아가 새로운 수도회를 만들게

에스파냐의 화가인 프란시스코 데 수르바란이 그린 「성 프란체스코」, 1650~60년경, 리옹 미술관 소장.

해달라고 간청했다. 그리스의 시인이자 소설가인 카잔차키스는 그의 소설 『성 프란체스코』에서 지독한 발 냄새가 나는 노숙자 행색의 프란체스코가 교황을 만나는 장면을 성스럽게 그린 바 있다.

"이 무슨 고약한 냄새인고! 그 걸레쪽은 뭐며 맨발은 또 무슨 버릇인가! 너는 네 푼수도 모르는가?"

"저는 성하의 발 밑에 무릎을 꿇으러 왔습니다. 그리고 간청할 일이 있사옵니다."

교황의 꿈. 라테란 성당이 기우는 것을 고쳐줄 인물은 걸인 모습을 한 수도사라는 계시의 내용이다.

"무슨 간청인가?"

"어떤 특권입니다."

"자네가 특권을 달라고? 무슨 특권인데?"

"절대로 가난해지는 특권입니다."

"자네는 엄청난 것을 달라는군 그래!"

"우리는 몇 사람이 모여 있는 탁발 수도사들이온데 가난과 결혼하고자 합니다. 성하께서 우리의 이 결혼을 축복해주시고 우리가 설교할 수 있도록 허락해주십시오."

"무엇을 설교하겠다는 것인가?"

"절대적인 가난, 절대 복종, 절대적인 사랑을 설교하려는 것입니다."

교황이 프란체스코의 청을 들어준 이유는 이렇다. 프란체스코는 전

날 새벽에 꾼 꿈을 설명한다.

제가 사람이 안 오르는 높은 바위 위에 서서 모든 교회의 어머니인 라테란 성당을 내려다보고 있는 꿈이었어요. 내가 그걸 보고 있는데 갑자기 그 교회가 기울기 시작하는 것이었어요. 종탑이 비스듬히 기울기 시작하고 벽마다 금이 가고 있는데, "프란체스코, 살려줘!" 하는 목소리가 어디선가 들려왔어요.

이탈리아 화가 사세타가 그린 「성흔을 입는 프란체스코」(1437~44), 런던 내셔널 갤러리 소장.

교황은 너무나 놀라 벌떡 일어나 프란체스코의 뒷덜미를 잡고는 두건을 벗고 얼굴을 들라고 명령한다. 교황은 프란체스코의 야윈 얼굴을 보고는 비명을 지른다. 교황 역시 같은 시간에 같은 꿈을 꾸었는데, 거지 옷을 걸친 수사가 교회를 구원할 사람으로 등장한다. 그런데 꿈에 본 그 얼굴이 바로 프란체스코와 똑같다는 사실을 알고는 대경실색한다. 교황은 그에게 이렇게 말한다.

아시시의 프란체스코, 그대 얼굴 둘레에 불꽃이 보여. 그것은 지옥의 불길인가, 아니면 천국의 불길인가? 나는 불가능한 일을 하겠다고 나서는 환시자幻視者들을 믿을 수가 없네. 완벽한 사랑, 완벽한 정절, 완벽한 가난 따위들 말일세. 왜 자네는 인간의 한계를 넘으려 하는가? 어찌 감히 자네가 오직 예수만이 도달한 그곳을 오르려고 하는 것인지, 그곳은 아무도 못 오른, 그분만이 가 계시는 곳임을 모르는가? 그것은 바로 인간의 오만한 마음이야. 아시시의 프란체스코, 조심하게. 사탄의 진정한 얼굴이 바로 거만이라는 것이지. 다른 누구보다 자네가 앞장서서 불가능한 것을 설교하도록 자네를 충동한 바로 그자가 악마가 아니라는 보장을 누가 할 수 있단 말인가?

교황으로서는 고민이 이만저만이 아니었을 것이다. 수십 년 전에 거의 똑같은 일을 겪었기 때문이다. '리옹의 빈자'라 불리는 왈도라는 인물이 부자로 잘살다가 어느 날 각성하여 모든 재산을 내던지고는 교황 앞에 나타나 설교할 권리를 달라고 요구한 적이 있었다. 올바른 신앙의 길이 아닌 것 같다고 설득하여 돌려보내자 왈도는 지금의 교황은 말세의 적그리스도Antichrist가 틀림없다고 주장하며 돌아다녔다. 그 후 왈도파는 중세 최대의 이단 종파로 커졌다. 거의 똑같은 주장을 하는 프란체스코는 교황의 허가를 받고 가톨릭 안에서 최고의 성인으로 숭앙받고 있다. 애초에 이단의 수괴와 성인 사이에는 종이 한 장의 차이만 있을 뿐이다.

콜럼버스 유해의 미스터리

신화화된 인물의 시신을 둘러싼 의혹

    콜럼버스(1451~1506)는 살아 있을 때만큼이나 죽어서도 많은 여행을 했다.

    그는 1506년 5월 20일에 죽어 에스파냐 바야돌리드의 한 수도원에 묻혔다. 그 후 1513년에 그의 자부子婦의 요청에 따라 국왕 명령으로 그의 시신을 세비야 인근의 산타 마리아 데 라스 쿠에바스 성당으로 이장했다. 그녀는 1537년에 다시 콜럼버스의 시신을 신대륙의 산토도밍고 섬에 이장해줄 것을 요청했고, 이 역시 국왕이 허락했다. 그리하여 콜럼버스의 시신은 대서양을 넘어 산토도밍고 성당에 묻혔다. 그렇지만 콜럼버스는 이곳에서도 영면을 취하지 못할 운명이었다. 1795년 바젤 조약에 따라 에스파냐는 산토도밍고 섬을 프랑스에 넘겨주어야 했으므로, 이때 콜럼버스의 유해도 다른 곳으로 옮기기로 한 것이다. 이해 12월 21일 공식 절차를 거쳐 프랑스의 라 데쿠베르트 호로부터 에스파냐의 산 로렌초 호로 그의 유해를 옮겨 실었다. 이 유해는 쿠바의 아바나에 묻기로 결정했다. 1796년 1월 15일 배가 쿠바에 도

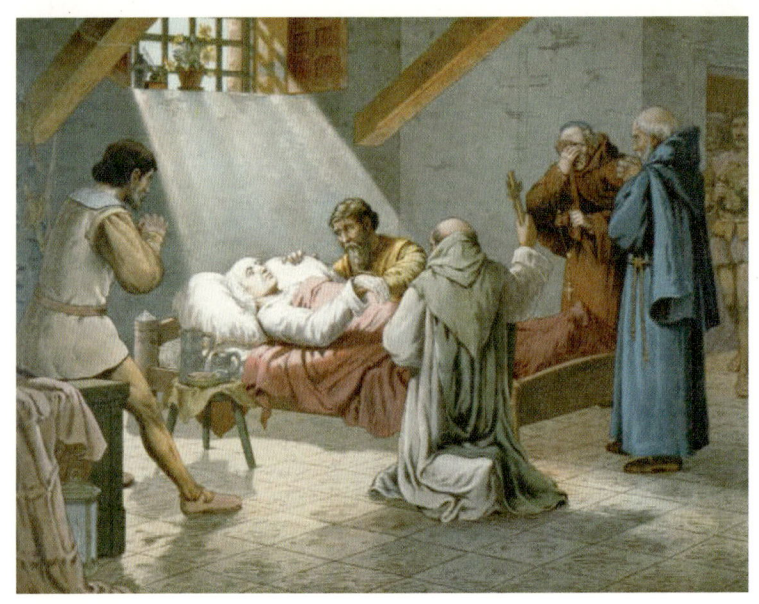
콜럼버스의 임종.

착했고, 사흘 후에 아바나 성당에 그의 시신을 매장했다. 이것으로 끝이 아니다. 한 세기가 지난 1898년 미국-에스파냐 전쟁의 결과 쿠바가 독립하게 되자 이번에는 그의 유해를 에스파냐에 이장하기로 한 것이다. 1899년 그의 유해는 거의 400년 만에 세비야로 귀환했다. 그리고 1902년에 이 위대한 인물을 기리기 위해 세비야 성당에 대형 조형물을 건조했다. 작은 관에 넣은 그의 유해가 이 멋진 조형물 밑에 있다는 사실에 대해 의심하는 사람은 거의 없었다.

그런데 그 이전 1877년 산토도밍고에서 이상한 일이 있었다. 이곳 성당에서 일하던 사람이 납으로 된 상자를 발견했는데, 그 안에 13개의 큰 뼈와 28개의 작은 뼈가 들어 있고, 겉에는 '저명한 위인 크리스토발 콜론'이라고 적혀 있었던 것이다. 도미니카 공화국 당국은 이것

세비야 성당 안에 있는 콜럼버스 묘지.

이 진짜 콜럼버스의 유해라 주장했다. 그러니까 1795년에 에스파냐 쪽에 넘긴 유해는 다른 사람의 것이었다는 말이 된다. 도미니카 공화국은 콜럼버스의 항해 500주년을 기념하는 해인 1992년에 수백만 달러를 들여 거대한 기념물을 건조한 후 이 유해를 그 안에 모셨다. 과연 어느 곳에 있는 유해가 진짜 콜럼버스의 것인가? 세비야의 것인가, 산토도밍고의 것인가?

2003년에 이 문제를 과학적으로 풀기 위해 에스파냐에 있는 유해에 대해 DNA 검사를 하기로 결정했다. 그라나다 대학교의 호세 안토니오 로렌테 교수가 주관하고 콜럼버스의 후손들이 입회한 가운데 각국의 전문가들, 심지어 미국 FBI 대표까지 참여한 가운데 과학적 조사를 시행했다. 결과는 실망스러웠다. 너무 자주 이동했기 때문일까, 잘 보존되지 않은 상태의 이 유해로는 아무것도 알 수 없다는 것이 공식

도미니카 공화국의 콜럼버스 사체 안치 장소인 '콜럼버스 등대'.

결과였다.

　에스파냐와 도미니카 공화국은 모두 자국의 것이 진짜 콜럼버스 유해라고 주장한다. 그러는 동안 한편에서 조심스럽게 제기되는 가설은 최초에 묻혔던 바야돌리드 수도원의 프란체스코회 수도사들이 다른 시신을 넘겨주고 진짜 콜럼버스 시신은 그대로 두었으리라는 것이다. 만일 그것이 사실이라면 수백 년 동안 사람들은 엉뚱한 사람의 시신을 이리저리 옮기며 콜럼버스라고 믿었던 셈이다. 제일 처음에 콜럼버스의 시신이 묻혔던 수도원은 이제 없어졌고 그 자리에는 다른 건물이 들어서 있으니, 더 이상 실상을 확인할 길은 없다. 신화화된 인물에 미스터리가 하나 덧붙여진 셈이다.

국왕의 신화화

앙리 4세는 생전에도 존경받는 군주였는가

프랑스에서 대중에게 가장 인기 있는 국왕은 앙리 4세(재위 1589~1610)다. 그는 극심한 종교 내전으로 인한 분열을 막고 프랑스를 통합하여 강력한 절대주의 국가를 향한 초석을 놓았으며, 서민들의 삶을 개선시킨 훌륭한 통치자로 알려져 있다. "신께서 내 목숨을 허락하시는 한, 우리 왕국의 모든 농민들이 일요일마다 냄비에 닭 한 마리를 조리할 수 있도록 하겠다"는 말은 흔히 그의 애민愛民정신을 보여주는 예로 거론된다. 그런데 그는 정말 그런 말을 했을까? 그리고 생전에 그토록 백성들의 존경을 받았을까?

사실 앙리 4세가 위대한 왕으로 존경받기 시작한 것은 1610년에 암살된 이후의 일이다. 바로 이해에 국왕은 오스트리아와 무모한 전쟁을 치르려 했고, 57세의 나이에 15살밖에 안 된 유부녀인 샤를로트 드 몽모랑시에게 연애를 시도하여 비웃음을 샀다. 위대한 왕이 아니라 악정惡政을 거듭하는 가련한 늙은이 취급을 받던 중, 라바야크라는 인물에 의해 암살당하자 일거에 모든 것이 바뀌었다. 프랑스 전국에서

앙리 4세를 암살하는 라바야크.

국왕을 추모하는 움직임이 일었고 그의 영광을 찬미하는 열기가 들끓었다. 그는 전사戰士 국왕이면서 동시에 신앙심 깊고 서민들을 위해 불철주야 고뇌하는 현명하고도 유능한 군주가 됐다. 툴루즈 주교좌성당 참사원인 뒤 카텔의 찬사는 지배 군주 혹은 대통령에 대한 아첨의 글을 쓰고자 하는 사람에게 교본이 되고도 남을 만하다.

이 세상의 모든 동물과 식물들이 햇빛을 맞이하는 기쁨도 국왕께서 신민들에게 나타나셨을 때의 기쁨보다는 못하리. 자비와 너그러움에 의해 완화된 정의의 덕성은 그가 이 세상에서 얻은 당연한 보답이리라.

루이 13세부터 루이 16세까지 그다음 시대에 비판적 인사들이 왕을 비난할 때 반대 사례로 앙리 4세를 선정善政의 사례로 거론하면서 그의 신화화가 더욱 심화됐다. 루이 14세의 가정교사였던 아르두엥 드 페레픽스 주교는 1661년에 출판한 그의 『앙리 대왕의 역사』에서 앙리 4세를 가장 훌륭한 군주의 반열에 올렸다. 이 작품이 후대에 나올 앙리 4세를 위한 '용비어천가'의 모범이 됐다. 잠시 루이 14세가 인기 차트에서 앙리 4세보다 앞선 적이 있지만 곧 다시 앙리 4세가 인기를 만회했다. 프랑스의 철학자 볼테르는 그를 관용적이고 교양 있는 철학자-왕이자 동시에 낭만적인 사랑의 기사인 것처럼 묘사했다. 샤를 콜레라는 극작가가 쓴 『앙리 4세의 사냥 모임』(1766)에서는 국왕이 사냥 중에 숲에서 길을 잃었다가 어느 물레방아지기의 집에서 하룻밤을 보내는데, 이 사람은 그가 국왕이라는 사실을 눈치 채지 못하고 계속 왕의 훌륭한 통치를 칭찬한다. 루이 16세는 국민들의 지

앙리 4세의 초상.

지를 얻기 위해 앙리 4세의 인기를 이용하고자 했다. 이 훌륭한 국왕의 초상화가 도자기에, 또 추시계의 장식화에 단골로 등장했고, 또 그의 일생을 연작으로 나타낸 태피스트리가 만들어졌다.

국왕의 명성은 프랑스혁명의 와중에 일시적으로 훼손을 입었다. 파리 시내 퐁뇌프에 세워져 있던 앙리 4세 기마동상이 파괴됐고, 아기 때 요람으로 썼던 거북 등껍데기도 누군가가 훔쳐갔으며, 지방의 예수회 건물에 보관 중이던 국왕의 심장도 불태워졌다. 그러나 혁명의 열기가 지나며 다시 국왕의 명성이 회복됐다. 새로운 동상과 새로운 거북 등껍데기가 사라진 오리지널을 대신했고, 타다 남은 심장의 재를 정성스럽게 회수하여 보관했다. 곧 불의를 누르고 평화를 회복하는 군주로 앙리 4세를 찬미하는 새로운 연극들이 공연됐다. 이런 열기는 오랫동안 프랑스 역사 교과서에도 그대로 이어졌다.

거짓말도 좋은 방향으로 작용할 수는 있다. 그러나 어쨌든 그것이 거짓이라는 사실은 알고 있는 게 좋다.

프리드리히 대왕

강력한 국왕은
어떻게 만들어졌는가

　프로이센의 국왕 프리드리히 2세(프리드리히 대왕, 1712~86)는 강력한 대내외 정책을 통해 프로이센을 강국의 반열에 오르게 한 냉혹한 전제 군주였다. 그렇지만 그가 원래부터 강한 성품을 지닌 것은 아니었다. 오히려 어린 시절에 그는 어머니를 닮아 플루트 연주와 문학에 심취한 고운 심성의 소유자였다. 그의 성격이 돌변한 것은 아버지와의 갈등 때문이었다.

　그의 부왕 프리드리히 빌헬름 1세는 군사력 강화를 제1의 목표로 삼아 '군인 왕'으로 불렸고, 성격도 거칠어서 사람들 얼굴을 막대기로 때리거나 여성을 발로 차기도 했던 인물이었다. 그는 자신의 부친이 공들여 만든 궁정 같은 것은 천박하고 사치스럽다며 경멸하는 대신, 오직 군대와 관료제의 확대에만 관심을 두었다. 광적으로 군대를 좋아한 나머지 키 큰 청년들을 선발해 '거인 군대'로 불린 특수부대를 창설한 것은 잘 알려진 일이다. 즉위 당시 4만 명이었던 군인 수는 그의 치세 말년에 8만 명으로 증가했고, 국가 세입의 80퍼센트가 군대에

프리드리히 2세에게 교훈을 주기 위해 그의 절친한 친구인 폰 카테를 그가 보는 앞에서 참수하는 장면.

지출될 정도였다. 그런 그가 보기에 자기 아들은 너무 심약했다. 그는 약해빠진 아들을 다그쳐서 훌륭한 군인 왕으로 키우고 싶어 했다.

권위주의적 아버지의 엄격한 훈육에 괴로워하던 프리드리히 2세는 열여덟 살에 몰래 궁정을 빠져나와 어머니의 친정인 영국으로 도주하려 했다. 왕족 중에 이처럼 가출하여 도망간 사례가 달리 있는지 잘 모르겠다. 자신의 단짝 친구인 한스 헤르만 폰 카테와 몇 명의 젊은 장교들이 그를 따라나섰다. 그러나 국경 지역에서 일행 중 한 명이 생각을 바꾸어 국왕에게 보고하고 용서를 빌었다. 그들은 반역죄로 체포되어 감옥에 갇혔다.

격노한 부왕은 아들에게 사형선고를 내리고 그의 왕위 계승권을 빼

노년의 프리드리히 2세 초상화.

앗아 동생에게 주려 했지만, 물론 그대로 실행하기는 힘들었다. 대신 아들이 정신 차리도록 그가 보는 앞에서 절친한 친구 폰 카테의 목을 베었다. 프리드리히 2세는 그 자리에서 혼절했고, 이후 며칠 동안 환각에 시달렸다.

부왕은 결국 아들을 사면하여 감옥에서 풀어주기는 했지만, 베를린으로 돌아오는 대신 현지에 남아 국정 운영과 전쟁에 대해 공부하도록 명했다. 합스부르크 왕실의 친척인 엘리자베트 크리스티나와 결혼식을 올린 것도 부왕이 꾸민 철저한 정략결혼이었다. 원치 않는 결혼을 한 프리드리히 2세는 그의 누이에게 차라리 자살하고 싶은 심정이라는 편지를 썼다. 이런 일련의 사건들이 그에게 깊은 정신적 상처를 주었음에 틀림없다. 그는 냉혹한 인간이 됐고, 아버지를 능가하는 준엄한 현실 정치인으로 돌변했다.

부왕 프리드리히 빌헬름 1세가 부단히 노력했지만 프로이센은 여전히 경제적 후진국에 불과했고 다른 주요 강대국에 비하면 국력이 훨씬 못 미쳤다. 그러나 아들인 프리드리히 2세 치하에서 모든 것이 극적으로 바뀌었다. 그는 물려받은 군사력을 이용해 공격적으로 국제정치에 개입했다. 오스트리아 왕위 계승 전쟁을 거치며 슐레지엔을 차지했고, 이를 지키기 위해 7년전쟁에서 오스트리아·프랑스·러시아라는 강대국 동맹과 결연히 맞서 싸웠다. 프리드리히 2세 치세 후반기에 프로이센은 강력한 군대, 효율적인 행정을 갖춘 강대국으로 성장했다. 여세를 몰아 폴란드 분할을 주도하여 그 가운데에서도 노른자위를 차지했다.

지도자라는 것이 이토록 중요한 문제다. 엄격한 부왕의 과도한 훈육은 아들에게는 개인적으로 불행을 초래했겠으나 어쨌거나 국가의 발전이라는 관점에서 보면 소기의 성과를 얻은 셈이다.

마리 앙투아네트

혁명의 물결에 휩쓸린
기구한 운명의 '작은 요정'

　마리 앙투아네트(1755~93)가 프랑스에 도착하던 1770년에만 해도 그녀는 모든 사람이 꿈에 그리는 아름다운 공주의 이미지 그대로였다. 밝고 명랑하고 아름다운 미소를 짓는 14살 소녀는 가끔 파리 시내로 구경을 나갔다가 사람들의 눈에 띄면 관심을 모아 큰 인기를 누렸다. 그렇지만 이런 화사한 이미지는 1774년에 남편 루이 16세가 왕위에 오르면서 무너져갔다.

　우선 그녀는 왕비의 역할에 대한 의식이 없었다. 자신이 생각하는 모델이라고는 어머니인 오스트리아 여황제 마리아 테레지아(1717~80) 뿐인데, 그것을 두고 모든 것을 자기 마음대로 할 수 있다는 식으로 잘못 받아들인 것 같다.

　그녀는 특히 자신의 사적인 생활 권리를 너무 강하게 고집했다. 자기 방과 트리아농 궁전에만 숨어 지내느라 공식적인 자리에 모습을 드러내지 않자 온갖 황당한 소문이 돌았다.

　게다가 왕비의 첫 번째 중요한 의무인 왕자 생산에 영 진척이 없었

마리 앙투아네트의 13세 때 초상화.

다. 아직도 정확한 원인이 밝혀지지는 않았지만 왕과 왕비는 결혼하고 7년이 지날 때까지 성적 결합이 안 됐다. 루이 16세가 '매우 간단한 수술'을 받은 후 모든 문제가 풀렸고, 그 후 4명의 자녀를 보았다. 그러나 그러는 동안 성적으로 무능한 국왕, 방탕한 왕비, 레즈비언 혹은 변태적 괴물이라는 식으로 왕실을 욕보이는 포르노그래피적 공격이 걷잡을 수 없이 퍼졌다. 이것은 무슨 의미일까? 공화국은 덕성스러워야 하는데, 바로 이것을 왕비가 배신했다는 드라마가 만들어진 것이다. 여성은 흉계를 잘 꾸민다든지 배신을 잘 한다든지 하는 여성에 대한 일반적인 공격 심리가 밑바탕에 깔려 있고, 그런 여자들의 우두머리인 왕비가 최악의 죄를 지었다는 주장이다. 구시대의 왕비가 구왕국을 이어갈 왕자를 낳았으며, 그들 사이에 추악한 일이 벌어졌다는 공격이 비열한 비난의 정점을 차지했다.

처형장으로 끌려가는 마리 앙투아네트를 그린 다비드의 소묘.

새로운 아그리피나(악정을 거듭한 로마 황제 칼리굴라의 어머니)로서 모든 점에서 부도덕한 '카페 왕조의 미망인(남편 루이 16세의 처형 이후 붙여진 별명)'은 너무도 사악하고 모든 죄악에 너무도 익숙해서, 어머니로서의 자질과 자연법이 정한 한계를 망각했다. 그녀는 아들인 루이사에 대한 탐닉을 멈추지 못해, 생각하거나 이름만 들더라도 우리를 공포에 떨게 하는 음란 행위에 빠져들었다.

이것이 왕비에 대한 기소장에 나오는 내용이다. 다시 말해서 그녀는 근친상간의 죄목으로 유죄를 받아 사형당했던 것이다.

왕비의 씀씀이도 사람들의 입방아에 올랐다. 화장품과 궁전의 실내 장식에 과도한 액수를 사용한다는 것인데, 사실 그런 정도의 지출은 다른 왕비와 같은 수준이었고 이것이 나라를 망칠 정도는 물론 아니었다. 문제는 그런 행위가 사람들 눈에 띄었다는 점이고, 그래서 '적자赤字 부인'이라는 달갑지 않은 별명이 덧붙여졌다.

그녀는 정치와 외교에는 전혀 감각이 없으면서도 친정인 오스트리아 쪽의 압박을 받아 간혹 남편인 국왕에게 무리한 요청을 하기도 했다. 억지스러운 부탁을 들어줄 리는 없었지만, 나중에 혁명 재판에서는 실제로 이런 것들이 반혁명 죄의 사유가 됐다. 그녀가 주도한 가장 멍청한 일은 혁명이 한참 진행되는 도중에 왕실 사람들이 모두 초대형 왕실 마차를 타고 탈출을 시도한 소위 '바렌 도주 사건'이다. 이는 왕실이 배신자로 낙인 찍혀 국민의 신뢰를 잃는 결정적 계기가 됐다.

 아름다운 '작은 요정'으로 프랑스 왕실에 시집온 마리 앙투아네트는 결국 혁명의 물결에 휩쓸려 단두대에서 처형되는 기구한 운명의 주인공이 됐다.

빅토르 위고

좌파와 우파,
민중과 엘리트 모두에게 추앙받는 문인

　빅토르 위고(1802~85)가 본격적으로 정치에 뛰어들게 된 계기는 1848년 2월 혁명이었다. 국회의원으로 당선된 그는 대통령 선거에서 루이나폴레옹(나폴레옹 황제의 조카)을 지지했다.*

　그런데 이 '작은' 나폴레옹이 권력을 내려놓지 않으려고 스스로 쿠데타를 일으키자 위고는 그를 프랑스에 대한 배신자로 규정하며 격렬하게 비판했다. 대로를 뛰어다니며 시위를 벌이는 그에게 누군가가 팸

---

* 나폴레옹 1세와 나폴레옹 3세를 혼동하기 쉽다. 널리 알려진 나폴레옹(1769~1821) 즉 나폴레옹 1세는 프랑스혁명 중에 장군으로서 전공을 쌓다가 권력을 잡은 후 1804년에 스스로 황제의 지위에 올랐으며, 유럽 전체를 상대로 정복 전쟁을 벌이다가 실패로 돌아가 세인트헬레나 섬으로 쫓겨나 그곳에서 죽었다. 그의 부인 조세핀은 나폴레옹과 결혼하기 전에 알렉상드르 드 보아르네라는 사람과 결혼하여 그 사이에 오르탕스라는 딸을 두었다. 이 딸이 나폴레옹 1세의 동생 루이 보나파르트와 결혼하여 그 사이에서 후일 나폴레옹 3세가 되는 루이나폴레옹 보나파르트(1808~73)가 태어났다. 즉, 그는 '오리지널' 나폴레옹의 조카뻘이다. 나폴레옹이라는 이름이 그의 정치 경력에 결정적 영향을 준 요인 중 하나였다. 그는 대통령 선거에서 권력을 잡고 그 후 친위 쿠데타를 벌여 스스로 황제 자리에 오른 후 나폴레옹 3세라고 칭했다. 마르크스는 이를 두고 유명한 말을 한 적이 있다. "세계사적으로 중요한 인물과 역사는 두 번 반복되는 경향이 있다고 헤겔은 말했다. 그러나 그는 이렇게 덧붙여야 한다. 첫 번째는 비극으로, 두 번째는 코미디로 나타난다."

빅토르 위고(오른쪽)와 파리 개선문 앞에서 거행된 빅토르 위고의 장례식(왼쪽).

플릿을 찍어야 하지 않겠느냐고 질문하자, "아니요, 무기를 들어야 하오!" 하고 답했다. 당시 파리에서만 400명이 학살당했다. 당시 시위에 가담했던 보댕이라는 한 의원은 옆에 있던 노동자가 의원들의 세비에 대해 비난하자 이렇게 외쳤다. "세비 25프랑을 위해 어떻게 죽어가는지 다들 보시오." 그러고는 바리케이드 위로 올라갔다가 진압군이 쏜 총알에 맞아 즉사했다. 그 시절은 참으로 무모하고도 낭만적인 혁명의 시대였다.

위고는 다행히 목숨을 건졌으나 추방령을 받고 벨기에로 피신했다. 망명 중에도 계속 비판적인 글을 발표하다가 벨기에에서도 추방되어 도버 해협이 보이는 영국령 건지 섬에 머물게 됐다. 후일 루이나폴레옹이 사면령을 내렸으나 그는 망명 생활을 고집했다. 그곳에서는 다소 불편하기는 했지만 멋진 생활을 한 것이 분명하다. 하긴 당시 그는 엄

『레미제라블』의 코제트.

청난 인세 수입을 받고 있었으므로 경제적으로 어려운 건 하나도 없었고, 오히려 그곳의 삶을 즐기고 있었던 것 같다. 그는 푸른 도버 해협을 굽어보는 언덕 위의 하얀 집에서 살았다. 위층에 세 개의 거실이 있는데 각각 청색, 백색, 적색으로 꾸며 공화주의의 삼색기를 표현했다! 가장 꼭대기 층에 있는 커다란 창이 난 널찍한 방이 위고의 서재였다. 이 가족은 참으로 관대한 심성의 소유자이자 자유로운 영혼들이었는지, 부인과 자녀뿐 아니라 연인인 쥘리에트 드루에까지 한집에 살았다. 드루에는 위고의 서재에서 조금 떨어진 방에 기거했다. 게다가 위고는 기회만 되면 하녀들을 쫓아다니며 정사를 벌였다. 그는 사랑과 필력 모두 왕성하기 그지없었다. 머리에 유리 지붕을 이고 발아래 바다를 굽어보는 멋진 방에서 집필을 하던 이 시기에 『레미제라블』을 비롯한 그의 대표작들이 쏟아져 나왔다.

1870년에 프로이센과의 전쟁으로 루이나폴레옹의 제정帝政이 무너지자 그는 파리로 돌아와 시민으로부터 열렬한 환영을 받았다. 그는 곧 '자유의 화신'이자 '공화국의 대부'로 칭송받았다. 그의 80세 생일은 임시 공휴일로 지정될 정도였다. 1885년 83세의 나이로 임종했을 때에는 장례식이 국장으로 치러졌다. 스무 명의 젊은 작가가 팡테옹으로 그의 관을 옮겼고, 200만 명의 시민이 뒤를 따랐다. 거인의 죽음은 프랑스의 좌파와 우파, 민중과 엘리트를 모두 모이게 만들었다. 그날 저녁 파리 시민들은 위인의 죽음을 애도하며 엄청난 양의 포도주를 마셨을 것이다.

그가 미리 쓴 유언장에는 이렇게 쓰여 있었다.

신과 영혼, 책임감, 이 세 가지 사상만 있으면 충분하다. 적어도 내게는 충분했다. 그것이 진정한 종교다. 나는 그 속에서 살아왔고 그 속에서 죽을 것이다. 진리와 광명, 정의, 양심, 그것이 바로 신이다.

문인이 정치에 관심을 두는 것이야 본인의 자유다. 그렇지만 기껏해야 권력의 나팔수가 되거나 서로 치졸한 말싸움을 벌이는 꼴은 보기 안타깝다. 우리에게도 위고처럼 온 국민의 추앙을 받는 문인이 나오면 좋겠다는 바람이다.

라스푸틴

신비로운 힘으로
정치를 농단한 괴승

　라스푸틴(?~1916)은 러시아 역사상 가장 특이한 인물 중 한 명이다. 농민 출신의 러시아정교회 수도사인 그가 황실에 접근하게 된 계기는 어린 황자 알렉세이의 혈우병을 치료하면서였다. 의사가 치료를 포기한 절망적인 상황에서 황후 알렉산드라는 카리스마 넘치는 치료사인 라스푸틴을 소개받았는데, 그는 실제로 기도를 통해 알렉세이의 병세를 호전시켰다(아마도 최면술로 스트레스를 완화시킨 것이 주효했으리라 보인다). 황후는 라스푸틴을 신이 러시아를 구원하기 위해 보낸 성자로 받아들였고, 이로 인해 라스푸틴은 정치적 영향력을 행사하기 시작했다.
　차르 니콜라이 2세는 개인적으로는 선량하며 신심 깊은 인물이었지만(실제로 그는 2000년에 러시아정교회에서 성인으로 시성諡聖됐다), 정치적인 역량은 형편없었다. 그의 통치기는 러시아에서나 전 세계에서나 엄청난 변화가 일어나는 때였지만, 그는 여전히 러시아 고대 정치 전통에 대한 신념, 즉 신으로부터 기름부음을 받고 영감을 받은 군주가 신

라스푸틴(왼쪽)과 황후 알렉산드라(오른쪽).

비한 사랑을 통해 통치를 해야 한다는 생각에 사로잡혀 있었다. 그의 판단력이 얼마나 어두운지는 라스푸틴 같은 믿을 수 없는 인물이 국정을 농단하고 인사를 좌우하도록 내버려둔 데에서 알 수 있다.

제1차 세계대전이 발발하자 라스푸틴은 차르가 직접 전선에 나가 군대를 지휘해야 승리한다는 신의 계시를 받았다고 주장했다. 실제로 차르가 전선으로 향하자 정치는 더 불안정해졌다. 러시아인들은 '독일인' 황후와 '음탕한' 라스푸틴이 정부를 조종한다고 믿었다. 그러는 동안 황후 알렉산드라를 사실상 정신적으로 지배한 라스푸틴은 자신이 선택한 인물들을 정부 관료로 추천할 수 있었다. 한 역사학자는

라스푸틴 제거를 주도한 펠릭스 유스포프 공.

이런 상황에 대해 "속이 좁고 반동적이며 히스테리 상태의 여인과 무지하며 기괴한 농민이 제국의 운명을 수중에 넣었다"고 표현했다.

1916년 우파 정치 지도자와 황실 인사들이 주도하여 라스푸틴을 암살했다. 암살에 참여했던 펠릭스 유스포프의 증언에 의하면, 그들은 라스푸틴을 파티에 초대하는 것으로 속여 유인한 다음 그에게 다섯 사람을 죽일 만한 양의 청산가리가 들어간 빵과 포도주를 먹였다. 그런데도 그는 아무런 영향을 받지 않았다. 그 이유에 대해 라스푸틴이 서서히 독의 양을 늘려가며 적응력을 키워가는 면독법mithridatism을 익혀 중독을 피했을 가능성이 거론되기도 하지만, 여전히 미스터리임에는 틀림없다.

당황한 유스포프 공은 다른 사람들과 협의하여 일을 빨리 끝내기 위해 라스푸틴의 등에 총을 다섯 발 쐈고 라스푸틴은 땅에 쓰러졌다. 일행이 급히 건물 밖으로 나갔는데, 유스포프 공이 서두르다 보니 코트를 두고 온 것을 깨달았다. 그는 거사 장소로 되돌아갔다가 라스푸틴의 시체를 들여다보았다. 그 순간 라스푸틴이 눈을 번쩍 뜨고는 그의 목을 조르려고 했다. 마침 뒤따라온 일행이 다시 라스푸틴에게 총을 세 발 더 쏘아 그를 쓰러뜨렸다. 라스푸틴은 그래도 여전히 살아 있었고 몸을 일으키려 했다. 그들은 다시 몽둥이로 가격한 다음 몸을 묶고 카펫으로 둘둘 말아 네바 강에 던져넣었다. 사흘 뒤에 발견된 시체를 검시한 결과에 의하면 라스푸틴은 묶은 줄과 카펫을 헤치고 나와 헤엄치다가 익사한 것으로 밝혀졌다. 1917년 2월 혁명 후에 사람들이 매장된 라스푸틴의 시체를 파내서 불태웠을 때에는 불붙은 시체가 벌떡 일어나 앉은 모습으로 변해 다시 한 번 사람들을 놀라게 했다고 한다.

도스토옙스키는 순수한 신앙심을 가지고 소박한 삶을 사는 러시아 농민들만이 세상에서 유일하게 신을 가슴에 품은 사람들이라고 말했다. 그렇지만 다른 한편 그런 태도가 전근대적이고 가혹한 차르 체제를 온존시키고 라스푸틴 같은 괴이한 인물이 활개치도록 만든 셈이다. 종교가 정치에 영향을 미치면 자칫 코미디 같은 비극이 벌어질 위험이 있다.

'이상한 패배'

스스로 역사가 된
위대한 역사가의 죽음

　　마르크 블로크(1886~1944)는 현대의 가장 위대한 역사가 중 한 명이다. 그의 위대함은 학술적으로도 그렇고 인간적으로도 그렇다. 1939년에 제2차 세계대전이 발발했을 때 여섯 명의 자녀를 둔 53세의 이 역사학 교수는 '프랑스에서 가장 나이 많은 대위'로 군에 자원입대했다. 이미 제1차 세계대전에 참전하여 레지옹 도뇌르 훈장까지 받은 터였지만, 조국이 위기에 처하자 다시 현역 군인이 되어 전선으로 향한 것이다. 그러나 프랑스는 곧 나치 독일에 패해 적의 지배하에 들어갔다. 이 처절한 상황에서 나온 책이 『이상한 패배, 1940년의 증언』이다.

　　이 글이 언젠가는 출판될 수 있을까? 알 수 없는 일이다. 여하튼 내 주변 사람들 사이에서 비밀리에 읽히는 외에는 오랫동안 알려지지 않을 공산이 크다. 그럼에도 불구하고 나는 이 글을 쓰기로 결정했다. 그 노력은 쉽지 않을 것이다. 차라리 피로와 절망에 굴복해버린다면 얼마

레지스탕스 학살을 추모하는 바시외앙베르코르 기념 공원.

나 좋을 것인가! 그러나 증언은 기억이 생생할 때 남겨져야 가치가 있고, 이 일 또한 필요 없는 일이라고는 생각하지 않는다. 나는 언젠가는 프랑스가 이미 많은 수확을 거둔 이 오래된 땅에서 새로이 사상과 판단의 자유가 활짝 피는 것을 볼 날이 있을 것이라는 큰 희망을 품고 있다. 그때에는 숨겨졌던 문서들이 공개될 것이다. 그러면 우리 역사의 가장 참혹한 궤멸의 주위를 벌써부터 둘러싸기 시작한 무지와 악의의 안개가 조금씩 걷힐 것이다. 그리고 이 안개를 걷으려는 연구자들이 이 1940년의 보고서를 발견할 수 있다면 읽어볼 가치가 있다고 생각해줄 지도 모른다.

참으로 절절한 시대 인식과 역사가의 소명 의식에 절로 고개가 숙여진다.

마르크 블로크.

이 책에서 블로크는 직설적으로 질문한다. "우리는 방금 도저히 믿을 수 없는 패배를 당했다. 누구에게 잘못이 있는가?" 그는 일단 프랑스 군사령부의 무능에서 직접적인 원인을 찾았다. 그러나 물론 그들에게만 모든 잘못을 돌려서는 안 된다. 책임은 결국 모두가 져야 한다. 블로크는 프랑스인의 의식 상태를 해부하여 사회 전체가 잘못된 의식을 키우고 있었다고 말한다. 국민들은 제1차 세계대전 이후 피로감과 열패감에 빠져 있어 실제로는 훨씬 강력한 힘을 가지고 있으면서도 적절한 때에 그 힘을 동원할 능력을 상실했다. 지도자들은 마치 지는 것이 당연하다고 판단했다. 그렇게 된 데에는 지식인들, 특히 자신과 같은 역사가의 책임이 크다고 그는 반성했다. 책의 말미에 그는 프랑스가 자신의 운명을 다시 지배하게 될 때가 언제일지 그리고 그것은 어떤 식으로 찾아올지 "늙은 역사가는 머릿속으로 여러 상상을 해본다"고 비장하게 썼다. 사실 오늘날의 역사가들은 패전의 원인에 대한 블로크의 분석에 전적으로 동의하지는 않는다. 그러나 이것은 '교실에서 이루어지는 아카데믹한 논쟁이 아니라 고통받는 조국을 어떻게 구할 것이냐' 하는 실천의 문제였다.

2년 후 그는 '나르본'이라는 암호명을 쓰며 레지스탕스 활동에 가담했다. 불행히도 친독親獨 비시 Vichy 정부의 졸개들에게 체포되어 게슈타포에 넘겨진 그는 몽뤼크 감옥에서 혹독한 고문을 당한 후 1944년

6월 16일 리옹 북동쪽의 벌판에서 26명의 다른 레지스탕스 대원과 함께 총살당했다. 마지막 순간 옆에 있던 16살 소년 레지스탕스 병사가 덜덜 떨며 "아프겠죠?" 하고 물었다. 그는 소년의 손을 잡으며 "아니란다. 전혀 아프지 않을 거야" 하고 위로했다. 마지막으로 "프랑스 만세!"를 외친 후 블로크는 쓰러졌다. 위대한 역사가는 스스로 위대한 역사의 일부가 됐다.

조지프 스완

냉혹한 사업가 에디슨에 가려진 백열전구의 진짜 발명자

밤을 낮처럼 환히 밝혀주는 전구는 인간의 삶을 가장 크게 변화시킨 발명품 중 하나일 것이다. 대부분의 사람들은 전구의 발명자가 토머스 에디슨(1847~1931)이라 믿고 있지만 이는 사실과 다르다.

필라멘트(가는 금속선)에 전류를 흘려주면 열과 함께 빛이 나오는 전구의 원리는 19세기 초부터 이미 알려져 있었다. 문제는 고온에서도 쉽게 녹지 않는 필라멘트를 만드는 일이었다. 이 문제는 쉽게 풀리지 않았다. 수많은 발명가들이 실용적이고 싸면서도 오래가는 필라멘트를 만들어내기 위해 심혈을 기울였지만 좀처럼 만족스러운 답을 찾지 못했다. 길거나 짧은 것, 두껍거나 얇은 것, 둥글게 말거나 이중나선 모양의 것, 백금·탄소·이리듐·종이 등의 재료로 만든 것 등 수많은 시도들이 다 무위로 끝났다. 그렇게 80년의 세월이 흐른 후에야 드디어 두 사람이 거의 목표에 근접했다. 영국의 조지프 스완(1828~1914)은 탄소 필라멘트를 제시했다. 그런데 이 경우 시간이 지나면 전구 안에 검은 침전물이 생겨서 조명 능력이 떨어진다는 문제가 있었다. 사람들은 탄소가 가열되면서 휘발 현상이 일어나기 때문이라고 생각했다. 그러나 스완은 달리 생각했다. 탄소 덩어리가 가열될 때 그 안에 갇혀 있던 공기가 바깥으로 나오면서 작은 탄소 입자가 떨어져 나와 전구 안쪽에 들러붙는 것이 원인일 것으로 보았다. 그렇다면 해결책은 진공 상태에서 탄소 필라멘트를 만드는 것이다. 스완은 1877년에 이 문제를 해결했다. 그러나 다른 문제로 인해 전구가 점차 어두워지자, 그 후로도 2년을 더 연구한 끝에 1879년에 완전한 전구를 만들 수 있었다.

조지프 스완.

그러는 동안 에디슨은 백금 필라멘트를 시험하고 있었다. 이때 문제는 고온 상태가 지속되면 백금 필라멘트가 녹아내린다는 점이었다. 그렇지만 에디슨은 이 문제는 결국 해결이 될 테고, 자신의 생각이 옳은 방향이라고 확신했다. 1878년, 그는 성급하게 발명을 완수했다고 신문기자에게 알렸고, 기자가 이 소식을 공개했다. 은행들이 앞다투어 자금을 제공했다. 그렇지만 백금 필라멘트는 계속 녹아내렸고, 여간해서 문제가 해결될 기미가 안 보였다. 최종 완성품을 고대하던 대중들은 지치기 시작했다.

그러던 중 그는 스완이 발표한 논문을 읽었고, 결국 탄소 필라멘트를 이용한 전구를 만들어 시연을 했다. 말하자면 스완의 아이디어를 훔친 것이다. 그 후 에디슨은 드디어 정답을 찾아냈다. 그것은 일본산 대나무를 재료로 한 필라멘트였다. 이것을 사용한 전구는 250시간이

에디슨이 처음 시연한 전구(왼쪽)와 조지프 스완이 개발한 탄소 필라멘트 전구(오른쪽).

나 지속적으로 빛을 냈다. 그러는 동안 스완도 계속 연구를 거듭했다. 그러자 에디슨은 뻔뻔스럽게도 스완이 자신의 아이디어를 표절했다고 법원에 고소했다. 그러나 그는 재판에서 패소했다. 법원의 화해 권고를 받아들여 두 사람은 자신들의 이름을 섞은 '에디스완' 전구를 만들어 판매했다.

냉혹한 사업가인 에디슨은 몇 년 후 '저항력이 강한 탄소 필라멘트'는 자신이 발명한 것이라 주장하며 소송을 내 승리했다. 그렇지만 이 역시 스완이 이미 개발한 것을 약간 개선한 것에 불과했다. 오늘날에는 에디슨이 이 사실을 숨기기 위해 실험일지의 해당 부분을 찢어버렸다는 것이 밝혀졌다.

에디슨이 전구 발명의 공을 독차지한 데에는 미디어의 힘이 컸다. 『뉴욕 헤럴드』 기자인 마셜 폭스는, 1879년 10월 21일 저녁 에디슨이 우연히 검댕을 만지작거리다 돌연 아이디어가 떠올라 탄소 필라멘트를 개발했다는 동화 같은 기사를 썼고, 이 이야기는 널리 퍼져갔다. 곧 할리우드에서 이를 영화화하고 다른 매체들도 이를 반복하자, 결국 이 동화 같은 거짓말이 사실처럼 굳어져버렸다. 그래서 오랫동안 10월 21일은 전기조명의 날로 기념했고, 스완 대신 에디슨이 전구의 발명자로 기억되게 됐다.

전기 에너지의 5~10퍼센트만 빛으로 쓰이고 나머지는 열로 손실되는 단점 때문에 이제 백열전구는 퇴출될 운명에 처했다. 그렇게 되기 전에 백 년 이상 인류의 밤을 밝혀준 이 대단한 발명의 실제 주인공을 기억해주는 것이 예의일 것 같다.

록펠러

무자비한 사업가에서
회심한 자선가로

　미국의 사업가 존 D. 록펠러(1839~1937)는 역사상 최고 부자로 꼽히는 인물이다. 그는 현대의 가장 중요한 산업 중 하나인 정유산업을 지배함으로써 막대한 부를 얻었다. 19세기 중엽, 냄새가 고약하고 연기가 많이 나는 연료로만 여겨졌던 석유를 분별 증류하면 가스·나프타·가솔린·등유·윤활유 등 다양한 물질을 얻을 수 있다는 사실이 밝혀졌다. 사업 가능성을 확인한 록펠러는 정유사업에 뛰어들어 '스탠더드 오일'이라는 회사를 설립했다.

　이후 그의 사업 방식은 효율성과 잔인성을 겸비한 무자비한 공격의 연속이었다. 록펠러는 높은 고정비용 때문에 안정적인 운송 물량을 확보해야 하는 철도업자들의 사정을 간파하고, 고정된 운송량을 제안하는 대신에 낮은 운반비를 요구했다. 그것은 클리블랜드의 정제소로 원유를 운반했다가 정제된 석유를 뉴욕으로 운반하는 일이었다. 이 거래를 통해 그는 비용 절감에 성공했고, 가격 경쟁력을 앞세워 경쟁 관계인 정유사들을 압박했다. 록펠러는 내연기관의 발명이 완성되

1885년의 존 록펠러(왼쪽)와 록펠러를 제왕으로 묘사한 캐리커처(오른쪽).

기 전부터 흔들림 없이 석유의 미래를 낙관하고 있었다. 때로는 순전히 경쟁자들을 축출하기 위해 원가 아래로 가격을 낮추어 다른 정유사들을 잡아먹었다.

특히 1870년에 공급 과잉으로 석유 가격이 폭락하자 그는 흔들리는 경쟁사들을 모조리 사들였다. 1882년에 이르면 40여 개의 독립적인 기업들을 모아 최초의 트러스트(동일 산업 부문에서 자본의 결합을 통해 결성한 독점적 기업 결합)를 형성했다. 이처럼 석유업계를 독점적으로 지배한 후 엄청난 이익을 차지했지만, 그러는 동안 입법부를 매수하고 광산 노동자의 파업을 무자비하게 진압하면서 많은 사상자를 내기도 했다. 1896년이 되면 록펠러는 2억 달러 규모의 자산을 소유하게 된다. 이 규모는 20년 전에 또 다른 전설적인 미국 부호인 반더빌트가 사망할 당시에 소유했던 자산의 2배에 달하는 것이었다. 그가 미국인들이 가장 증오하는 인물이 된 것은 당연한 일인지 모른다. 록펠러의 사업 전략은 여러 비판으로부터 벗어나지 못했다. 그러자 독

스탠더드 오일 트러스트 지분 증서.

실한 침례교도였던 그는 무자비한 평판에 위축됐고 특히 아이다 타벨(1857~1944)이 추문 폭로 잡지에 실은 글로 충격을 받았다.*

그의 인생이 바뀐 것은 불치병으로 1년 이상 살지 못한다는 진단을 받은 55세 때의 일이다. 최후의 검진을 받기 위해 휠체어를 타고 병원으로 가는 길에 그는 로비에 걸린 액자의 글을 보았다. '주는 자가 받는 자보다 더 복되다.' 그는 이 순간에 엄청난 전율을 느꼈다고 한다. 마침 이때 입원 수속 카운터 앞에서 병든 소녀를 데리고 온 어머니가 입원비가 없어 울며 애걸하는 소리를 들었다. 그는 비서에게 입원비를 대신 내주게 하고 이를 비밀에 부쳤다. 얼마 후 소녀는 기적처럼 회복됐다. 록펠러는 후일 자서전에 "살면서 이렇게 행복한 삶이 있는지 몰랐다"고 썼다.

이후 그는 자선가로 변신했다. 침례교 교회에 기부를 늘리고, 명

---

* 아이다 타벨은 대기업의 횡포를 공격하는 글을 많이 연재한 저널리스트다. 특히 그녀는 록펠러의 탐욕스럽고 야비한 기업 경영을 고발하여 그를 궁지에 몰아넣었다. 그녀가 쓴 『스탠더드 오일의 역사』는 20세기 미국 저널리즘 작품 중 걸작으로 꼽힌다.

문 시카고 대학교를 세웠으며, 1913년에는 '전 세계 인류의 복지를 향상시키기 위해' 록펠러 재단을 설립했다. 남의 돈을 빼앗고 다른 사람들의 삶을 파괴하며 산 삶보다 베풀면서 산 삶이 더 행복했다고 록펠러는 말한다. 그는 총 5억 달러를 기부한 끝에 명망 있는 사람으로서 죽음을 맞이할 수 있었다. 그럼에도 여전히 그에 대한 부정적인 평가가 강한 이유는 젊어서 못된 짓을 너무 많이 했기 때문이다.

록펠러의 '천적' 역할을 한 저널리스트 아이다 타벨.

마치 가난한 시골 부모가 다른 자식들 놔두고 맏아들에게만 집 팔고 소 팔아 대학 교육을 시켜준 것처럼, 우리의 대기업들 역시 지난 과거에 국가의 특혜를 받아 성공한 측면이 강하다. 그에 대한 합당한 의무를 다해야 마땅할 것이다.

아마르티아 센

시장의 문제보다 부의 배분이나
약자 보호 시스템의 문제

　아마르티아 센(1933~)은 1998년 아시아인 최초로 노벨 경제학상을 받은 인도 출신의 경제학자. 그가 불평등과 빈곤 문제에 깊은 관심을 두고 연구하게 된 계기는 그 자신이 어린 시절에 목도한 벵골 대기근의 참상이었다. 1943년 인도의 벵골 지방에 대기근이 들어 200만 명이 죽었다. 말이 그렇지, 사람들이 굶어 죽는다는 것이 얼마나 끔찍한 일인가? 그런데 당시 인도 전체의 곡물 상황을 보면 절대량에서는 결코 부족하지 않아서, 얼마든지 전 국민이 먹고살 여력이 있었다. 당시 기아사태의 핵심은 농촌 노동자들이 일자리를 잃어 식량을 구입할 능력(아마르티아 센의 용어로는 인타이틀먼트)이 없었기 때문이다.* 결국 아사자가 발생한 것은 농업 문제라기보다는 부의 배분 및 사회적 약

---

* 인타이틀먼트(entitlement)는 '한 사회에서 정당한 방법으로 어떤 재화의 묶음을 손에 넣거나 자유롭게 이용할 수 있는 능력과 자격'이라고 정의된다. 이를 달리 표현하면 '사회나 타인으로부터 부여받은 권리(재산소유권이나 사회보장수급권 등)의 기회를 이용해서 개인이 자유롭게 사용하거나 교환할 수 있는 재화의 다양한 묶음'이다. 각 개인의 인타이틀먼트를 확대하도록 해주어 안전을 보장해주자는 것이 센의 중요한 주장이다.

자의 보호와 관련된 정치 문제였던 것이다.

오늘날 민주적인 형태의 정부나 자유로운 언론이 존재하는 독립국가에서는 대기근이 한 번도 일어나지 않았다. 그와 같은 참상을 겪는 곳은 "고대 왕국이나 현대의 권위주의적인 사회, 또 원시적인 부족공동체와 근대적인 기술관료 집단에 의한 독재체제, 제국주의 지배를 받는 식민지 경제, 전제국가의 지도자 또는 편협한 일당 독재체제에 놓인 신흥 독립국가"다. 1930년대 소련의 스탈린 정권 치하의 기근, 1958년에서 1961년 대약진운동의 실패에 따른 중국의 기근이 중요한 역사적 사례들이고, 현 시점에서 심각한 기근이 발생한 나라는 아마르티아 센이 지적한 대로 북한과 아프리카의 수단 두 나라뿐이다. 이 두 나라는 불평등이 가장 심각한 동시에, 그런 문제점을 지적하고 해결할 수 있는 민주적 체제가 부재한 상황에 처해 있다. 문제는 시장이 아니라 시장에서 제공된 기회를 모두가 합리적으로 나눠 가질 수 없도록 만드는 시장 바깥의 문제인 것이다. 이런 문제를 없애기 위해 기초 교육을 확립해야 하고, 최소한의 의료 편의 시설을 정비해야 하며, 모든 경제활동에 꼭 필요한 자원(예컨대 농업 경작자에게 필요한 토지)을 고루 분배해야 한다. 이는 곧 학교교육, 의료, 토지개혁 등을 포함한 공공정책을 가리킨다.

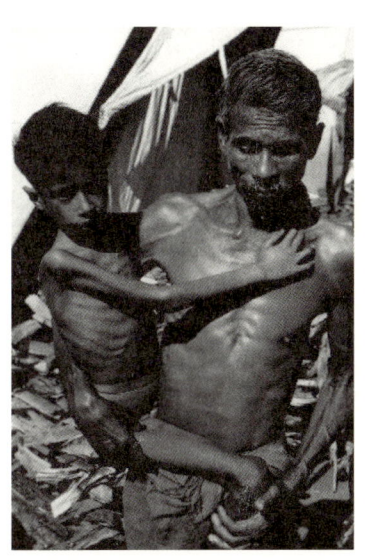

1970년대 인도의 기근 당시 사람들.

우리나라의 상황은 어떨까?

우리나라는 비교적 평등한 소득분배를 동반한 경제성장을 실현해 온 것으로 알려졌지만, 'IMF 위기' 상황에서 보듯 공평성이 보장되어 있지 않다는 점이 드러났다. 아시아의 여러 국가와 마찬가지로, 수십 년간 국민총생산이 매년 5~10퍼센트 상승하다가 1년 사이에 5~10퍼센트가 떨어졌을 뿐인데 경제 전체가 위기에 빠지고 말았다. 국민총생산과 같은 총계로만 보면 본질적으로 파국 상황은 아니지만 성장 후퇴의 충격이 빈곤 계층에 집중적으로 나타났다. '악마는 제일 뒤에 처진 꼴찌부터 잡아먹는다'는 말처럼 취약 계층이 길거리로 내몰렸다. 위기가 엄습했을 때 한국은 사회적 안전망에 의한 적절한 보호 시스템도 없었고 돌발사태에 신속히 대응·보호해주는 보장 시스템이 없었던 것이 충격을 키운 것이다.

자동차를 몰면서 사고가 전혀 나지 않으리라고 믿고 보험에 들지 않는 것은 너무 위험한 일이다. 보험료를 아끼려다가 한 번 사고에 집안이 거덜 나는 우를 범해서는 안 된다. 아마르티아 센이 강조하는 '인간의 보호를 위한 안전보장'에 주의를 기울일 필요가 있다. 사회적 안전망의 정비는 자유와 경제발전을 위해서 꼭 필요한 일이다.

그라민 은행

빈곤 없는 세상을 만들 수 있다는 희망과 믿음

왜 많은 사람들이 가난에서 벗어나지 못할까? 여러 요인이 있겠지만 빈민들이 돈을 쉽게 융통하지 못하는 것도 그중 하나다. 이 문제에 대한 혁신적 해결 방안을 제시한 인물로 무함마드 유누스(1940~)를 들 수 있다.

1940년 영국령 인도에서 태어난 그는 반더빌트 대학교에서 박사학위를 받고 그곳에서 교수 생활을 하다가, 방글라데시의 독립 당시 귀국하여 치타공 대학교에서 경제학을 가르쳤다. 그는 대학 근처의 마을 주민들이 가난의 굴레에서 빠져나오지 못하는 이유를 알아보았다. 그가 만난 수피야 베굼이라는 여인은 질퍽한 마당에 앉아 하루 종일 대나무 의자를 만들었다. 뛰어난 손재주를 가진 그녀는 예쁘고 실용적인 의자를 만들었지만 아무리 부지런히 일해도 그녀의 가족은 여전히 가난했다. 그 이유는 의자를 만들 대나무를 사기 위해 사채꾼에게 돈을 빌려야 했기 때문이다. 사채꾼은 돈을 빌려주는 대가로 그녀가 만든 모든 의자를 자신이 부르는 가격에 넘기도록 요구했다. 이 불공

남아프리카에서 미소금융을 이용하는 여성들의 모임.

정한 조건 때문에 수피야는 하루 2페니밖에 벌지 못했다. 일단 이 조건으로 돈을 빌리면 금액이 얼마이든 간에 아무리 열심히 일해도 사실상 가난에서 벗어나기는 불가능했다. 이는 돈을 빌리는 게 아니라 노예로 고용되는 것과 다름없었다. 그는 학생 한 명과 함께 일주일 동안 온 마을을 돌아다니며 고리대금의 희생자가 된 사람의 명단을 만들었다. 모두 42명이 856타카(방글라데시의 화폐 단위)를 빚졌는데, 이것은 당시 기준으로 27달러가 채 안 되는 금액이었다. 수십억 달러의 자금을 동원하는 사업에 대해 대학에서 가르치던 그가 현실에서 마주친 것은 애처로울 만큼 적은 금액이 인간을 노예로 속박한다는 사실이었다.

은행에서는 담보가 없다는 이유로 마을 사람들에게 돈을 빌려주지 않았다. 그는 담보 없이 돈을 빌려주는 은행을 스스로 만들어보았다. 수중의 돈 27달러를 42명의 여성에게 빌려주었는데, 놀랍게도 그들은 원금과 약간의 이자까지 모두 갚았다. 그는 정부 투자를 합쳐 1976년 그라민Grameen(마을 이름) 은행을 세웠다. 1983년 독립한 이 은행은 이제 방글라데시 전역을 상대로 활동하는 은행이 됐고, 수백만 명의 사람에게 63억 8000만 달러를 대출해주었다. 이는 전 세계의 수백 개 미소금융micro-credit 은행 설립에 영향을 주었다.

그라민 폰 로고.

유누스는 남성보다는 가족을 위해 돈을 더 많이 쓰는 여성들에게 주로 대출해주었다. 또 단순히 돈을 빌려주는 데 그치지 않고 고객들 사이에 네트워크를 결성하도록 만들었다. 대출자들은 매주 의무적으로 모임을 가지는데, 이곳에서 서로 사업 정보를 공유할 수 있었다. 이 은행은 90퍼센트 이상의 놀라운 상환율을 보였다. 극좌파는 이 은행이 빈자들을 자본주의로 끌어들인다고 비난했고, 보수적인 성직자들은 여성 대출자들에게 이슬람식 매장을 허락하지 않겠다고 위협했지만, 그라민 은행은 모든 방해를 이겨냈다. 유누스는 2006년 노벨 평화상을 수상했고, 상금 140만 달러의 절반을 저렴한 고영양 식품 제조 회사의 창립에 투자했다. 또 5만 개의 마을 26만 명의 주민에게 휴대폰villagephone을 싸게 제공하는 사업도 펼쳤다. 이 덕분에 일용 노동자들은 도시를 배회하는 대신 전화를 걸어 일자리를 알아볼 수 있게 됐다.

유누스는 빈곤을 마치 죽음과 마찬가지로 해결할 수 없는 숙명으로 받아들이는 것이 빈곤의 원인이라고 주장한다. "우리 모두 빈곤 없는 세상을 만들 수 있다고 믿으면 실제 그런 세상을 만들 수 있다고 나는 확실히 믿는다." 오늘날 우리에게 가장 필요한 것이 이런 희망과 믿음이리라.

덩컨과 드밍

한국과 일본의 경제성장을 도와준
이방인 은인들

　오늘날 우리나라가 세계 1위의 조선造船 대국으로 성장한 데에 윌리엄 존 덩컨이라는 스코틀랜드인이 결정적으로 기여한 사실이 뒤늦게 알려졌다. 1975년 중동의 해운회사인 UASC(아랍해운)가 현대중공업에 다목적선 15척을 발주했을 때, 이 회사의 기술 책임자였던 그가 선박 건조를 지도하기 위해 한국에 파견됐다. 당시 우리의 조선 산업은 독dock도 없이 모래를 퍼내 놓고 그 속에서 배를 만들 정도의 초보적인 수준이었다. 덩컨은 5년 동안 선박 설계와 건조 과정에 필요한 기술을 온전히 전수해주었다. 깐깐한 성격을 가진 그는 현장 직원들에게 큰 소리로 욕설을 해가며 1밀리미터의 오차도 없이 정확하게 작업하도록 요구했다. 우리로서는 운 좋게도 훌륭한 선생을 모시고 잘 배운 셈이다. 그 역시 훌륭한 제자들에게 만족했음이 틀림없다. 1980년 한국을 떠날 때 그는 영국에서 백 년 걸려 한 일을 이 나라는 3~4년에 해치웠다며 한국이 세계 최고의 조선 대국이 되리라는 덕담을 했고, 그 예언은 실제로 실현됐다.

비슷한 사례로 일본 경제발전에 큰 공헌을 한 윌리엄 에드워즈 드밍(1900~93)을 들 수 있다. 그는 연합군 최고사령부 소속 보좌관 신분으로 1952년 일본에 입국한 후, 오랜 기간 머물며 일본 기업가들에게 품질의 중요성을 깊이 각인시켰다. 드밍은 물리학과 수학, 통계학 분야의 지식뿐 아니라, 훌륭한 교육자의 자질을 가지고 있었다. 그는 '사업의 효율성을 위한 14개의 법칙', '발전을 가로막는 4대 장애물'과 같이 배우는 입장에서 이해하기 쉽게 쓴 사업 지침서들을 대량 발행했다. 제조업은 세부 사항에 대한 세밀한 관심을 통해서 개선 가능하며, 생산의 모든 단계에서 지속적인 개선을 하여 가격 효율성을 달성할 수 있는 시스템이라는 것이 그가 강조한 핵심 메시지였다. 일본 특유의 팀 단위 체제team system 역시 드밍의 발명품이라 해도 과언이 아니다. 이 체제에서 각 분야의 사원들은 서로 긴밀히 협력하는 가운데 그들 사이에 강한 소속감esprit de corps을 형성했다. 이런 요소들은 곧 일본 기업의 트레이드마크가 됐다.

후일 그의 제자들이 정리한 드밍 철학의 핵심은 '끊임없이 개선하는 것'이며, 제조업은 결국 '시스템'이라는 것이다. 우연히 맞아떨어진 것일까, 혹은 드밍이 미리 일본에 대한 연구를 했던 것일까? 이는 일본 고유의 가이젠改善 철학과 통하는 내용이다. 그것은 생활의 모든 면을 계속 고쳐나간다는 일본의 전통적인 철학에서 유래했지만, 오늘날에는 주로 일본의 제조업에서 끊임없이 결점을 고쳐나가고 낭비 요소를 없애서 생산성을 높이는 활동을 가리킨다. 일본의 지도자들은 드밍이야말로 일본의 전후 산업 부흥의 실질적 아버지라 생각했고, 일본 정부는 훗날 드밍에게 즈이호쇼瑞寶章 훈장을 수여했다. 일본에서만 영웅으로 이야기되는 것이 아니라 미국에서도 그의 공적을 기려 로널드

레이건 대통령이 그에게 훈장을 수여했다.

우리 조선업을 도와준 이방인 영웅에 대해서도 2011년 뒤늦게나마 우리 정부가 감사의 마음으로 금탑산업훈장을 추서했다. 이 사실을 알게 되면 존 덩컨 씨도 저승에서 기뻐할 것 같다.

제4부

전쟁과 학살, 고난의 기억

 **바람과 함께 사라지다**

미국의 보수적 정서를
밝혀주는 사료

마거릿 미첼(1900~49)의 소설 『바람과 함께 사라지다』의 제목이 말하는 바는 무엇일까? 무엇이 바람처럼 사라진 것일까?

'바람과 함께 사라졌다'는 표현은 19세기 영국 시인 어니스트 다우슨(1867~1900)의 시에서 따온 것이다.

> 나는 많은 것을 잊었노라, 시나라여, 그것들은 바람과 함께 사라졌으니
> 사람들과 어울려 춤추며 장미를, 장미를 소란스럽게 던졌노라
> 잃어버린 너의 창백한 백합을 내 마음에서 지우기 위해*

영국 옥스퍼드 출신의 창백한 시인 다우슨은 런던의 프랑스 카페

---

* 다우슨의 시 「Non Sum Qualis eram Bonae Sub Regno Cynarae」의 한 구절이다. 라틴어로 된 시 제목은 「시나라(여자 이름)의 통치하에 있었던 그때와 지금의 나는 다르다」는 뜻이다.

주인의 딸을 사랑했으나 그녀가 웨이터와 결혼하는 바람에 실의에 빠져 알코올 중독으로 사망했다. 마거릿 미첼은 다우슨이 생전에 쓴 이 연모戀慕의 시에서 한 구절을 따와 자신의 소설에서 다른 맥락에 사용했다. 작가가 말하고 싶은 바는 전쟁으로 인해 미국 남부 백인 지주층의 귀족적 삶과 고상한 문화가 파괴됐다는 것이다. 주인공 스칼렛

영국의 시인 어니스트 다우슨.

오하라는 남북전쟁 당시 북부 양키 군대가 남부의 대농장들을 접수했을 때 '타라'라고 불린 자신의 집이 아직 그대로 그곳에 있는지 아니면 조지아 주를 휩쓴 바람과 함께 사라졌는지 자문한다.

이 소설은 1936년에 출판되어 바로 그해에 100만 부가 팔리고 이후 전 세계적으로 3000만 부가 팔린 베스트셀러다. 비비언 리와 클라크 게이블이 주연을 맡은 영화 역시 할리우드 최고의 흥행 작품 중 하나가 됐다. 대지주 가문의 철없는 아가씨였던 여주인공은 전쟁의 참화 속에서 자신의 사랑과 명예, 가족을 지키기 위해 고군분투하는 꿋꿋한 여인으로 성장해간다. 1930년대의 대공황과 제2차 세계대전으로 경제적 곤경 속에 빠져 있던 당시 독자들은 강인하고 용기 있게 자신의 삶을 개척해나가는 스칼렛 오하라에게 환호했다.

이 책은 20세기 전반 미국 남부의 정서가 어떠했는지 잘 보여준다. 저자 마거릿 미첼은 남북전쟁과 그 이후 전개된 남부 재건 조치들

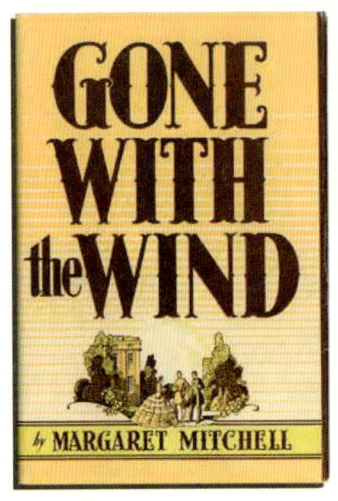

『바람과 함께 사라지다』 초판본 표지.

(남부 주들을 연방에 복귀시키기 위한 정치·경제적 개혁안)이 미국 남부에 얼마나 큰 피해를 입혔는지 고발한다. 그 과정에서 구래舊來의 플랜테이션 경제가 붕괴하고 기사도 문화를 지키던 고귀한 지주 귀족층도 사라져갔다는 것이 그녀의 시각이다. 그 험난한 과정을 거치며 스칼렛 오하라로 상징되는 새로운 중산층이 주도하는 신新남부가 형성됐다. 그러나 이 모든 재생의 스토리는 전적으로 백인들 중심으로 짜여 있으며, 흑인들은 뒤로 밀려나 있다. 소설과 영화에서 흑인 남성들은 우유부단하고 미숙한 사람들로, 흑인 여성들은 기껏해야 충실한 하녀이거나 하루 종일 노래 부르는 명랑한 꼬마로 그려진다. 백인 중산층이 전쟁의 참화를 털고 일어나 자립의 계기를 만드는 동안 흑인들은 이전과 다를 바 없는 인종 질서 속에 다시 갇혀버리고 만다. 그런 점에서 이 소설은 지극히 인종차별적인 작품으로 비판받기도 한다. 실제로 책 내용 중에는 KKK단에 동정적인 태도를 보이는 부분도 있다.

그동안 이 책의 원고는 모두 바람처럼 사라진 줄 알았는데, 마지막 4개 장의 원고가 코네티컷 주 사우스포트의 피쿼트 도서관에서 다시 발견됐다고 한다. 저자 미첼은 작가의 작품은 오직 최종 출판된 책으로 평가해야 한다고 주장하면서, 혹시나 사람들이 초고 자료를 기념으로 가질까봐 염려했다고 한다. 그래서 남편에게 부탁하여 관련 서류들이나 초고들을 모두 불태우게 했다. 약간의 결벽증 같은 것이 느껴지는 대목이다. 그런데 어떤 연유에선지 원고의 마지막 부분이 없어지지 않고 보존되어 있다가 뒤늦게 발견된 것이다. 이는 미국 역사의 내면을 밝혀주는 좋은 사료라 할 만하다.

도버

'됭케르크의 기적'이 이루어진 역사 현장

영국 동남부의 항구도시 도버를 찾아갔다. 최근 몇 년간 유럽은 날씨 변덕이 심하여 여름에도 비가 잦았지만 다행히 이날은 현지 사람이 특이한 엑센트로 "노 라인 굿 다이no rain, good day(비 안 오는 좋은 날)"라고 이야기하듯 화창하게 맑았다. 그 때문에 눈부시게 하얀 백악질 절벽White Cliffs이 파란 바다에 바로 떨어지는 이 지역의 특이한 풍경이 더욱 아름다워 보였다. 영국을 고어古語로 알비온Albion(하얀 나라)이라 칭한 이유도 대륙에서 찾아오는 사람들이 바다에서 바라보는 하얀 절벽이 인상적이었기 때문이라 한다. 셰익스피어의 『리어 왕』에서 프랑스군과 전쟁이 벌어지고, 정신 나간 늙은 왕이 헤매고 다니며, 눈먼 글로스터 공이 절벽에서 떨어지려 했던 것도 이 지역을 무대로 한 일이다. 절벽 위에서 동쪽을 보니 바다 건너 프랑스 땅 칼레가 손에 잡힐 듯 가깝다. 두 지역 사이가 34킬로미터로 아주 가깝다는 것은 알고 있었지만 이처럼 빤히 보일 정도인지는 미처 몰랐다.

큰 섬과 대륙이 짧은 해협으로 나뉘어 있다는 지리적 요건은 유럽 역사에서 지극히 중요한 역할을 해왔다. 이 바다를 건너는 일이 때로는 성공을 거두고 때로는 좌절했다는 단순한 사실이 역사의 흐름을 좌우한 것이다. 로마 제국은 영불해협을 건너는 데 성공하여 한때 스코틀랜드 변경 지역까지 판도를 넓힐 수 있었다. 노르망디 공작 윌리엄 역시 군대를 이끌고 이 바다를 넘어 들어가서 노르만 왕조

도버의 흰 절벽.

를 세움으로써 잉글랜드 역사의 새로운 시대를 열었다. 반면 에스파냐의 펠리페 2세는 '무적함대'로 알려진 당대 유럽 최강의 해군을 동원하여 엘리자베스 여왕을 징치懲治하겠다고 나섰지만 엉성한 지휘와 악천후로 인해 전 함대가 사실상 궤멸되어 국운이 쇠락하는 결과를 초래했다. 나폴레옹 역시 유럽 대륙을 거의 전부 지배했지만 영국을 점령하지 못해 파멸이 시작됐다. 히틀러의 강력한 전차부대도 네덜란드와 벨기에까지 거침없이 진격했지만 도버 앞바다에서 좌절하고 말았다. 이 작은 바다를 넘는 것이 그토록 어려운 일이었을까?

제2차 세계대전 중에 있었던 됭케르크 후퇴 작전은 도버 앞바다에서 있었던 가장 극적인 사건 중 하나다. 1940년 5월, 나치군이 전격전電擊戰으로 네덜란드·벨기에로 공격해 들어와 연합군을 궁지로 몰아넣었다. 30만 명이 넘는 병사들이 바닷가에 꼼짝없이 포위된 최악의 상황에 몰린 것이다. 지금도 풀리지 않는 한 가지 미스터리는 이때 히

도버 · 187 ·

됭케르크 후퇴 당시 바다에서 직접 구조선으로 올라오는 병사들.

틀러가 자신의 기갑부대의 전진을 일시 중지시켰는데, 만일 그때 계속 전진을 명령했더라면 연합군은 전원 몰살당하든지 포로가 될 가능성이 높았다. 도대체 무슨 일이 있었던 것일까? 하여튼 이 기회를 이용해 윈스턴 처칠은 포위된 모든 병력을 됭케르크로부터 영국 본토로 후퇴시키라는 명령을 내렸다. 이 많은 인력을 수송하기 위해서는 영국 해군의 구축함과 다른 큰 전함뿐 아니라 가능한 모든 선박들을 모아야 했다. 상선, 고깃배, 유람선, 구명정 등 주변에 있는 배들 모두에게 구호작전 참여를 지시했다. 그 가운데에는 4.5미터짜리 초소형 어선도 포함되어 있다(이 배는 현재 전쟁박물관에 전시되어 있다). 이렇게 모은 총 933척의 배로 9일 동안 영국군 19만 8,229명, 프랑스와 벨기에군 13만 9,997명, 도합 33만 8,226명을 구출해왔다. 가히 '됭케르크의 기적'이라 부를 수 있는 위업이었다. 이 작전을 일명 '다이나모 작전Operation Dynamo'이라고도 하는데, 그 이름은 이 작전을 지휘하던 도버 성 지하의 방 이름에서 유래했다. 해군 본부 역할을 했던 이 방은 발전기dynamo를 돌려서 전기를 공급하기 때문에 그런 이름으로 불렸던 것이다. 도버 성 마당에는 이 작전을 지휘한 영국 해군 부제독 버트럼 램시(1883~1945)의 동상이 바다를 바라보고 있다.

우리 역사에서 강화도 앞의 그 좁은 바다가 때로 외적의 침입을 저

도버 성의 모습. 바다 너머에 프랑스 칼레가 보인다.

지하는 역할을 했듯이 도버 해협이 영국을 보호하는 역할을 톡톡히 해왔다. 대륙 세력들은 이 바다를 지배하는 데에 그토록 힘들어했다. 예컨대 나폴레옹은 영국을 정복하기 위해 온갖 아이디어를 모았는데, 그중에는 당시 등장한 열기구를 이용해 병사를 실어 나르겠다는 '공수부대' 방안도 있었고, 땅굴을 파서 해협을 넘겠다는 것도 있었다. 나폴레옹의 그 무모한 땅굴 계획은 200년이 지나서야 런던과 파리를 잇는 해저 열차 터널로 현실화됐다. 역시나 역사의 현장에 가보니 책에서 보았던 많은 일들이 생생하게 살아났다.

『징비록』

정세에 어둡고, 준비도 없이 내분에 휩싸였던 임진란에 대한 기록

　임진란의 전후 사정을 기록한 유성룡(1542~1607)의 『징비록懲毖錄』을 다시 꺼내 읽어본다. 420년 전에 겪은 국난國難을 되새겨보노라니 참담한 마음을 금할 길 없다. "십여 일 동안에 세 도읍(한양·개성·평양)이 함락됐고, 온 나라가 무너졌으며, 이로 인해 임금은 마침내 파천播遷까지 한" 상황에서 조정의 중추를 담당했던 서애西厓 유성룡이 『시경詩經』에서 말한 대로 '지나간 일을 징계하고懲 뒷근심이 있을까 삼가는毖' 의미로 쓴 글이 『징비록』이다.

　조정에서는 1590년에 황윤길(1536~?)과 김성일(1538~93)을 왜국에 통신사로 보냈다. 돌아온 두 사람은 정반대되는 보고를 했다. 황윤길은 부산에 도착하자마자 우선 글을 올려 자신이 보고 겪은바 정세를 보고하고 나서 머지않아 반드시 병화兵禍가 있을 것이라고 고했다. 임금께 복명하는 자리에서 황윤길은 앞서 했던 보고와 같은 말을 했으나, 김성일은 다른 말을 했다. "신은 그런 기미를 보지 못했습니다" 하고는 여기에 더해 "윤길은 공연히 인심을 동요시키고 있습니다" 하고 비판했다. 조정에서는 누구 말이 맞는지 의견이 두 갈래로 갈렸다. 유성룡이 김성일을 따로 만나 묻는다. "그대 의견이 황사黃使(사신 황윤길)와 전혀 다르니, 앞날에 만일 병화가 있다면 어떻게 하려오?" 이에 대한 김성일의 대답이 가관이다. "나 역시 왜국이 끝내 동병動兵하지 않는다는 게 아니오. 하지만 황윤길의 말이 하도 과격해서 안팎 인심이 동요되겠기로 일부러 한 말이오."

전쟁이 일어나기 직전인 임진년 봄, 조정에서 신립申砬과 이일李鎰에게 변방을 순회하게 했다. 한 달 가까이 지나 그들이 돌아왔는데, 그들이 조사한 것이라야 겨우 활·화살·창·칼 같은 것뿐이었다. 군이나 읍에서는 문서상으로만 법에 저촉되지 않게 갖추었고, 달리 좋은 방비책은 없었다. 유성룡이 신립을 따로 만나 묻는다. "아마도 나라에 곧 변이 있을 듯싶소. 그때에는 그대가 군사 일을 맡아봐야 할 텐데, 오늘날 적의 형세로 보아 넉넉히 막아낼 자신이 있으시오?" 신립은 대수롭지 않게 답한다. "그까짓 것쯤 걱정할 게 없소이다." 왜병이 조총을 가지고 있다는데 어떻게 만만히 볼 수 있느냐고 묻는데도 그는 태연하다. "왜병들이 조총은 가졌지만 그게 쏠 적마다 맞는답디까?"

왜선倭船이 까맣게 바다를 덮은 채 부산으로 밀려온 4월 13일, 부산 첨사 정발鄭撥은 절영도에 사냥을 나가 있었다. 어떻게 정보력이 이런 수준에 있었단 말인가? 정발은 소식을 듣고 허둥지둥 성으로 돌아왔지만 왜병은 벌써 상륙해서 사면으로 몰려들었고, 삽시간에 성이 함락됐다. 이후 적군은 그야말로 파죽지세로 사방으로 진격해 올라왔다. 조정에서는 급히 순변사와 좌방어사, 우방어사를 파견하기로 했다. 순변사를 맡은 이일이 서울에 있는 '정병精兵' 300명을 거느리고 가고자 했다. 그런데 병조에서 뽑았다는 그 정병 300명이란 민가나 시정

市井에 있는 사람들, 혹은 서리나 유생들이었다. 유생들은 모두 관복에 책을 옆에 끼고 있었고, 서리들도 모두 평정건平頂巾을 쓰고 있었다. 그들은 모두 군사로 뽑히기를 꺼리는 사람들이었다. 이런 사람들만 뜰에 가득히 모집해와 세웠으니, 데리고 갈 만한 군사라곤 하나도 없었다.

이일이 왜군과 대적하기 위해 남쪽으로 내려가 경상도 상주로 들어갔다. 상주 목사는 산속으로 도망가버렸고 판관 권길權吉만이 혼자서 고을을 지켰다. 이일은 군사가 하나도 없는 것을 책망하여 권길을 끌어내어 죽이려 했다. 그러자 권길은 다시 군사를 모아오겠다고 애원했다. 그는 밤새도록 촌락으로 돌아다니면서 수백 명을 데리고 아침 일찍 돌아왔다. 그러나 끌려온 사람들은 모두 농민들이었다. 이일은 창고에서 곡식을 내어 백성들을 달래어 불러 모았다. 산골짜기 속에서 군사들이 하나 둘씩 돌아와 다시 수백 명이 됐다. 이들로 대오隊伍를 짜서 군대를 조직했으나 이들은 한번도 싸움을 해보지 못한 사람들이었다.

이때 적들은 벌써 선산善山에 도착해 있었다. 저녁 무렵 개녕開寧 사람 하나가 와서 적들이 가까이 왔다고 보고했다. 이일은 이 자가 민심을 현혹시킨다 해서 죽이려 했다. 그러자 그 사람은 애걸했다.

"그렇게 내 말을 믿지 못하십니까? 그렇다면 잠시 나를 가두어두고 기다려보십시오. 내일 아침이면 적들이 여기까지 쳐들어올 것이오. 그때 보아서 내 말이 거짓이거든 죽여주십시오."

이날 밤, 적들은 장천長川까지 와서 주둔했다. 장천은 상주에서 불과 20리 거리다. 그러나 이일의 군대에는 척후斥候가 없었다. 그래서 적이 오는 것도 모르고 있었다. 이튿날 아침 이일은 개녕 사람을 불러내어 베어 죽였다.

「부산진순절도(釜山鎭殉節圖)」. 조선 1592년(선조 25) 4월 13일과 14일 이틀 동안 부산진에서 벌어진 왜군과의 전투장면을 그린 것이다. 보물 제391호, 육군사관학교 육군박물관 소장.

그날 이일은 군사들에게 진 치는 법을 가르치고 있었는데, 멀지 않은 숲속에서 두어 사람이 나와 이편을 바라보고 배회하다가 도로 사라졌다. 이일의 부하들은 적이 우리 동정을 엿보는 게 아닌가 의심했다. 그렇지만 아침에 개녕 사람이 당하는 것을 보았기 때문에 감히 그런 말을 꺼내지 못했다. 그런데 여러 곳에서 연기가 나는 것을 보고는 그제야 이일이 군관 한 사람을 보내 탐지해오라고 시켰다. 군관은 역졸 두 명으로 말고삐를 잡게 하고 천천히 나아갔다. 그때 적병은 다리 아래 숨어 있다가 조총으로 군관을 쏘아 말에서 떨어뜨린 다음 머리를 베어가지고 달아났다. 곧 적들이 몰려왔다. 적이 쏘는 조총에 맞은 군사들이 그 자리에서 쓰러져 죽어갔다. 이편에서 쏘는 화살은 수십 보밖에 나가지 못하니 도저히 당할 수가 없었다. 적이 우리를 포위하니, 이일은 일이 급한 것을 알고 말을 돌려 북쪽으로 달아났고, 군사들도 어지러이 목숨을 구하기 위해 도주했다. 그러나 살아 도망한 사람은 몇 명 되지 않았다. 임진왜란 초기 우리의 사정이 이런 수준이었다.

유성룡은 우리가 얼마나 정세에 어둡고, 준비에 소홀하고, 내분에 싸여 있었는지 여실히 기록으로 남겼다. 그가 살아 돌아와 오늘 우리의 상황을 본다면 무슨 말을 할까?

천연두

침략자들의 앞길을
열어준 병원균

　1521년, 코르테스(?~1547)는 고작 수백 명의 에스파냐 병사와 지역 주민 동맹군을 지휘하여 아스텍 제국의 수도 테노치티틀란(오늘날의 멕시코시티)에 대한 최후 공격을 시도했다. 수개월에 걸친 포위와 전투 끝에 마침내 수도가 함락됐을 때 아스텍 황제 몬테수마와 그의 계승자를 비롯하여 주민의 절반이 죽었다. 운하는 시체들로 가득 찼다. 시내로 진격해 들어간 코르테스는 "시체를 밟지 않고는 발을 디딜 수도 없다"고 썼다. 사실 이 많은 사람을 죽음으로 몰아넣은 것은 침략자들의 군사 공격이 아니라 천연두였다(원래 우리말로는 두창痘瘡이지만 일본에서 들어온 천연두라는 말이 널리 쓰이고 있다). 유럽인들이 아스텍 제국에 근접했을 때 이들보다 먼저 병원균이 시내로 들어가서 심각한 전염병이 창궐했던 것이다.

　콜럼버스(1451~1506)의 항해 이후 유럽인들이 아메리카에 들여온 각종 병균은 지금으로서는 상상도 할 수 없을 정도의 엄청난 피해를 입혔다. 구대륙 주민들과 신대륙 주민들은 최소한 만 년 이상 떨어져 살았기 때문에 세균의 종류도 다를 수밖에 없고, 당연히 사람들의 면역 체계도 다르게 진화해왔다. 천연두는 아마도 로마 시대에 유럽에 들어왔고 십자군 당시 다시 유입됐던 것으로 보이는데, 1500년 무렵에는 안정 단계에 들어가서 주로 아이들만 걸리고 어른들은 면역력을 가지고 있는 풍토병으로 자리 잡고 있었다. 그렇지만 신대륙 주민들에게 천연두 균은 전혀 대비가 되어 있지 않은 낯선 병균이었다. 당시 병의 양태도 극심하여, 이 병에 걸린 사람은 머리부터 발끝까지 고름집이 잡혀 움직일 때마다 살점이 떨어져나갔고, 살아남은 사람들도 곰보 자국이 나거나 맹인이 됐다. 에스파냐의 프란체스코회 수도사인 모톨리니아는 당시의 끔찍한 상황을 이렇게 기록하고 있다.

> 대부분의 아스텍 지역에서 절반 이상의 사람들이 죽었다. ……바퀴벌레처럼 시체가 산을 이루었다. 일단 병에 걸리면 간호를 받을 수도 없고 아무도 그들에게 음식을 주지 않아서, 많은 사람들이 또한 굶어 죽었다. 한 집 가족이 모두 죽는 일도 비일비재했고, 대부분의 시체들은 매장이 불가능했기 때문에 사람들은 시체에서 풍기는 악취를 막기 위해 집을 무너뜨려 덮었다. 그렇게 그들의 집이 무덤이 됐다.

살아남은 사람들은 겁에 질렸고, 이 병에 걸리지 않고 멀쩡한 백인들을 더욱 두려워했다.

특히 발병할 때까지 잠복기가 10~14일이나 되는 이 병의 특징 때문에, 실제 감염되어 있으면서도 겉으로는 건강해 보이는 환자가 스스로 멀리 피난 가면서 병을 더욱 광범위하게 퍼뜨렸다. 이로 인해 남북아메리카 대륙 전체로 이 병이 급속히 퍼졌다. 결과적으로 천연두는 유럽인 정복자가 나아가는 길을 터 준 셈이다. 피사로가 잉카 제국을 공격할 때 이미 이 병이 그곳 주민 수십만 명을 죽이고 있었고, 또 에스파냐인들이 미시시피 계곡을 따라 북쪽으로 향했을 때에도 엄청난 수의 사람들이 이 병으로 죽었다. 의학사가醫學史家들의 추정으로는 당시 멕시코에서 천연두로 사망한 사람이 1800만 명에 달한다. 전 세계적으로 보면 16세기 중 천연두 사망자가 8000만 명에서 1억 명 사

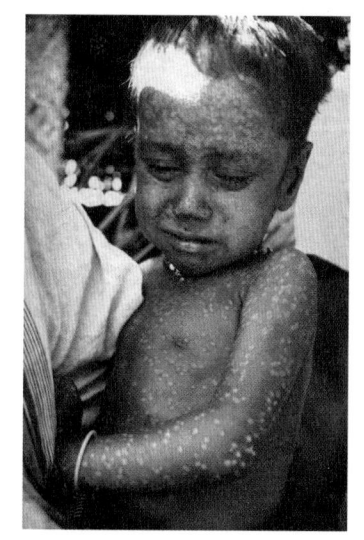

천연두 환자.

이라고 한다. 당시 세계 인구가 약 5억 명으로 추산되므로 거칠게 표현하면 세계 인구의 5분의 1이 이 병으로 사망한 셈이다. 분명 천연두는 세계 역사상 가장 많은 사람을 죽음으로 몰고 간 병 중 하나였다.

현재 세계보건기구WHO는 천연두를 완전히 박멸된 병으로 선언했다. 그러나 바로 그 때문에 더 위험한 상황이 닥칠 수도 있다. 사람들이 이 병균에 대한 면역 체계를 잃어가는 상태에서 만일 특정 국가 혹은 테러 집단이 실험실에서 보유하고 있는 균을 생물학전 무기로 사용한다면 정말로 가공할 사태가 발생할 수 있다. 생각만 해도 끔찍한 일이다.

벚꽃

봄날의 서정이냐
제국주의의 집단 죽음이냐

봄꽃이 아무리 아름답게 피어도 결국 지고 만다. 그런 안타까움을 노래한 시는 동서고금에 수없이 많다.

낙양성 동쪽 거리, 꽃들이 떨어져서 洛陽城東桃李花
날아왔다 날아갔다 어느 집에 떨어질까 飛來飛去落誰家

낙양성 아가씨들 나이듦이 서러워서 洛陽女兒惜顏色
길을 가다 꽃을 만나 장탄식을 하는구나 行逢落花長歎息

금년 봄에 꽃이 지면 내 얼굴도 늙으리니 今年花落顏色改
명년 봄에 꽃이 필 땐 누가 와서 꽃을 볼까 明年花開復誰在

푸르른 나무들은 베어져서 장작되고 已見松柏摧爲薪
푸르른 뽕나무밭 푸른 바다 되었다네 更聞桑田變成海

낙양성 동쪽 거리 옛사람은 자취 없고古人無復洛城東

지금 사람 대신해서 꽃바람을 맞이하네今人還對落花風

해가 가고 해가 와도 꽃은 항상 비슷한데年年歲歲花相似

해가 오고 해가 가면 사람들은 달라지네歲歲年年人不同*

당나라 시인 유희이劉希夷의 「대비백두옹代悲白頭翁」은 지는 꽃들을 보며 청춘도 덧없이 가고 마는 슬픔을 노래했다.

영국의 시인 알프레도 에드워드 하우스먼(1859~1936)도 「나무 중 가장 사랑스러운Loveliest of trees」이라는 시에서 그 비슷한 심사를 이렇게 표현한다.

나무 중 가장 사랑스러운 벚나무는 지금

가지 따라 만발한 꽃을 걸치고,

부활절을 맞아 흰옷을 입고서

수풀 속 승마길 옆에 서 있네.

이제 내 일생 일흔 해 중

스물은 다시 돌아오지 않으니,

일흔 봄에서 스물을 빼면

내게 남은 것은 오직 쉰뿐.

* 번역은 서울대학교 자유전공학부 서경호 교수가 도움을 주었다.

1860년대 사무라이들의 모습.

활짝 핀 꽃 보기에
쉰 봄도 너무 짧으니,
수풀 있는 곳으로 나는 가리
눈처럼 피어 있는 벚꽃을 보러.

한창 나이인 스물에 벌써 이런 시를 짓는 건 좀 성급한 것 아닐까? 하여튼 낙화를 보면서 이처럼 청춘과 인생에 대한 서정을 노래하는 것이 정상이건만, 일본 제국주의는 벚꽃을 보며 하필 집단 전사戰死를 부추겼다. 하긴 먼 과거로부터 일본 사람들의 벚꽃 사랑에는 색다른 면모가 있었다. 일본의 무사도를 세계에 알린 대표적 저서인 니토베 이나조新渡戶稻造(1862~1933)의 『일본의 무사도』는 "꽃은 벚꽃, 사람은 무사"라는 말을 소개하며, 벚꽃을 무사의 비장한 죽음과 연관 지었다. 그는 영국의 장미와 일본의 벚꽃을 대비시키며 이렇게 이야기한다. "유럽 사람들은 장미를 좋아하지만 장미에는 벚꽃의 단순함이 없다. 게다가 장미는 감미로운 꽃 아래 날카로운 가시를 숨기고 있어 마치 생명에 대한 강한 집착을 갖고 있는 듯하다. 죽음을 꺼리고 두려워하며, 꽃이 핀 상태 그대로 지기보다는 가지에 붙은 채 시드는 걸 선호한다." 반면 "일본의 벚꽃은 그 아름다움 속에 단검도 독도 숨기지 않으며 자연 상태 그대로 질

패전의 책임을 지고 할복자살하는 사무라이.

뿐 아니라, 빛깔이 전혀 화려하지도 않고 향기도 은은하여 사람을 질리게 하는 법이 없다."

 그가 벚꽃 향기에 대해 말할 때에는 벌써 죽음의 세계가 어른거린다. "꽃의 형태나 빛깔이 주는 아름다움은 외형적인 것이지만 향기는 생명의 숨결처럼 부유浮遊하며 신성한 청결감을 준다. 그래서 대부분의 종교 의식에는 유향과 몰약이 중요한 역할을 한다. 향기에는 뭔가 영적인 것이 담겨 있다."

 꽃의 아름다움을 어떻게 찬탄하든 자유이지만, 니토베 이나조의 벚꽃 사랑에는 아무래도 심상치 않은 부분이 있다. 그는 벚꽃에 대해서 "아름다우면서도 덧없이 져버리고, 바람이 부는 대로 흩날리면서도 한 줄기 향기를 흩뿌리며 영원히 사라지는" 비장미를 강조한다. 이런 죽음의 미학은 조만간 제국주의 이데올로기로 변용된다.

기꺼이 죽음을 맞이하는 무사도는 곧 일반 대중에게 전파되어야 할 것이라고 이나조는 강조한다. "무사도는 여러 사회 계급으로 흘러들며 대중들에게 효모와 같은 작용을 하고 도덕의 표준을 제공했다. 무사도는 시작에 있어서는 엘리트의 영광에 불과했지만 시간이 경과함에 따라 온 국민이 열망하는 영적 감화자가 됐다. 대중은 무사의 도덕적 경지에까지 도달할 수 없지만 야마토 다마시大和魂(일본 민족 고유의 정신)라는 말은 이 섬나라의 국민정신을 상징하는 용어가 됐다."

무사도가 제국주의 이데올로기로 전화轉化됨에 따라 그 상징인 벚꽃도 그에 맞추어 새로운 상징을 띠어갔다. 무엇보다도 일시에 지는 벚꽃을 군국주의 이념으로 찬미하기 시작한 것은 1930년대 즈음이라고 한다. 이 시기에 광신적 민족주의 장교들이 주도권을 장악한 후 훈련병들을 필사적으로 잔인하게 만들기 시작했다. 자신의 목숨을 기꺼이 던지면서 결국 모든 이들을 죽음으로 모는 체제가 극성을 부리게 된 것이다. 이제 바람결에 많은 꽃잎이 떨어져 흩날리는 것이 전쟁에서 산화하는 상징이 됐다. "일본 남아로 태어났다면 산병전散兵戰의 벚꽃처럼 지거라" 혹은 "천황을 위해 사쿠라가 되어 야스쿠니靖國에서 만나자"는 군가를 부르며 젊은이들이 전쟁터에 끌려갔다.

꽃이 무슨 죄가 있으랴, 이상한 이데올로기에 꽃을 끌어다 쓴 인간이 잘못이지.

 **가미카제**

일본의 젊은 청년들을 희생시킨 잔인한 비극

　1941년 12월 7일, 일제는 하와이의 진주만에 위치한 미군 기지에 기습공격을 감행하여 미국의 태평양 방면 군사력을 거의 무력화시켰다. 당분간 미국 쪽으로부터 공격을 당할 위험이 없다고 판단한 일제는 마음 놓고 동남아시아 각지로 공격해 들어갔다. 1941년 12월 10일에 필리핀을, 12월 25일에는 홍콩을 점령했고, 다음 해 1월에는 인도네시아를, 또 2월에는 싱가포르를 점령한 후 3월에 양곤까지 진격해 들어갔다. 그들로서는 손쉬운 승리의 연속이었다. 단 석 달 만에 태평양 연안 지역의 절반을 차지했으니, 이때만 해도 승리감에 도취해 있었을 것이다.

　그렇지만 미국을 공격한 것은 잠자는 사자를 깨운 것과 다름없었다. 곧 전력을 회복한 미국은 미드웨이 해전(1942년 6월)에서 대승을 거둔 이래 태평양전쟁의 주도권을 쥐고 일제를 압박해 들어갔다. 1944년 7월이 되면 수천 명의 민간인이 절벽에서 떨어져 자살하는 참극 끝에 사이판이 점령된다. 이제 사이판으로부터 미군기가 떠서 일본 본토

가미카제 공격을 감행하는 일제의 전투기.

를 직접 폭격하는 것도 가능해졌다. 1944년 7월 중순, 미군이 마리안 제도를 완전히 장악하고 이곳에서 필리핀 제도 방면으로 대규모 공격을 할 준비를 했다. 필리핀은 일본 본토 공격을 저지할 마지막 보루였다. 이곳을 내주면 일본은 동남아시아에서 들여오던 온갖 전략물자의 공급이 끊어지게 된다. 더구나 1944년 여름부터 미군 잠수함들은 해상에서 일본 선박들을 완전히 제거해나가기 시작했다. 최종적으로 미군의 항공모함이 접근해오면 일본은 끝장날 판이었다. 일본군은 어떻게 해서든 미국의 항공모함이 일본 열도에 접근하는 것을 막으려 했지만, 일본 전투기는 양과 질에서 미국 전투기의 적수가 못 됐다.

그러던 차에 일본 폭격기 한 대가 구름이 잔뜩 낀 날씨 덕분에 미군의 레이더에 잡히지 않고 날아가 자살 공격을 시도하여 항공모함 프랭클린 함을 파손시켰다. 이를 보고 오니시 다키지로大西瀧治郞(1891~1945) 중장이 생각해낸 것이 가미카제神風 특공대였다. 이때에는 미군이 이미 팔라우 제도까지 들어온 절박한 시점이었다.

자살 공격이 이때 처음 시작된 것은 아니었다. 1932년에 일본군이 상하이上海를 공격할 때 세 명의 '영웅'이 다이너마이트를 안고 중국군 철조망에 뛰어들어 폭파시킨 것은 일본에 널리 알려진 영웅담이었다.

두 대의 가미카제 전투기의 공격을 당한 항공모함 USS 벙커힐 함. 이로 인해 수백 명의 수병이 사망했으나 선박이 격침당하지는 않았다.

그러니까 '자폭自爆' 공격 자체가 새로운 것은 아니었다. 다만 그것이 정규화되고 대규모화되고 계획화됐다는 것이 달라진 점이었다.

1944년 10월에 처음 특공대가 결성됐다. 이때에는 13대의 비행기가 자폭 공격을 하고 13대가 이를 호위하는 방식이었다. 이때부터 이 자살 특공대를 가미카제라 명명했다. 이는 1281년 일본을 정복하러 오던 쿠빌라이 칸의 원나라 함대를 침몰시킨 태풍의 이름이었다. 일제가 시도한 초기의 자살 공격은 항공모함 세인트로Saint Lo 함을 침몰시킴으로써 대성공을 거두었다. 이륙 장치만 있고 착륙 장치가 없는 특수 비행기들이 폭탄을 탑재한 후 날아가 목표물 40킬로미터 앞에서 분산한 다음 수직으로 내리꽂히듯 달려들었다. 미국 선박들은 30초 안에 방공포로 이 비행기들을 격추시켜야 했지만, 이는 지극히 힘든 일이었다. 그리하여 초기의 가미카제 공격은 상당한 전과를 올렸다.

그러나 이런 식의 공격이 계속 성공을 거둘 수는 없었다. 곧 미국 전함의 방공 능력이 개선됐고, 미국 전투기들은 폭탄을 최대한 탑재하여 속도가 느려진 일본 비행기들을 쉽게 격추시켰다. 더구나 가미카제 공격의 파괴력이 생각만큼 그렇게 강하지도 않았다. 구축함 라페이 함은 4대의 비행기가 날아와서 충돌했지만 파괴되지 않았다. 더구나 시간이 갈수록 일본 군대에 숙련된 조종사들이 사라져갔고, 연료도 부족해졌다. 급기야 오키나와沖繩에서는 글라이더에 폭탄을 탑재하여 미군 함정에 달려드는 한심한 방식까지 시도했는데, 일본군은 이를 '오카櫻花(벚꽃)' 폭탄이라 불렀지만 미군은 '바카馬鹿(바보)' 폭탄이라고 놀려댔다. 수천 번 감행된 가미카제 공격은 엄청난 희생에도 불구하고 전함 35척을 침몰시키는 데에 그쳤다.

이들이 최후의 공격을 하러 떠나기 전에 남긴 사진을 보면, 젊은 청년들이 웃으면서 최후의 사케酒(일본 술)를 마시고 조종실 덮개를 닫기 전 마지막으로 용감하게 손을 흔드는 모습을 볼 수 있다. 이들은 정말로 국가를 위해 자발적으로 나선 것일까? 결코 그렇지 않다. 이들은 도저히 거부할 수 없는 심리적 압박을 받고 있었다. 만일 자원을 거부하면 군대 내에서 감내할 수 없는 치욕을 당하는 데다가, 죽을 게 뻔한 가장 위험한 전선으로 보내졌다. 이들이 남긴 편지들을 보면 대개 이들의 마지막 생각은 부모에 대한 것이었지, 천황이라든지 야스쿠니靖國 같은 내용은 없다. 자신들의 공격으로 전세를 역전시키리라 믿는 사람은 아무도 없었고, 다만 어쩔 수 없는 희생을 감수할 뿐이었다. 출격 명령을 받은 사람은 혼란스러운 심사에 공포를 감출 수 없어 오랫동안 이불을 뒤집어쓰고 있었다고 한다.

가미카제 공격에서 살아남은 병사의 증언이 이런 사실들을 말해준

오카 폭탄이라 불리던 글라이더형 가미카제 공격기.

다. 오누키 겐이치로大貫健一郎가 그런 인물이다. 그는 마지막 사케를 도저히 삼킬 수 없었으며, 전투기 조종실 안에 들어가자 곧 눈물을 흘렸다. 그는 출격하자마자 미군의 레이더에 잡혀 공격을 당했고, 기적적으로 주변 섬에 착륙할 수 있었다. 그곳에서 45일을 굶주림에 시달리며 버티다가 일본군에 발견되어 목숨을 구할 수 있었다. 그러나 살아 돌아온 그를 누구도 반기지 않았다. 그는 돌아와서는 안 되는 사람이었기 때문이다. 그는 일종의 불가촉천민不可觸賤民 혹은 정신병자 취급을 받았다. 그리고 자신의 가족에게도 생사를 알릴 수 없었다. 친척들과 가족은 모두 그가 죽었다고 믿고 국가로부터 상징적인 유골함을 받아 장례식도 치렀다. 전후에 그가 가족에게 돌아가보니 그는 공식적으로 출격한 바로 그날 사망한 것으로 처리되어 있었다. 오누키처럼 살아남은 사람은 거의 없고, 비행기를 몰고 미군 함선에 돌진하는 자살 특공대는 거의 대부분 무의미한 죽음으로 끝나곤 했다.

일제가 항복한 다음 날인 8월 16일, '가미카제의 아버지' 오니시 다키지로는 그가 죽음으로 내몰았던 4천 명의 젊은 파일럿에게 사죄하고, 살아남은 청년들에게 일본의 재건과 국제평화를 당부한 후 할복자살했다. 2000만 명이 죽으면 제국을 지킬 수 있다고 단언했던 그였다. 그는 죽는 사람의 목을 칼로 쳐주는 가이샤쿠닌介錯人 없이 할복하여 15시간 동안 극도의 고통을 겪다가 죽었다. 그가 자살할 때 쓴 칼은 야스쿠니신사靖國神社에 보존되어 있다.

 기꺼이 자기 목숨을 바치는 자는 남의 목숨도 기꺼이 바치는 자라고 했던가. 일본 제국주의는 이웃 국가의 국민만이 아니라 자국 국민부터 희생을 강요한 죽음의 체제였다. 그 체제가 패망한 것은 일본 국민에게도 해방을 의미했다.

한낮의 공포

다음의 소식을 전하게 되어
유감입니다

20세기에 들어선 이후 전쟁으로 인한 사망자 수가 엄청나게 늘었다. 제1차 세계대전으로 최소한 1000만 명이 전사했다. 더구나 그들 대부분이 청년 혹은 청소년이었다는 것이 더 큰 비극이었다. 제2차 세계대전에서는 5000만 명이 죽었는데, 이 중 절반 이상이 군인이 아닌 민간인이었다. 전투 중 총에 맞아 죽는 사람보다 오히려 굶주림이나 보복 살육 등으로 목숨을 잃는 사람이 더 많았다. 1945년 이후에도 비극은 멈추지 않아 중국, 베트남, 알제리, 중동, 앙골라, 모잠비크, 한반도 등지에서 5000만 명 이상이 사망했다. 1990년대에 르완다와 보스니아에서 벌어진 처절한 살육은 전쟁의 비극이 현재에도 계속 진행 중임을 말해준다.

전쟁에서 죽은 사람들이야 말할 것도 없지만 후방에서 아들이나 남편을 잃은 사람들의 고통도 그에 못지않았다. 전시에 영국인들에게 자전거를 타고 전보를 배달하는 소년이 찾아오는 것은 공포 그 자체였다. '다음의 소식을 전하게 되어 유감입니다'로 시작되는 나쁜 소식을

존 키플링.

담은 통지서가 전보를 통해 배달됐기 때문이다. 당시 사람들은 이 전보를 '한낮의 공포'라 불렀다. 동네 사람들은 전보 배달부가 나타나면 "그가 그냥 지나쳐 가기를, 그가 다른 집을 방문하기를" 하는 기도를 올렸다. 이런 무정한 전보는 영국에서 제1차 세계대전 시기에만 70만 번이나 배달됐다.

전사戰死 통지도 끔찍했지만 실종 통지가 어쩌면 더 큰 고통을 안겨주었다. 유명한 작가 러디어드 키플링(1865~1936)은 1915년에 외아들 존이 로Loos 전투에서 실종됐다는 전보를 받았다. 키플링의 아들은 키가 너무 작아서 군 입대 면제 대상이었으나, 그가 영향력을 발휘하여 아들을 군대에 밀어 넣었고, 존이 18세 생일을 맞이한 날 프랑스 전선에 배치됐다. 그로부터 6주 후인 1915년 9월 27일, 첫 번째 참전한 전투에서 존은 실종됐다. 이 소식을 들은 아버지는 "죽어가는 사람의 외침과 같은 저주"를 퍼부었다고 한다. 키플링과 그의 미국인 아내 캐리는 아들이 아직 살아 있다고 믿고 여러 달 동안 아들의 옛 전우들을 찾아다녔다. "내 아들 본 적 있소?" 애끓는 심정으로 부모는 이렇게 물으며 돌아다녔다. 마침내 키플링은 희망을 버리고 아들이 죽었다는 사실을 인정하는 짧은 시를 한 편 썼다.

내 아들은 (영웅적 무훈을) 비
웃으며 죽어갔지.
난 알고 싶네.
그게 무엇인지, 시간이 흐른
후 위안이 될지.
(영웅적 무훈이) 희미해질 때.

그러나 이때 키플링은 잘못
알고 있었던 것 같다. 혼란스러
운 전시에 정확한 사실을 알기
는 매우 어렵다. 존을 마
지막으로 본 사람은 당시 그가
살아 있었고, 입 안의 부상으로

존 키플링이 묻힌 곳으로 판명되어 무명용사의 묘비 대신 그의 이름을 새긴 비석으로 대체했다. 그러나 다시 사실성에 의문이 제기됐다.

고통스럽게 울부짖고 있었다는 소식을 전했다. 실제로 존이 언제 어떻게 죽었는지는 아무도 모른다. 그는 제1차 세계대전 중 참호 속에서 죽은 영국군 50만 명 중 한 명이었다. 키플링은 무명용사들을 위한 묘비명으로 짧지만 울림이 있는 글귀를 지었다. '신은 알고 계시다Known unto God.' 존의 유해 역시 아버지가 지은 그 묘비명 아래 어딘가에 묻혀 있었다. 그런데 역사가들의 오랜 확인 작업 끝에 마침내 1992년에 존 키플링이 어디에 묻혀 있는지 알게 됐다고 발표됐다. 그리고 그곳에 지금까지 서 있던 무명용사 묘비 대신 그의 이름을 새긴 묘비를 세웠다. 이번 조사 결과는 확실한 것일까? 알 수 없는 일이다. 최근에 다시 그곳에 묻힌 시신이 존 키플링이 아닐 수 있다는 이론異論이 제기됐다 (한 가지 생각할 수 있는 방법은 묘를 파서 시신의 DNA 검사를 하는 건데, 누군지 불확실한 망자의 존엄을 훼손할 수 있어 실행하지 못하고 있다고 한다).

20세기에 살았던 많은 사람들은 대개 전쟁을 경험했고, 전쟁의 기억을 안고 있다. 1953년의 휴전 이후 태어난 우리나라 사람들은 적어도 직접 전쟁을 겪지는 않았다. 늘 전쟁의 위협 속에 살면서도 실제로는 반세기 이상 전쟁을 겪지 않았다는 것이 우리 시대의 역설이라 할 수 있다. 평생 전쟁을 겪지 않고 살다 죽는 것은 인류 역사상 흔치 않은 축복이라 할 수 있다.

지금까지 인류의 역사는 곧 전쟁의 역사였다. 인간은 스스로 지상에 지옥을 연출해왔다. 새로운 세기, 새로운 천년이 시작된 이 시대에 우리는 전쟁의 공포에서 벗어날 수 있을까? 애달프게도, 젊은이들이 전장에서 처참하게 죽고, 남은 가족들이 슬픔에 겨워하는 일들이 조만간 끝날 것 같지는 않아 보인다.

제1차 세계대전 종전

산업화되고 대량화된 젊은이들의 죽음

1914년 8월 3일, 제1차 세계대전이 발발한 지 3일째 되던 날에 독일 바이에른 소재 대학 총장들이 공동으로 호소문을 내붙였다.

> 학생 여러분, 뮤즈들이 침묵하고 있습니다. 전쟁이 일어난 것입니다. 이 전쟁은 동방의 야만인들의 위협을 받고 있는 독일의 문화와 서방의 적들이 시기하는 독일의 가치를 지키기 위해 어쩔 수 없이 우리들에게 강요된 것입니다. 순수 독일인의 열정이 다시 한 번 폭발했습니다. 해방전쟁에 대한 열망이 타오르고 성전聖戰이 시작됐습니다.

대학 총장들이 모여 이런 격문檄文을 썼다는 것은 놀라운 일이다. 이들은 이성과 학문이 멀리 내던져졌다는 사실을 스스로 밝히고(뮤즈가 침묵한다!) 학생들에게 전쟁 참여를 독려하고 있다. 여기에서 동방의 야만인들이란 러시아와 카자크인들을 말한다. 독일 대학 총장들은 과거 동방의 초원지대에서 독일 방면으로 공격해 들어온 슬라브족의 공

랑게마르크 공동묘지의 집단매장 묘에는 2만 4,917명의 병사가 묻혀 있으며, 그 가운데 7,977명은 무명용사다. 신원이 밝혀진 병사의 이름은 묘역을 둘러싼 묘비 위에 새겨져 있다.

격을 야만적인 행위로 비난하는 반면 자기 조상인 게르만족이 서유럽을 공격한 행위는 '순수 독일인의 열정'으로 미화했다. 그들이 하는 전쟁은 해방전쟁이며, 심지어 성전으로 격상됐다. 무슬림들이 자신이 저지르는 전쟁을 성전으로 미화한다고 비난하던 그들이 아니었던가?

많은 독일 대학생들이 그런 모순을 깨닫지 못하고 자원입대하여 그들만으로 22군단과 23군단이 꾸려졌다. 1914년 10월, 두 달 동안 군사훈련을 받은 학생들은 벨기에의 이프르(에페르) 근처에서 전투에 투입됐다. 무모하게 정면 공격을 감행한 독일군은 영국 및 프랑스군에 대패했고, 그 결과 순진무구한 젊은이들의 대학살이 벌어졌다. 단 3주 동안 3만 6천 명의 젊은이가 죽었다. 이는 7년 동안 베트남전쟁에서 낸 미군의 사상자와 맞먹는 숫자다. 독일에서는 이를 '이프르의 아이

제1차 세계대전 참전 당시의 히틀러(맨 오른쪽).

살해Kindermord bei Ypern'라고 부른다. 전해오는 이야기처럼 제1차 이프르 전쟁 사망자 모두가 학생은 아니지만, 수많은 학생이 희생당한 것은 사실이다. 랑게마르크 공동묘지에는 수천 명의 학생이 따로 묻힌 집단매장 묘가 있다. 참고로 이때 전사하지 않고 살아남은 인물 중 한 명이 히틀러다. 그가 속해 있던 제16바이에른 예비연대는 애초에 3,600명의 병사가 있었는데, 이 중 611명만 살아남아 이프르 전선에서 물러났다. 그리고 1년이 지나자 이 연대원 중 살아남은 사람은 거의 없었다. 히틀러는 몇 번의 부상에도 불구하고 끝까지 살아남아 후일 자신을 훌륭한 군인으로 미화했다.

제1차 세계대전은 그 이전 어느 전쟁보다 참혹한 결과를 가져왔다. 무엇보다 무기가 이전과는 비교가 안 될 정도로 강력해졌기 때문이다. 18세기에 머스킷 총병은 기껏해야 1분에 3발을 쏘았다. 이에 비해 1914년이 되면 보병들은 1분에 15번의 일제사격을 실시할 수 있었다. 19세기 말에 개발되어 개량을 거듭한 기관총은 분당 600발을 쏘았다. 강철 볼을 채운 유산탄榴散彈을 장전한 대포는 분당 20발을 쏘았다. 이런 무기들을 갖춘 진지에 돌격을 감행하는 것은 자살행위나 마찬가지였다. 이제 단 몇 분 안에 수천 명의 병사를 몰살시킬 수 있었다. 빗발치듯 쏟아지는 총알로부터 달아날 길이라고는 아예 없었다. 부상당하면 대개 아무런 간호도 받지 못하고 죽을 때까지 방치됐다. 기계식 무기가 동원된 이 전쟁에서 죽음은 '산업화'되고 '대량화'됐다. 인류 전쟁의 역사는 한 차원 다른 단계로 넘어갔다.

11월 11일은 '빼빼로데이'가 아니라 훨씬 심각한 의미를 지닌 세계대전 종전 기념일이다. 과자만 먹을 게 아니라 백 년 전 젊은 학생들에게 무슨 일이 일어났었는지 한 번쯤 생각해볼 일이다.

세상에서 가장 슬픈 만남

죽음의 문턱에서 만난
부인과 여동생

　폴란드 트레블링카의 유대인 절멸수용소extermination camp에 끌려갔다가 가까스로 살아남은 생존자인 아브라함 봄바는 자신이 겪었던 일을 이렇게 증언한다.

　어느 날 수용소에 전직 이발사들을 모두 차출하라는 명령이 내려왔다. 봄바를 비롯한 이발사들이 동원되어간 곳은 여성들과 아이들을 독가스로 죽이고 소각하는 캠프였다. 나치는 그곳이 학살 장소라는 것을 숨기기 위해 온갖 방식으로 위장해놓고는 반어적으로 그 입구를 '힘멜벡Himmelweg(천국으로 가는 길)'이라 불렀다.

　하루에 수백 명씩 사람들을 죽이던 나치들이 가장 신경 썼던 일 중 하나는 희생자들이 마지막 순간까지 곧 죽는다는 사실을 모르도록 만드는 것이었다. 만일 자신이 30분 내에 죽어서 재가 된다는 사실을 알면 누군들 가만히 있겠는가? 그래서 일을 순조롭게 하기 위해 고안해낸 것이 이발을 하고 소독한다고 속이는 것이었다.

　이발사들이 대기하고 있으면 여성과 아이들이 수십 명씩 완전히 옷

유대인 수용소에 갇혔다가 해방되는 장면.

을 벗고 안으로 밀려들어온다. 이들이 벤치에 앉으면 이발사들이 한 사람당 1~2분 안에 머리를 짧게 자른다. 나치들이 이 머리카락을 모아 옷감을 짠 것은 잘 알려진 사실이다. 그러고는 샤워를 해야 한다며 옆방으로 들여보내 가스를 터뜨려 살해하는 것이다. 이곳에 들어온 사람 중 살아서 나간 사람은 없다. 그동안 이발사들은 다른 곳에 대기하고 있다가 시체를 치우고 나면 작업장으로 가서 대기한다. 그러면 다시 다음 무리가 들어오는 것이다.

어느 날 함께 일하던 동료는 기가 막히는 일을 당한다. 다름 아닌 자기 부인과 여동생이 들어온 것이다! 그들을 이 세상에서 마지막으로 만나는 기회이지만 바로 뒤에 나치 친위대 장교가 지키고 있어서 끝내 아무 말도 하지 못한다. 자칫하면 그마저 함께 죽기 때문이다. 할 수 있는 일이라고는 최대한 시간을 끌어 단 1분이라도 더 함께 있는 일뿐이다. 그러고는 마지막 포옹…….. 수업 중에 이 이야기를 하다 말고 너무 슬퍼 그만 목이 멘다. 그 어떤 역사 사건이라도 회피하지 말고 정면으로 직면해야 하며 너무 감성적으로 해석해서는 안 된다고 말은 하면서도 밀려드는 슬픈 감정은 어쩔 수 없다.

이것은 클로드 란츠만 감독이 유대인 절멸수용소 생존자들을 인터뷰하여 만든 다큐멘터리 필

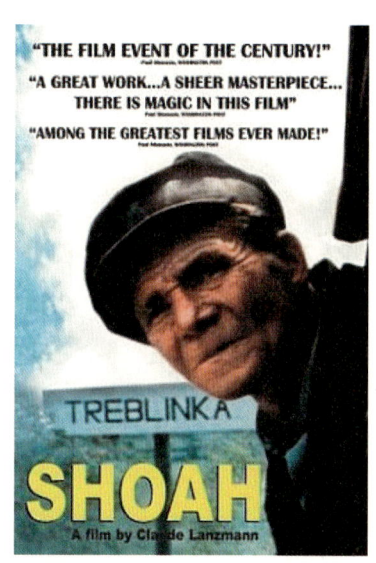

영화 「쇼아」의 포스터.

름 「쇼아」에 나오는 이야기다. 이 영화는 란츠만 감독이 1974년부터 11년 동안 14개국에서 총 350시간 분량의 인터뷰를 한 결과물이다. 그는 다시 인터뷰 필름을 편집하여 9시간 30분짜리 최종판을 만들었다. 민족이 겪었던 고난을 기억하려는 치열한 노력이 실로 가상하다.

그렇지만 사실 이 영화에 대한 비평 혹은 비난도 많이 있다. 이 영화는 극도의 자민족 중심주의를 견지한다. 이 영화에 등장하는 인물들은 나치라는 가해자, 폴란드인이라는 방관자 그리고 유대인이라는 피해자 세 가지 유형으로 나뉜다. 그 외의 다른 어떤 해석도 허락되지 않는다. 이런 구조를 통해 이 영화가 말하려는 것은 유대인이 겪은 고통이 신의 섭리였다는 점이다. 다른 모든 인류사의 비극은 제쳐두고 유대인의 고난과 학살만을 절대화하는 신학적 주장을 하며, 그 고통을 가한 독일인들과 폴란드인들에 대한 증오를 표출하고 또 그 증오

를 여전히 부추기고 있다.

　슬픔과 고난에 찬 민족의 기억을 잃어버리지 않고 지켜내려는 노력은 실로 중요하다. 그러나 그 기억이 고난을 가한 상대에 대한 동태복수同態復讐(눈에는 눈, 이에는 이)를 위한 것이어서는 안 된다. 오직 복수하기 위해 기억을 정리하고 가공하는 일은 똑같은 비극을 만들어낼 수 있다. 그런 비극을 이겨내기 위한 기억의 승화 작업, 역사학의 중요한 임무가 여기에 있다.

부상병 그리고 군 병원

강한 군사력은
병원 체계에서 나온다

　1916년 여름부터 늦가을까지 프랑스의 솜Somme 강 유역에서 벌어진 솜 전투는 100만 명 이상의 사상자가 발생하여 제1차 세계대전 중 가장 치열했던 전투로 알려져 있다. 프랑스·영국·이탈리아·러시아군이 연합하여 독일군에게 총공격을 가하여 고착된 전선을 돌파하려다가 엄청난 희생자를 낸 것이다. 특히 이 전투를 주도한 프랑스와 영국군이 큰 피해를 입었다. 공격 첫날인 1916년 7월 1일의 전투는 영국군만 6만 명에 가까운 사상자를 내서 하루에 입은 피해로는 역사상 최대치를 기록했다.

　당시 영국군은 부상병 치료 체계를 비교적 잘 갖추고 있었다. 전반적으로 전장의 하부 구조infrastructure는 그리 나쁘지 않았다. 군인을 현장에 나르고 필수품을 제공하고, 또 군인이 부상당했을 경우 현장에서 소개疏開해 부상을 치료하고 건강을 회복시킨 다음 다시 원 부대에 복귀시키는 체제가 잘 짜여 있었던 것이다. 지하 매설 전선, 철도 수송 및 도로 수송 체제, 군단과 사단의 임시 집적장, 작업장, 병기창이 그

참호전.

런 시설들이다. 이를 이용해 부상병들을 안전한 지역으로 옮겨와 수용할 수 있을 정도로 충분한 병상도 있었다. 마취제, 소독제, 연고, 붕대, 의료 도구 등도 충분했다. 상처 부위에서 손상된 조직을 제거하는 '괴사조직 제거' 방법도 개발되어 감염을 크게 줄였다.

의료 체제 전체를 관리하는 제도도 잘 발달했다. 이 체계의 첫 번째 단계가 연대의 야전 응급 치료소였다. 여기에서 대대 의료 장교가 사상자를 분류하고, 치료하기 힘든 병사를 후송했다. 후송되는 병사들은 임시 집합소를 경유해 후송 병원에 보내지고, 그다음에 기차를 타고 프랑스나 영국에 있는 주둔 병원 또는 기지 병원으로 갔다.

그런데 후송 과정에서 문제가 생겼다. 특히 가슴과 복부 부상의 경우 여행을 하면서 심하게 악화된다는 것이 알려지자 하위 단계에서 바로 외과 수술을 시도하는 방향으로 개선이 이루어졌다. 물론 이 과정

제1차 세계대전 당시 들것을 이용하여 부상병을 이송하는 모습.

에서 의사들은 잔혹한 '선별(당시 용어로는 트리아주triage)'을 해야 했다. 전투가 진행되는 가운데 밀려오는 부상병들 중에 외과의사들은 여행을 버텨낼 수 있는 환자들은 후송하고, 나머지 집단 중 수술을 시도할 가치가 있는 병사들과 그냥 죽도록 내버려두는 병사를 갈라야 했다. 부상자 수가 많을수록 방치되는 집단이 커졌다. 명시적으로 표현하지는 않았지만 죽음을 기다리는 사람들을 위한 병상을 따로 두어 그곳에 특별 천막을 쳤다.

이 체제에서 큰 문제는 다른 데 있었다. 다름 아닌 부상병 운송이 너무 힘들거나 때로 불가능하다는 것이었다. 솜 전투 중 7월 1일 전투에서는 최악의 상황이 벌어졌다. 무엇보다 전장에서 야전 응급 치료소로 환자를 데리고 오는 수단이 부족했다. 대대에는 들것 운송인들이 32명 있었는데, 이들이 16명을 운반하는 데에만 한 시간이 걸렸던 것이다. 이날 대대마다 300명 이상의 부상병이 병원에 들어왔지만, 수많은 병사들이 부상당한 자리에 그대로 누워서 죽어갔다. 이 가운데 3분의 1 정도는 야전 병원으로 옮기기만 하면 목숨을 구했을 사람들이었다. 쇼크(혈류량의 급격한 감소), 중간 정도의 허파 천공이나 복부 파열 같은 부상이 그런 것들이다. 독일군과 영국군이 대치하는 중간의 무인지대에서 그런 부상을 당한 병사들은 목숨을 부지하리라는 기대를 거의 할 수 없었다.

놀라운 일이지만 간혹 몇몇 지점에서 독일군이 영국군에게 비공식적이고 일방적으로 전투 중지 상태를 선언했다. 독일군 의료 장교 한 명이 백기를 들고 나와 서로 발포하지 말고 양쪽이 모두 부상자를 후송하자고 제안한 것이다. 이런 곳에서는 들것 운반인들이 무인지대를 자유롭게 다니며 부상병을 옮겨올 수 있었다. 그러나 이런 예외적인 경우를 빼고 대부분의 지역에서는 부상자들이 그 자리에 누워 고통스러운 죽음을 맞이했다. "옮길 수 없었던 부상병들은 포탄으로 패인 구멍 속으로 기어들어가 방수포로 자신을 감싸고 성경을 꺼내 손에 쥔 상태로 죽어갔다"고 당시 증인은 이야기한다.

강한 군사력은 무기와 전술에서만 나오는 게 아니라 병원 체계에서도 나온다. '미국의 전투력은 우리 병원에서 나온다'는 미군 재활병원인 월터리드 병원의 캐치프레이즈는 과장이 아니다. 최근 우리의 열악한 군 병원 실태가 보도됐다. 하루바삐 개선되어야 할 문제임에 틀림없다.

전후 처리 방안

복수와 응징이 평화를
가져오지는 않는다

    제2차 세계대전이 막바지에 이르렀을 때, 연합국들은 전후 처리 방안에 대해 고민하게 됐다. 특히 두 번씩이나 세계대전을 일으키고 잔혹한 대량학살을 자행한 독일에 대해서는 강경한 조치가 필요하다는 것이 연합국 지도자들의 공통된 견해였다.

    1944년 9월, 캐나다의 퀘벡에서 루스벨트 미국 대통령과 처칠 영국 총리가 만났을 때 미국의 재무장관 헨리 모겐소는 독일이 두 번 다시 전쟁을 일으키지 못하게 할 방안을 준비해왔다. '모겐소 계획Morgenthau Plan'이라 불리는 이 방안은 우선 독일을 둘로 분단시키고, 루르·자르·상부 슐레지엔 등 주요 광공업 지역을 주변국들이 공동 관리하는 가운데 독일의 공업 기반을 완전히 해체한다는 것이었다. 독일이 제3차 세계대전을 일으키지 못하도록 비군사화와 비공업화를 하는 동시에 독일에게 큰 피해를 입은 소련 등 다른 국가들에게 손해배상으로 독일의 공업 기반 시설을 넘겨주려는 의도였다. 이 안에 따르면 이후 독일은 영세 농업국이 될 운명이었다. 모겐소의 표현에 의하면 독일인들

모겐소 계획이 논의되던 1944년 9월 퀘벡 회의 당시 총리의 접견 파티.

은 이제 "아침에도 수프, 점심에도 수프, 저녁에도 수프만 먹을 것이다." 처칠은 마지못해 찬성했지만, 이 계획안에 대한 여론이 너무 좋지 않아서 결국 미국 쪽이 스스로 폐기했다.

1945년 2월에 열린 얄타 회담에서는 소련 역시 독일에 대한 가혹한 복수를 요구했다. 소련 대사 이반 마이스키(1884~1975)는 독일의 중공업을 80퍼센트 감축하고, 공장과 기계 등 독일 자산을 소련으로 보내야 하며, 독일에 200억 달러의 배상금을 물리고 그 절반을 소련이 받아야 한다고 주장했다. 처칠은 "말이 마차를 끌게 하려면 건초는 주어야 할 거 아니오" 하고 그를 말렸다. 그러나 그 후 소련군이 베를린 지역을 단독 점령했던 두 달 동안 실제로 소련군은 그들이 나치들에게 당했던 만큼 가혹한 복수를 감행했다. 남자들은 강제노동에 동원되거나 소련으로 끌려갔으며, 거의 모든 기계를 뜯어갔다. 그보다 더 심한 문제는 독일 여성들에 대한 소련군의 강간 행위였다. 패전국의 여성들이 집단 성폭행을 당하는 일은 빈번하게 일어나지만, 제2차 세계대전 종전 무렵 소련군이 독일 여자들에게 가한 만행은 최악이었다. 최근의 조사에 의하면, 1945년 초여름에서 가을까지 베를린 지역에서만 11만 명의 부녀자가 소련군 병사들에게 피해를 당했으며, 그중 40퍼센트는 여러 번 폭행을 당했다. 그 가운데 10퍼센트는 성폭행으로 목숨을 잃었고, 강간에 대한 두려움 때문에 자살한 여자도 수없이 많았다. 독일 동부 지역에서는 적어도 200만 명의 여자가 한 차례 이상 소련군에게 성폭행을 당했다고 한다.

그나마 다행인 것은 과거 테헤란 회담(1943년 11월)에서 스탈린이 말했던 내용을 그대로 실천하지는 않았다는 점이다. 당시 스탈린은 독일이 두 번 다시 세계대전을 일으키지 못하도록 하려면 장교와 기술자 5만 명만 총살하면 된다고 말했던 것이다! 당시 루스벨트와 처칠은 스탈린이 이 말을 농담으로 한 건지 진심으로 한 건지 서로 의견이 갈렸다고 한다.

이런 복수와 응징의 계획이 수정된 이유는 전후 냉전 상황에서 서독을 부흥시켜 소련 중심의 공산권에 맞서게 할 필요 때문이었다. 대개 가혹한 전후 처리 방안이 다음 전쟁의 빌미가 됐다는 점을 놓고 보면 결과적으로는 온건한 방안이 평화 정착에 기여했다고 평가할 수 있을 것이다.

미사일

강력한 힘을 스스로
통제할 수 있는 지혜가 필요

    제2차 세계대전 말기에 나치는 불리한 전세를 완전히 뒤바꿀 수도 있는 강력한 무기 개발에 성공했다. 1천 킬로그램에 달하는 탄두를 1천 킬로미터까지 쏘아 보낼 수 있는 탄도미사일을 만든 것이다. 결정적 공헌을 한 사람은 베르너 폰 브라운(1912~77)이었다. 그는 17세에 로켓협회에 가입한 후 당대 최고 전문가들의 연구를 접했고, 스물두 살에 박사학위를 받은 다음 소위 로켓팀의 총책임자가 되어 탄도미사일 개발을 이끌었다. 이들이 개발한 신무기에 나치의 선전부 장관 요제프 괴벨스는 '보복의 무기 제2호 V-2(Vergeltungswaffe 2)'라는 이름을 붙였다. 다행히 나치가 이 미사일을 실전에서 사용하기 직전에 전쟁이 끝났다.

    종전이 가까워오던 1945년 봄, 독일의 무기 개발 과학자들이 머물던 곳에서 겨우 160킬로미터 떨어진 곳까지 소련군이 진격해왔다. 폰 브라운은 500명의 과학자를 모아놓고 그들이 미국과 소련 중 어느 편에 항복할 것인지 의논했다. 그들은 독일 포로들에 대한 소련군

케네디 대통령과 대화하는 폰 브라운 박사.

의 학대 소식을 들었던 터라 미군에 투항하기로 결정했다. 이들은 독일 군부에 의해 독일 중부 지역으로 이전했다가, 이곳에 진군한 미군에 투항했다. 곧 미군은 그야말로 대어를 낚았다는 것을 알게 됐다. 폰 브라운은 미군의 블랙리스트 최상위에 이름이 올라 있던 인물이었다. 투항 후 그는 자신들이 개발한 가공할 무기를 독일이 사용해서는 안 되며, "성경에 의해 인도되는 사람들에게 이 무기를 넘겨야만" 세계의 안전을 보장받을 수 있다고 기자회견에서 말했다(그런데 이게 도대체 무슨 의미였는지 사실 아리송하다).

전후 미국과 소련 군부는 나치의 군사기술을 확보하기 위해 치열하게 경쟁했다. 특히 독일이 개발해 가지고 있던 액체연료 추진 로켓 기술이 첫 번째였다. 두 나라는 최대한 많은 과학자를 자국으로 데려가려고 했다. 문제는 군부가 원하는 과학자가 하나같이 나치 협력자라는 데에 있었다. 나치 통치하의 독일에서 그 어떤 과학자도 당이나 당과 연계된 기관에 가입하지 않고는 그토록 민감한 연구를 수행할 수 없었기 때문이다. 특히 일부 과학자는 발트 해 연안에 건설된 공장에서 로켓을 만들면서 피지배 국민을 노예처럼 학대하고 착취하여 실제 전범으로 기소될 소지가 충분했다. 1945년 여름에서 가을까지, 점령군들은 전범 재판에 세우기 위해 나치 가담자들을 찾아나섰는데, 이 과학자들을 미국으로 데려가야 할지 전범으로 처단해야 할지 결정해야 했다.

나치 전범을 미국에 들일 수는 없다는 국무부와 이들을 데리고 오려는 전쟁부 사이에 갈등이 터져 나왔다. 두 부서는 질문조사debrifing 방식으로 미국에 데리고 올 만한 과학자를 선별하자는 타협을 도출했다. 이 과정에서 다시금 전시 독일 과학이 얼마나 높은 수준이었는지 밝혀졌다. 나치의 과학자들은 로켓공학에서 방사능의 영향에 대한 연구에 이르기까지 광범위한 분야에서 높은 수준에 올라 있었던 것이다.

미국 망명 허용 여부는 '그가 열정적인' 나치였는가 아닌가 하는 모호한 기준에 따랐다고 하나, 그보다는 얼마나 미국의 이익에 필수불가결한 연구를 할 수 있는가가 더 중요한 기준이었을 것이다. 일단 100명이 넘는 독일 물리학자와 기술자가 이 검열 과정을 통과했다. 그들은 흔히 '페이퍼클립 과학자paperclip scientist'라고 불렸다. 미군 조사관이 이 과학자들의 중요성을 표시하기 위해 이들의 서류 위에 클립을 끼워두었기 때문이다. 그 후 1970년대까지 지속된 소위 '페이퍼클립 프로그램'을 통해 총 1,700명의 독일 과학자가 미국으로 건너왔다. 이들은 뉴멕시코의 화이트샌즈 혹은 앨라배마의 헌츠빌에 위치한 우주 개발 프로그램 연구소에 자리 잡고 미국의 우주 개발 및 미사일 개발을 도왔다.

  나치 전범을 들여와 무기 개발에 이용한 점은 분명 도덕적으로 문제가 있어 보인다. 물론 이들이 소련 쪽으로 넘어갔더라면 그 역시 큰 문제가 됐을 것이다. 사악한 의도를 가진 정권이 인류를 파멸로 몰고 갈 수 있는 무기를 개발한다는 것은 실로 끔찍한 일이다. 인류는 과학 기술의 힘을 빌려 수많은 생명을 앗아갈 강력한 무기들을 개발했다. 그렇지만 그토록 강력한 힘을 스스로 현명하게 통제할 수 있는 지혜가 그만큼 발전했는지는 의문이다. 이는 나치 정권, 혹은 냉전 시대 미국과 소련 모두에 해당되는 이야기다.

스푸트니크

서방세계를 충격에 빠뜨린
세계 최초의 인공위성

    냉전 시대에 가장 충격적인 사건 중 하나는 1957년 10월에 소련이 세계 최초의 인공위성 스푸트니크를 궤도에 올려놓은 일이다. 소련의 과학기술이 미국보다 앞서나간다는 사실이 큰 충격이었을 뿐 아니라, 당장 소련이 미국에 핵 공격을 가할 수도 있다는 불안감을 안겨주었다. 인공위성 개발은 미사일 및 핵무기 개발과 서로 긴밀히 연결되어 있었기 때문이다. 1957년 8월에 소련은 세계 최초의 대륙간탄도미사일ICBM 발사에 성공했고, 두 달 뒤 이 미사일을 이용하여 스푸트니크를 궤도에 올려놓았던 것이다. 이제 이 미사일에 핵탄두를 장착하여 미국 본토 공격 무기를 개발하리라는 것은 자명한 사실이었다.

    핵무기는 미국이 처음 개발했지만 1949년 가을 소련이 핵실험에 성공함으로써 미국의 핵 독점은 깨졌다. 이제 양국은 서로 상대방보다 더 강력한 무기를 보유하려는 핵 경쟁에 돌입했다. 1950년 1월에 트루먼 대통령은 원자에너지위원회Atomic Energy Commission에 수소폭탄 개발을 명령했고, 1952년 말에는 히로시마廣島 원자폭탄의 700배의 위력을 가진 수소폭탄 제조에 성공했다. 그러나 1953년 8월 8일에 소련도 수소폭탄을 가지고 있다고 선언했다. 이런 상황에서 소련이 대륙간탄도미사일과 인공위성을 소유하게 됐으니 미국인들의 불안감이 증폭될 수밖에 없었던 것이다.

스푸트니크 모형.

핵 문제는 초미의 관심사가 됐다. 그런데 초기에 미국의 미디어들은 핵전쟁에 대해 왜곡된 견해를 제시했다. 핵폭탄이 터진다고 해도 100명 중 97명은 살아남으며 따라서 핵전쟁은 그런대로 해볼 만하다고 한 것이다. 그러나 이런 분위기는 1960년대 초반에 들어와서 급격히 바뀌었다. 1961년에 3천 메가톤급의 핵폭탄 공격을 받을 경우 미국인의 80퍼센트가 사망한다고 추산하는 보고서가 나온 이후 상황이 급변했다. 이 때문에 빠르게 위기감이 팽배해졌고, 미국 사회가 전반적으로 기존 패러다임에 대해 의문을 제기하기 시작했다. 미국은 과연 완전한 사회로 나아갈 가능성을 가졌는가? 사회 갈등은 큰 문제가 되지 않을 정도인가?(예컨대 흑인을 비롯한 소수 인종의 인권은 충분히 보장되고 있는가?) 미국을 위협하는 적을 힘으로 제압하는 것이 과연 가능한가? 핵전쟁 시대 미국의 이런 사정을 블랙코미디로 잘 표현한 영화로 스탠리 큐브릭의 「닥터스트레인지러브」가 있다.

소련의 흐루쇼프 공산당 서기장은 미사일과 핵무기로 세계의 주요

영화 「닥터스트레인지러브」의 마지막 장면으로 원자폭탄과 함께 떨어지는 전폭기 기장.

도시들을 파괴할 수 있다며 서방세계를 협박했다. 후일 존슨 정부의 부통령이 되는 휴버트 험프리가 소련을 방문했을 때의 일이다. 고향을 묻는 질문에 험프리가 미니애폴리스라고 답하자 흐루쇼프는 지도에서 그 지역을 찾아 동그라미를 치더니 "우리 로켓이 공격할 때 이 도시는 남겨두겠소" 하고 상냥하게 말했다. 그렇지만 흐루쇼프는 실제 그들이 보유한 핵무기 개수나 기술 수준을 과장하여 서방세계를 위협하곤 했다는 것이 그 후에 밝혀졌다.

　1960년대에 겪었던 일을 21세기에 우리나라가 다시 겪는 느낌이다. 북한의 위성(혹은 미사일) 발사는 스푸트니크 당시와 흡사한 상황을 연출하고 있다. 이제 남북관계는 한층 더 복잡 미묘한 단계로 진입하는 것 같다.

 **크메르루주**

유토피아 이념에서 나온 최악의 독재 디스토피아

1975년 4월 17일, 캄보디아에서 참혹한 내전 끝에 친서방 성격의 론 놀 정권을 무너뜨리고 크메르루주 정권이 들어섰다. 그 이후 1979년까지 4년 동안 이 나라를 지배했던 크메르루주 정권은 사상 최악의 독재체제였다. 새 정권은 과거를 철저히 지우고 완전히 새로운 사회를 창출하고자 했다. 우선 지난 시대에 행정 혹은 군대에서 책임 있는 자리에 있었던 모든 사람을 파면하고 '재교육'시켰으며, 많은 경우 처형했다. 정권을 잡은 후 첫 몇 달 동안 수천 명의 남녀가 조직적으로 살해됐다. 정기적으로 벌어지는 자아비판 모임 때 자신의 지나온 인생사에 대해 보고해야 하는 상황에서 감쪽같이 지난 과거를 위장할 수 있었던 사람만이 겨우 살아남았다.

새 정권은 농업에 근거한 공산주의 사회를 이상으로 삼아 극단적인 사회공학을 실험했다. 우선 수도 프놈펜부터 그 대상이 됐다. 그동안 전란을 피해 이곳으로 몰려든 사람들이 많아 혁명 직후 이 도시 인구는 200만 명에 달해 있었다. 혁명 정권은 48시간 내에 모든 사람을 주

악명 높은 툴슬렝 교도소 소장으로 학살·고문·성폭행을 주도한 카잉 구에크 에아브. 일명 두치가 캄보디아 특별재판소에서 유죄 판결을 받았다.

변 농촌 지역으로 소개疏開하여 농업 노동을 시키기로 결정했다. 노인, 어린이, 임산부, 환자 등 허약한 사람들은 농촌으로 끌려가는 첫 단계에서 이미 많이 죽었다. 농사일을 전혀 모르던 사람들이 밥도 제대로 먹지 못하며 하루 12시간씩 쉼 없이 일하다가 영양부족과 과로, 질병으로 죽어갔다. 배고픔에 시달려 산딸기라도 따먹으면 사적 소유를 떨쳐버리지 못했다는 식의 어처구니없는 죄로 처형당했다.

 초기에 집권 세력은 미군의 폭격을 피해야 하고 내부에 스파이가 있어서 임시 피난을 가는 것이라고 둘러댔지만, 농촌으로의 이주는 4년 동안 지속됐다. 실제 이유는 다른 데 있었다. 드러내놓고 말하지는 않았지만, 그들의 철학은 농촌이 도시를 지배하고 통제해야 한다는 것이었다. 도시민은 분명 더 '부르주아적'이고 '제국주의적'이며 '정권에 적대적'이라고 보았던 것이다. 모든 중소 도시들이 같은 운명을 맞았다. 이 뒤에 도사리고 있는 것은 극단적 민중주의였다. 배운 사람들에 대한 적개심이 커서 책을 불태우고 모든 지식인을 살해했다. 교사와 상인들, 심지어 안경을 끼거나 손이 흰 사람들도 배운 사람 티가 난다는 이유로 죽였다. 이해할 수 없는 것은 이런 일을 주도한 폴 포트(1925~98) 같은 사람은 프랑스의 대학교에 유학하여 프랑스 문학에 정통하고 불어를 유창하게 하는 지식인 출신이라는 점이다.

이들은 사회의 모든 측면을 극단적으로 변화시키려 했다. 사유재산을 없애고, 서양에서 들어온 모든 제도를 폐기했다. 학교·병원·공장·은행이 문을 닫았고, 화폐도 사라졌으며, 시장이 없어지고 물물교환마저 금지됐다. 서양 의술을 버리고 전통 의술에만 의존하다 보니 말라리아로 수많은 사람이 희생됐다. 가족 및 친족 관계도 인위적으로 변형시켰다. 국가가 허락하지 않은 가족 관계를 유지하기 위해 서로 연락한 사람들은 처형됐다. 모든 사람들은 전통적 농민 의복인 검은색 옷을 입었고 이발도 남자는 단발, 여자는 사각형 머리로 통일시켰다. 부모 세대는 이미 자본주의에 깊이 물들어 구제 불능이므로 아이들을 따로 떼어내 세뇌해야 한다고 보았다. 어린아이들을 '당 독재의 도구'라 부르며 공산주의 사상과 함께 고문과 처형 기술까지 가르쳤다. 자신의 계층을 드러내는 독특한 어법을 가진 캄보디아 언어도 손을 대서 혁명에 어울리는 어법과 용어를 강요했고, 옛날 말투를 쓰면 사형 당했다. 종교도 탄압의 대상이어서, 가톨릭 성당과 불교 사원을 파괴했고, 무슬림들에게는 강제로 돼지고기를 먹게 만들고 이를 거부하면 처형했다.

이런 식으로 죽은 사람 수가 140만 명에서 200만 명 사이로 추산된다. 1975년 이 나라 인구가 700만 명 정도였으니, 국민 25퍼센트 정도가 학살당한 셈이다. 최근 크메르루주 전범재판소가 설치되어 '킬링 필드'의 학살 주도자들이 재판에 회부됐다. 반反인류 범죄를 저지른 자들에 대해 늦게나마 역사의 심판이 이루어지는 것이 그나마 다행스러운 일이다.

    그런데 이 비극을 회상해보면 도대체 이런 끔찍한 일이 어떻게 가능했을까 하는 의문이 가시지 않는다. 한마디로 이야기할 수는 없는 문제이지만, 그래도 한 가지 머리에 떠오르는 사실이 있다. 크메르루주가 만들어낸 이 사회에 대해 어디선가 들어본 적이 있는 느낌이 들지 않는가? 예컨대 영국의 사상가 토머스 모어(1477~1535)가 『유토피아』에서 그린 사회를 보라. 사람들은 모두 같은 옷을 입고, 집은 추첨으로 배정하며, 도시와 시골 거주민들이 2년에 한 번씩 교대로 지역을 옮긴다. 모든 사람이 같은 시간만큼 일하고 식사는 공동 식당에서 모여서 한다. 남는 시간에는 교양에 힘쓰며, 그리고도 남는 시간에는 군사 훈련을 한다. 한 집에 식구가 너무 많으면 그중 몇 명을 빼와서 다른 집에 보낸다. 사제는 국가를 위해 기도하며, 이들이 시민들의 도덕과 충성심을 통제한다. 화폐는 사라졌고, 금은 요강이나 족쇄 만드는 데에만 사용하여 욕심을 아예 버리도록 만든다. 오직 소수의 학자들만이 노동이 면제되고 이들이 인민들의 교양을 위해 일한다. ……유토피아 사회에서 그려진 사회상을 약간 다른 각도에서 고찰해보면 섬뜩할 정도로 캄보디아 혁명 사회와 유사하다는 점을 알게 된다. 유토피아주의가 모두 사악한 결과를 낳는다고 단정할 수는 없으나, 소수가 생각하는 무모한 유토피아를 권력으로 강제할 때에 흔히 디스토피아로 돌변한다는 것은 충분히 생각할 수 있는 일이다. 통제되지 않는 과격한 이상주의는 너무나 위험하다.

제5부

시간 속에서 숙성된 인류의 지혜

축(軸)의 시대

인류는 축의 시대의 통찰을
한번도 넘어선 적이 없다

대략 기원전 900년부터 기원전 200년 사이에 세계의 네 지역에서 인류의 정신에 지대한 공헌을 할 위대한 전통이 탄생했다. 중국의 유교와 도교, 인도의 힌두교와 불교, 이스라엘의 유일신교 그리고 그리스의 철학적 합리주의가 그것이다. 이때는 붓다, 소크라테스, 공자, 맹자, 예레미야, '우파니샤드'의 신비주의자들, 에우리피데스와 같은 영적·철학적 천재들이 등장했던, 인간 정신의 역사상 가장 창조적인 시대였다. 독일의 실존주의 철학자 카를 야스퍼스(1883~1969)는 이처럼 동일한 시대에 한꺼번에 위대한 영성의 현자들이 등장한 사실에 주목하여 이 시대를 '축軸의 시대Achsenzeit(Axial Age)'라 불렀다.

그 이전 시대의 고대 종교는 동물 희생을 통해 우주의 신성한 에너지를 보존하는 제의祭儀 수준에 머물러 있었다. 그 내용은 이런 식이다. 대개 천신天神이라 불리는 하나의 최고신이 있어 이 신이 하늘과 연결되어 있다. 그렇지만 이 신은 접근하기가 쉽지 않다. 천신은 흔히 그보다 젊은 세대의 신들에 의해 폭력적으로 대체되고 말아 '사라진'

라파엘이 그린 「아테네 학당」의 부분. 야스퍼스는 축의 시대에 고대 그리스에서 철학이 탄생했다고 보았다.

것으로 여겨지곤 했다. 그리고 신성함은 주위 세계 전체에 녹아 있는 것으로 느꼈다. 신과 사람, 동물과 식물, 바위와 곤충 등 모든 존재가 신성한 생명을 공유한다. 이 모든 것이 우주 질서에 종속되며, 신들도 이 질서에 복종한다. 신들과 인간은 이 신성한 우주의 에너지를 보존하는 데에 협력한다.

이 설명 틀은 우주와 그 속의 인간 존재를 이해하는 데에 도움이 됐겠으나 결국 한계에 봉착한다. 유목민족 내에서 일어난 폭력과 공격성의 확대 그리고 그러한 공격적 유목민들의 이주 현상은 유라시아 대륙의 광범위한 곳에 전쟁과 폭력을 확산시켰다. 평화가 깨지고 온 세상이 불바다가 되고 말았다. 도대체 어떻게 이런 일이 일어난 것인가? 그리고 이 세상에 다시 평화를 이루기 위해서는 무슨 일을 해야 하는가? 지금까지 그랬듯이 인간이 신에게 희생을 바쳐 우주적 에너지를

축(軸)의 시대 · 241 ·

보충하는 의식을 행한다고 문제가 해결되지는 않는다.

동일한 문제에 대해 세계 여러 문명권에서 현자들이 동시에 그러나 독립적으로 유사한 종류의 답을 내놓았다. 축의 시대의 현자들은 모두 인간의 윤리적 실천의 가능성을 제시했다. 우리 인간 내부에 평화의 가능성이 있다는 것이다. 우리 자신이 바뀌지 않으면 세계의 폭력은 영원히 진정되지 않는다. 비록 그들이 제시하는 틀은 다르지만 그들의 지혜는 서로 통하는 것들이다. 이 시기에 창조된 모든 위대한 전통은 하나같이 자선과 자비가 가장 중요하다는 일치된 결론을 내놓았다. 하느님, 니르바나, 브라만 또는 도道를 찾는 유일한 길은 자비로운 삶을 사는 것이다. 모든 현자는 인간 존재의 내면 깊은 곳에 윤리적 삶을 가능하게 하는 초월적 차원이 있다고 말한다. 그렇지만 그들은 자신의 깨달음을 다른 사람들에게 생경한 형태로 강요하지는 않았다. 오히려 종교적 가르침을 아무런 의심 없이 받아들여서는 안 되며, 모든 가르침을 자신의 경험 속에 비추어 검증하라고 말했다. 중요한 것은 무엇을 믿느냐가 아니라 어떻게 사느냐, 어떻게 행동하느냐이기 때문이다. 우리의 깊은 내면에서 자신을 바꾸는 일이 핵심 사항이다.

그러나 시대가 지나면서 현자들의 생생한 메시지는 왜곡됐다. 그들의 내면적 깊이를 이해하지 못한 후대 사람들이 그들의 주장을 딱딱한 교리로 변형시켰다. 축의 시대의 현자들 자신은 그런 교리에 집착하는 것을 이해하지 못했을 것이다. 『축의 시대』의 저자 카렌 암스트롱의 말을 직접 인용하면 이렇다.

만일 붓다나 공자에게 신을 믿느냐고 물었다면, 아마 그들은 약간 망설인 다음 아주 정중하게 그것은 적절한 질문이 아니라고 대답했을 것이다. 누가 이스라엘의 예언자 아모스나 에스겔에게 당신은 유신론자냐고, 즉 오직 하나뿐인 신을 믿느냐고 물었다면 그들 역시 당황했을 것이다.

무엇을 믿느냐가 아니라 어떻게 행동하느냐가 중요하기 때문이다. 유라시아 대륙 전체에 폭력, 전쟁, 분열, 살생이 만연했던 때에 이 세상의 평화를 회복하고자 하는 근본적인 성찰이 이루어졌다. 인류는 이와 같은 축의 시대의 통찰을 넘어선 적이 없다. 후대의 사람들이 이러한 심오한 통찰을 교리 형태로 만들어 강요하는 것은 축의 시대의 동력이 상실된 징표이며, 일종의 타락이라 할 수 있다. 이제는 오히려 종교의 이름으로 전쟁이 터지는 지경이다. 대량 학살과 자연 파괴, 핵전쟁의 위험을 보노라면 현자들의 가르침에도 인류는 여전히 현명해지지 않은 것 같다.

조로아스터교

세계 최초로
악의 원리를 밝힌 종교

조로아스터교는 오늘날에는 신도 수 25만 명 정도에 불과한 소수 종교이지만, 한때 아케메네스 왕조 페르시아 제국(기원전 550~기원전 330)의 공식 종교였으며, 역사적으로 세계 종교의 발전에 결정적 역할을 했다.

조로아스터교의 주신主神은 아후라 마즈다다. '아후라'는 주主, '마즈다'는 지혜를 뜻하니 아후라 마즈다는 '지혜의 주님'이라는 뜻이다. 조로아스터교는 아후라 마즈다 신을 유일신으로 삼는 종교라 할 수 있지만, 정확하게 말하면 이 신이 세상을 창조한 것은 아니다. 이 신은 말하자면 우주를 '작동'시킨 신이다. 아후라 마즈다 자신은 스스로 생겨난 신이며 남성성과 여성성을 동시에 갖춘 존재로서, 별의 위치, 태양의 운행, 세대의 연속 등 세상이 돌아가도록 만든 첫 번째 동력을 제공했다. 아후라 마즈다 신에게 경배한다는 것은 암흑과 죽음의 세력인 마귀들과 싸운다는 의미다. 이 마귀들의 원류에 해당하는 것이 악惡의 원칙인 앙그라마이뉴다. '대립하는 영靈'이라는 뜻인 앙그라마이뉴는 몇 가지 이름으로 불리는데 그중 대표적인 것이 '사탄'이다. 이처럼 조로아스터교는 최초로 악과 악마에 대해 체계적인 정리를 한 종교다.

조로아스터교의 상징.

조로아스터교는 아후라 마즈다와 앙그라마이뉴라는 두 존재가 대립하는 일종의 이원론이지만, 그렇다고 그 양자가 동격인 것은 아니다. 앙그라마이뉴는 오류와 혼동, 거짓을 특징으로 하며, 결국 죽음으로 귀결된다. 생명과 선의 원칙인 아후라 마즈다가 최후의 승리를 거두는 것은 원론적으로 정해진 이치다. 시간이 흐르고 이 세상이 이렇게 돌아가게 된 것은 아후라 마즈다가 앙그라마이뉴를 시간 속에 가둠으로써 그것을 패퇴시키기 위해서였다. 앙그라마이뉴와 그 수하의 마귀들은 시간의 끝에서 그들을 기다리는 종말을 벗어날 수 없다. 그들의 본성 그대로 그들은 죽음을 면치 못한다. 조로아스터교의 설명에 따르면 우리가 살아가는 이 세상은 시간이 끝나는 그때까지 선한 힘과 악한 힘이 투쟁하는 현장이며, 인간은 그중 어느 한편에 가담하여 싸워야 한다. 어느 편을 택하느냐에 따라 말세까지 그의 운명이 정해진다.

사람이 죽으면 그 영혼은 어떻게 될까?

이에 대해 조로아스터교는 참으로 매력적인 설명을 제시한다. 우리는 다섯 개의 영혼을 가지고 있다. 그 가운데 움직임과 감각을 주관하는 두 개의 영혼은 몸의 죽음과 함께 사라진다. 내 주체의 영혼은 죽은 몸에서 빠져나오는데, 이 영혼은 장님에다가 귀머거리이기 때문에 어쩌지 못하고 울고만 있다가 죽은 후 사흘이 되면 빛을 보고 넘새를 맡게 된다. 이때 그의 종교적 영혼이 찾아온다. 만일 죽은 사람이 생전에 착한 사람이었다면 '풍만한 가슴을 한 젊고 예쁜 여인'의 모습이 보일 테고, 악행을 저지른 사람이었다면 '추악한 노파'의 모습이 보일 것이다! 어쨌거나 두 영혼은 짝을 이루어 이제 천상의 영혼과 결합하러 간다. 이 길은 다리의 모습을 하고 있는데, 다리 건너에는 낙원이 있고 다리 밑의 계곡에는 지옥이 있다. '글래머 미녀' 영혼과 동행하는 착한 영은 넓고 편안한 다리를 건너 낙원으로 가지만, '추악한 할머니' 영혼과 동행하는 영은 칼날 같은 다리를 건너다가 계곡의 지옥으로 떨어진다.

사후 세계가 이 상태로 영원히 지속되는 것은 아니다. 시간의 끝에서 모든 것이 다시 변화한다. 조로아스터교는 우주의 시간을 크게 세 단계로 나누어 파악한다. 각각의 단계는 3천 년이니, 모두 합쳐 9천 년이 우주의 지속 시간이다. 첫 번째 단계에서는 아후라 마즈다가 우주를 작동시켰고, 또 기도의 힘으로 악의 세력을 진압해놓았다. 이때에는 모든 존재가 늙거나 죽는 일 없이 살아갔다. "아버지와 아들이 모두 15살이어서 서로 손을 잡고 걸어간다"고 『아베스타』(경전)는 설명한다. 이 단계의 끝에서 악이 깨어나서 새로운 3천 년이 시작된다. 이 두 번째 시기에는 살아 있는 시체, 사람, 동물, 식물, 광물들이 모두 뒤섞이며 쇠락과 죽음의 기운을 받는다. 이 두 번째 단계가 끝나고 세 번째 단계가 시작될 때 조로아스터가 태어나서 아후라 마즈다에 접근하는 방법을 알아낸 것이다. 선과 악이 서로 싸우는 이 단계가 바로 우리가 살아가는 현세다. 이 마지막 단계는 다시 1천 년의 시간으로 된 세 단계로 나뉘는데, 각 1천 년이 지날 때마다 조로아스터의 아들이 태어난다. 이 시대 3천 년이 다 지나갔을 때 선신들과 악신들 사

조로아스터의 생애를 그린 그림.

이에 최후의 전쟁이 벌어진다. 이 전쟁에서 선신이 승리를 거두고 악신의 무리가 사라지면, 모든 인간들은 다시 태어난다. 지옥에서 고생하던 악한 영혼들도 깨끗하게 순화되어 선한 영혼들과 합류한다. 이제 시간이 멈추고 낙원이 펼쳐진다. 험한 산들이 평평해지고, 사나운 짐승들과 악귀들은 큰 지하 갱에 갇혀 이 세상에서 사라진다. 이때 사람들은 새로운 몸을 받아 사는데, 먹고 마실 필요가 없어지며 심지어 그림자도 사라진다. 성적 욕구는 그대로 남아 남녀는 계속 사랑을 나누지만 아이는 더 이상 생기지 않는 삶이 영원히 지속된다.

조로아스터는 웃으면서 태어났다고 전해지는데, 그 이유는 우주론을 이해하고 시간의 끝이 다가온다는 사실을 깨달았으며, 그가 죽음을 넘어 영원히 살기 위해 태어났다는 것을 알았기 때문이다. 그는 탁월한 지성의 소유자로서 사람이 어떻게 아후라 마즈다에 접근할 수 있는지 터득했고, 어떻게 신께 경배하며 어떻게 신에게 말을 하고 또 이 세상이 어떻게 구성됐는지를 알아냈다. 전승에 따르면 그의 나이 서른에 보통 사람 아홉 배 크기인 천사가 나타나 우주를 관장하는 유일한 신이 아후라 마즈다이며 조로아스터는 신의 뜻을 전하는 예언자라는 사실을 알려주었다고 한다.

왜 이 세상에 이토록 악이 만연할까. 그것이 궁금하다면 3천 년 전의 지혜를 한번 음미해보자.

조로아스터교와 유대교

기독교와 이슬람교로 이어진 유일신 사상

　조로아스터교는 세계 종교의 발전에 지극히 중요한 역할을 했다. 이 종교의 내용이 유대교로 들어가서 유대교가 환골탈태하는 데에 결정적인 영향을 주었기 때문이다. 이 말은 곧 기독교와 이슬람교의 뼈대 역시 여기에서 나왔다는 것을 뜻한다. 조로아스터는 아후라 마즈다라는 유일신을 상정하는 종교개혁을 한 셈이다. 그때까지 다른 모든 종교는 소소한 여러 신들의 도움을 구하는 다신교였다. 그런데 그는 아후라 마즈다 외의 모든 신은 다 거짓이라고 단호히 부정했다. 이렇게 해서 성립된 유일신 종교는 페르시아 제국의 공식 종교로 자리 잡았다. 만민을 향한 보편성을 주장하는 제국으로서는 모든 것을 통합하는 데에 긴요한 보편 종교가 필요했을 것이며, 조로아스터교는 그 역할을 충실히 수행했다. 이렇게 형성된 유일신 사상이 유대교로 들어간 것은 소위 유대인의 바빌론 유수幽囚(Babylonian captivity) 때다.
　기원전 586년 유대 왕국이 멸망하여 많은 유대인들이 바빌론에 포로로 잡혀가 살게 됐다. 이 사실을 성경의『시편』에서는 이렇게 노래한다.

우리가 바빌론의 여러 강변 거기에 앉아서 시온을 기억하며 울었도다

그중의 버드나무에 우리가 우리의 수금을 걸었나니

이는 우리를 사로잡은 자가 거기서 우리에게 노래를 청하며 우리를 황폐하게 한 자가 기쁨을 청하고 자기들을 위하여 시온의 노래 중 하나를 노래하라 함이로다

우리가 이방 땅에서 어찌 여호와의 노래를 부를까

예루살렘아 내가 너를 잊을진대 내 오른손이 그의 재주를 잊을지로다

내가 예루살렘을 기억하지 아니하거나 내가 가장 즐거워하는 것보다 더 즐거워하지 아니할진대 내 혀가 내 입천장에 붙을지로다

여호와여! 예루살렘이 멸망하던 날을 기억하시고 에돔 자손을 치소서 그들의 말이 헐어버리라 헐어버리라 그 기초까지 헐어버리라 했나이다

멸망할 딸 바빌론아 네가 우리에게 행한 대로 네게 갚는 자가 복이 있으리로다

네 어린 것들을 바위에 메어치는 자는 복이 있으리로다.

— 『시편』 제137장 제1~9절, 개역개정

수많은 사람들이 포로로 적국에 끌려간 이 사건은 유대인들에게 민족의 고난을 상징하는 원초적인 기억으로 남았다. 그들은 바빌론의 "어린 것들을 바위에 메어치는" 살벌한 복수를 다짐하며, 언젠가 시온 땅으로 되돌아가 나라를 다시 세우고 옛 영광을 되찾으리라는 염원을 품었다. 유대 민족이 바빌론 포로 상태에서 해방된 것은 기원전 539년 페르시아의 고레스 왕이 흥기하여 바빌론을 멸망시켰을 때다. 바로 이

때 고레스가 신봉하던 제국 종교가 조로아스터교였다. 그는 유대 민족의 예루살렘 귀환을 허락했으니, 유대 민족에게는 일종의 메시아로 받아들여졌다. 그리하여 기원전 538년부터 기원전 398년까지 여러 차례에 걸쳐 유대 민족의 귀국 행렬이 이어졌다.

나라가 멸망하고 수많은 사람들이 이방인의 땅에 포로로 끌려간 것은 분명 민족의 큰 불행이지만, 실제로는 이 기간 중 유대 민족은 바빌론과 페르시아의 '고급문화'의 세례를 받아 문화적으로 일신했다. 무엇보다 유대교가 완전한 일신교로 거듭났다. 유대인의 민족 신이었던 야훼는 이 기간에 보편성을 띤 유일신으로 성격이 바뀌었다. 원래 야훼는 유대인이 숭상하는 신이로되, 그렇다고 다른 민족에게 다른 신들이 있다는 사실을 부인하지는 않았으나, 바빌론 시기를 거치면서 결국은 야훼만이 세계의 유일신이라고 주장하게 됐다.

유대 민족이 바빌론에 끌려갔을 때 야훼 신앙은 우선 바빌론의 수많은 신들과 대면하게 됐다. 일부 사람들은 실제 바빌론 문화를 받아들였고 종교적으로도 바빌론의 신앙에 흡수됐다. 조로바벨Zorobabel('바빌론의 후예'라는 뜻)과 같은 성의 사람들은 당시 바빌론의 지배 문화에 깊이 침윤된 엘리트였을 것으로 보인다. 그러나 많은 사람들은 야훼 신앙을 굳게 지키면서 다른 신들을 배제하는 방향으로 나아갔고, 결국 페르시아에 의해 해방되면서 야훼만이 유일한 신이라는 유일신 사상을 발전시켰다. 이름의 변화가 이를 보여주는 간접적인 증거다. 벨-우발리트Bel-uballit('벨 신이 나를 살려주셨다'라는 뜻)라는 사람이 자신의 아이 이름을 나타니아Nathania('야훼가 나에게 주었다'라는 뜻)로 짓는 경우가 그런 사례다. 이런 변화 과정에서 해방자 고레스 왕의 종교였던 조로아스터교가 심대한 영향을 미쳤다. 유대교는 유일신 신앙으로 진화하면서 조로아스터교의 핵심 내용들을 많이 흡수했다. 유대교는 바빌론 이전과 이후로 확연히 갈린다. 이전 시기에는 없던 천사장, 사탄, 부활, 심판, 낙원, 지옥, 종말 같은 개념들이 바빌론 이후에 등장하기 때문이다. 이런 것들이 없다면 오늘날의 유대교라는 것이 과연 성립할 수 있을까 하는 생각이 들 정도로 이것들은 핵심 요소들이다.

 바빌론 유수와 페르시아에 의한 해방의 시기는 분명 고난의 시간이었지만 동시에 지극히 창의적인 때였다. 그런 내적 발전은 바빌론과 페르시아 문화를 수용하면서 일어난 일이다. 특히 유대교의 일신 과정에서 결정적인 공헌을 한 조로아스터교의 주요 내용들은 기독교와 이슬람교에 그대로 이어졌다. 그렇게 보면 조로아스터교는 세계인의 종교적·문화적 발전 과정에 참으로 심대한 영향을 끼쳤다.

이슬람교에서 보는 예수 그리스도

실패한 예언자?

    기독교와 이슬람교의 관계는 유라시아 대륙 역사의 흐름에서 가장 중요한 요소 중 하나다. 7세기에 이슬람교가 성립된 이후 십자군 전쟁으로부터 최근 9·11사건에 이르기까지 양쪽은 수많은 유혈 충돌을 일으켰다. 그렇다면 두 종교는 근본적으로 다르고 또 적대적일까? 아니다. 두 종교의 교리는 생각보다 훨씬 공통점이 많다.

    이슬람교에서 예수는 신앙의 원수이기는커녕 지극히 중요한 성인이다. 예수는 모든 예언자 가운데 유일하게 신의 말씀으로 예고됐고 처녀잉태를 통해 탄생했다.

    천사들이 말하기를, "보라 마리아여! 하느님께서 그대에게 기쁜 소식의 말씀을 주시나니, 마리아의 아들 그의 이름은 메시아 예수로다. 그는 현세와 내세에서 빛나는 존재로서 하느님 옥좌의 측근자의 한 사람이 되리라. 그는 세상에 사는 동안 내내 하느님의 말씀을 전할 것이며 많은 교인들 가운데 한 사람일지니라." 마리아가 말하기를, "내 주

11세기의 『쿠란』.

여 이 몸이 아직 사내를 알지 못했거늘 어찌 아이를 잉태할 수 있겠나이까?" 알라께서 이르시되, "그렇게 되리라."

— 『쿠란』 제3장, 제45~47절.

『쿠란』은 또 예수가 죽을 때에도 신이 개입하여 구원했다고 기록하고 있다. 십자가 처형 현장에 있던 사람들은 예수가 십자가에 매달려 죽었다고 믿었지만 그것은 환상일 뿐이며 실제로는 신이 예수를 직접 하늘나라로 불러올린 것으로 해석한다.

저들이 말하기를 "우리는 마리아의 아들이며 알라의 사도인 예수를 죽였다"고 하나 그들은 예수를 죽이지 않았으며, 십자가에 못 박지도 않았느니라. 다만 그들에게 그렇게 보였을 뿐이니라. 이제 명심할지니! 이를 동의하지 않는 자는 진실을 의심하는 자일지니 그들에게는 억측 이외에 예수의 죽음에 대한 아무런 지식도 없느니라. 다시 한 번 말하거니와 그들은 예수를 죽이지 않았으니 알라께서 예수를 자신의 곁으로 데려갔느니라. 진실로 알라께서는 전지전능하시고 지

무함마드가 아브라함, 모세, 예수를 인도하는 것을 그린 중세 페르시아의 그림.

헤로우시니라.

―『쿠란』 제4장, 제157~159절.

그러므로 예수는 인간 중 유일하게 죽음을 면한 존재다. 『쿠란』에 의하면 알라는 인간들에게 마지막 심판의 소식을 전하는 임무를 예수에게 맡겼고, 예수는 무함마드도 하지 못한 여러 기적을 행하며 그 임무를 수행하고자 했다. 그렇다면 예수는 무함마드보다 더 우월한 예언자인가?

여기에서 두 종교 사이에 해석이 갈린다. 기독교의 관점에서 보면 예수의 수난은 인간이 원죄로부터 벗어나도록 만들기 위한 과정이다. 겟세마네 동산에서 겪는 불안, 베드로의 배반, 십자가의 고통 등 모든 절망의 과정을 예수 자신이 겪은 덕분에 인간은 원죄 이전의 상태로 되돌아갈 수 있게 됐다. 그런데 무슬림의 입장에서는 신의 사자가 그런 굴욕과 패배를 겪는다는 것이 이해가 되지 않는 일이었다.

11세기 에스파냐에서 활동하던 위대한 이슬람 신학자 이븐 하즘(994~1064)은 이렇게 평가했다. 신이 보낸 사자라면 믿을 만한 증인 앞에서 신의 메시지를 정확하게 전달해야 하고, 또 그 메시지를 받은 민족은 그것을 정확하게 잘 보존해야 한다. 그런데 예수의 제자와 증인들은 예언자에게 위험이 닥치자 모두 그를 버리고 떠났다. 특히 수제자인 베드로는 예수의 교회를 세워야 했으나 그와 운명을 같이하려 하지 않고 스승을 부인했다. 예수가 수난을 당할 때 그의 곁에는 아무런 권위를 갖지 못한 젊은이 한 명과 마리아 그리고 한 명의 창녀가 지키고 있을 따름이었다. 정의상 예언자는 신의 도움을 받아 적들을 물리치게 되어 있다. 모세에게 지팡이를 주어 그것으로 파라오의 강력한 군대를 물리친 것이 대표적인 사례다. 그러나 예수는 그러지 못했다. 무엇보다 예수는 움마(신앙공동체)를 모으지도 못했고, 신의 메시지는 결국 상실됐다.

예수의 복음은 사람의 손으로 쓴 네 가지 다른 판본이 있는데, 이 사실 자체가 신의 말씀의 가치를 약화시킨다. 네 복음서 중 어느 것도 『쿠란』처럼 신의 뜻을 직접 받아 적은 것이라고 주장할 수 없다. 그러므로 예수가 말한 메시지가 정확히 무엇인지 모호하다. 도대체 기독교인들이 따라야 하는 법칙이 정확히 무엇인가? 그것은 모세의 율법을 폐지하고 대체한 것인가, 아닌가? 기독교인들은 아들에게 할례를 해야 하는가? 간음을 한 여인에게 돌을 던지라는 말인가, 던지지 말라는 말인가? 예수는 명확한 입장을 취하지 않았다. 따라서 이슬람의 관점에서 보면 예수의 소명은 실패로 끝났다. 예수가 진짜 예언자인 것은 맞지만 그가 받아온 메시지가 불명확하게 된 이상 무함마드라는 마지막 예언자가 다시 필요하게 된 것이다.

물론 기독교의 관점에서 보면 무함마드는 거짓 예언자다. 대부분 유사하되 결정적인 지점에서의 차이, 이것은 결코 쉽게 해결할 수 있는 문제는 아닌 것 같다.

천둥이 한 말

절제하고, 보시하고, 자비로워라

　어떤 때에 신과 인간과 악마가 신성한 지식을 공부하기 위해 그들의 아버지인 프라자파티와 함께 있었다.
　먼저 신들이 프라자파티에게 가르침을 구했다. "스승이시여, 우리에게 가르침을 주십시오." 프라자파티는 신들에게 한 음절로 답했다. "다da." 그러고는 가르침을 이해했는지 물었다. 신들은 답했다. "우리는 이해했습니다. 당신은 우리에게 담야타Damyata(절제하라)라고 말했습니다." 프라자파티는 말했다. "그렇다. 그대들은 이해했다."
　다음에 사람들이 가르침을 구했다. 프라자파티는 사람들에게 한 음절로 답했다. "다da." 그러고는 가르침을 이해했는지 물었다. 사람들은 답했다. "우리는 이해했습니다. 당신은 우리에게 다타Datta(보시하라)라고 말했습니다." 프라자파티는 말했다. "그렇다. 그대들은 이해했다."
　다음에는 악마들이 가르침을 구했다. 프라자파티는 악마들에게 한 음절로 답했다. "다da." 그러고는 가르침을 이해했는지 물었다. 악

하늘의 신성한 소리로 받아들여지는 천둥 번개.

마을은 답했다. "우리는 이해했습니다. 당신은 우리에게 다야드밤 Dayadhvam(자비로워라)이라고 말했습니다." 프라자파티는 말했다. "그렇다. 그대들은 이해했다."

『브리하다라냐카 우파니샤드』의 다섯 번째 아댜야 두 번째 브라마나에 나오는 설화다. 도대체 이 이야기는 무슨 의미일까? 고민할 필요 없다. 진리는 늘 모호한 법이니, 그 뜻은 자기가 알아서 새길 일이다.

당신이 파라다이스의 신들처럼 수고와 고통이 없고 쾌락이 넘치는 삶을 산다면 당신은 그 쾌락에 지나치게 몰두할 우려가 있다. 무엇보다 감각의 쾌락, 카마를 자제하라. 담야타! 인간들은 탐욕스러우니, 자신이 필요로 하는 것 이상을 모으고 소유하고자 하며, 자신만이 옳다고 주장하려 한다. 그러니 당신이 가진 것을 아낌없이 다른 사람에게 주도록 하라. 다타! 당신이 악마처럼 잔인하여 늘 남을 모욕하고 해치고자 하는 성향이 있다면 자비를 배우도록 하라. 다야드밤! "이와 같은 것을 신성한 소리인 천둥은 반복해서 '다-다-다'라고 말한다. 즉 "절제하고, 보시하고, 자비로워라"라고 말하는 것이다. 사람은 절제와 보시와 자비라는 세 가지를 실천해야 한다."

이 설화는 T. S. 엘리엇(1888~1965)의 시 「황무지」에 인용되어 더욱 널리 알려졌다.

갠지스 강은 바닥이 나고 맥없는 잎들은
비를 기다렸다. 먹구름이
멀리 히말라야 산봉 너머 모였다.
밀림은 말없이 쭈그려 앉았다.
그러자 천둥이 말했다.
다
다타. 우리는 무엇을 주었던가?
친구여 내 가슴을 흔드는 피
한 시대의 사려분별로도 취소할 수 없는
한 순간에의 굴복, 그 엄청난 대담,
이것으로 이것만으로 우리는 존재해왔다.
그것은 죽은 자의 약전略傳에서도
자비스런 거미가 덮은 죽은 자의 추억에서도
혹은 텅 빈 방에서
바싹 마른 변호사가 개봉하는 유언장 속에도

찾을 수 없다.

다

다야드밤. 나는 언젠가 문에서

열쇠가 돌아가는 소리를 들었다. 단 한 번 돌아가는 소리

각자 자기 감방에서 우리는 그 열쇠를 생각한다.

열쇠를 생각하며 각자 감옥을 확인한다.

다만 해질녘에는 영묘한 속삭임이 들려와

잠시 몰락한 코리올레이누스를 생각나게 한다.

다

담야타. 보트는 경쾌히

응했다, 돛과 노에 익숙한 사람의 손에.

바다는 평온했다. 그대의 마음도 경쾌히 응했으리라

부름을 받았을 때, 통제하는 손에

순종하여 침로를 바꾸며.

…….

다-다-다! 시원한 비를 뿌리며 시커먼 하늘을 가로질러 포효하는 천둥소리가 사람들의 메마른 삶을 일깨우기를. 샨티!

세렌디피티

이 세상 만물은
책이며 그림이며 거울이니

　세렌디피티 serendipity라는 말이 있다. 이 말의 기원은 14세기 페르시아의 시인 아미르 호스로우의 민담집 『8개의 천국』에 나오는 이야기에서 찾을 수 있다.

　세렌딥(스리랑카)의 왕자 세 명이 왕위를 물려받지 않겠다고 했다가 나라에서 쫓겨났다. 세상을 두루 돌아다니던 어느 날, 이들은 낙타를 잃어버린 한 아프리카인을 만났다. 세 소년은 그 낙타를 보지도 않았으면서도 자세히 설명한다. 그 낙타는 애꾸이고 이빨이 하나 빠졌고 다리를 저는데, 한쪽에는 기름, 다른 쪽에는 꿀을 싣고 있으며, 임신한 여인이 곁에 따라간다는 것이다. 낙타 주인은 필시 이들이 낙타를 훔쳤다고 생각하고 국왕에게 고발했다.

　얼마 후 주인이 낙타를 도로 찾아 이들이 감옥에서 풀려나왔다. 왕은 어떻게 보지도 않은 낙타를 정확하게 알 수 있었냐고 물었다. 그들의 답은 이렇다. 길가의 왼쪽 풀만 뜯어먹었으니 낙타의 오른쪽 눈이 멀었다는 것을 알 수 있다. 뜯어먹은 풀이 일부 땅에 떨어져 있는데 그

크기가 이빨 크기인 것으로 보아 그 낙타는 이빨이 하나 빠졌다. 한쪽 발자국이 다른 쪽 발자국보다 약하게 찍혀 있으니 다리를 절고 있음에 틀림없다. 길 한쪽에는 개미들이 모여들고 다른 쪽에는 벌이 부지런히 오가니 이는 기름과 꿀을 조금씩 흘린 때문이다. 그 옆에 난 샌들 자국으로 보아 여자가 낙타를 몰고 가고 있다. 게다가 축축한 흔적이 있는데 냄새를 맡아보니 사내의 욕정을 불러일으키는 데다가, 땅에 손을 짚고 일어난 표시도 있으니 그 여자는 분명 임신부다.

감탄한 왕이 세 소년의 지혜를 칭찬하며 진수성찬을 대접했다. 다 먹고 난 후 세 소년이 다시 감상을 이야기한다. 포도주에서는 사람 피의 맛이 나고, 양고기에는 개의 피가 섞여 있으며, 왕은 요리사의 아들임이 틀림없다는 것이다. 왕이 확인해보니 포도밭이 예전에는 공동묘지였고, 요리 재료인 암양이 어릴 때 개의 젖을 먹고 자랐다는 것이다. 더구나 모후께서 과거에 요리사의 꼬임에 넘어갔었노라고 고백하시는 게 아닌가. 그런데 세 소년은 그걸 어떻게 알았을까? 그 포도주는 마시는 사람의 마음을 슬프게 했고, 양고기에는 피의 맛이 배어 있었다. 또 '왕께서는 매번 요리와 빵 이야기만 하시니, 필경 왕관에서 나신 게 아니라 빵틀에서 나신 게 틀림없다.' 국왕은 이 지혜로운 왕자들을 고향 세렌딥에 돌아가도록 했다.

이 페르시아 이야기는 유럽에서 큰 인기를 누려 볼테르, 헉슬리, 에드거 앨런 포 등 여러 작가들에 의해 자주 인용됐다. 오늘날에 이 고사를 변용하여 사용한 작품으로는 움베르토 에코의 『장미의 이름』이 있다. 이 소설은 윌리엄 수도사가 제자 아드소와 함께 어느 수도원을 찾아가는 장면으로 시작된다. 그들이 수도원에 거의 도착할 무렵, 그들 쪽으로 식료계 수도사가 허둥지둥 달려온다. 윌리엄은 그를 보자

마자 이렇게 말한다. "걱정은 마시오. 당신들이 찾는 말 브루넬로는 이 길로 와서 왼쪽 오솔길로 접어들었소. 모르기는 하지만 그리 멀리는 못 갔을 것이오. 거름더미에 이르러 걸음을 멈추었기가 쉬울 겝니다." 그는 수도사들이 도망간 말을 찾는다는 것을 어떻게 알았을까? 어떻게 보지도 않은 말이 달려간 곳을 알았으며 또 그 말 이름이 브루넬로라는 것을 알았을까? 그가 아드소에게 해주는 설명은 이렇다.

저기 갈림길, 쌓인 눈 위에 말발굽이 찍혀 있지 않더냐? 말은 우리 앞의 오른쪽 길로 갔더구나. 발자국의 간격이 아주 일정치 않더냐? 이 말발굽의 자국을 보면, 발굽이 작고 둥글며, 보조가 규칙적이라는 것을 알 수 있다. 그래서 나는 말의 성격을 알아낸 것이다. 미친 망아지처럼 제멋대로 날뛰는 말의 보조는 이럴 수가 없는 것이야. 소나무 가지가 지붕처럼 길 위쪽으로 비죽이 튀어나와 있는 걸 자세히 보았더니 약 열다섯 장掌쯤 되는 높이에서 가지가 군데군데 부러져 있더구나. 이놈이 꼬리를 치면서 오른쪽으로 꺾여든 그 길이 거름더미 쪽으로 나 있는 길이라는 것은 또 어떻게 알았느냐고는 묻지 않을 테지? 저 아래 길모퉁이를 돌면서 보니까 동쪽 탑 아래 있는 깎아지른 듯한 절벽에는 쓰레기 버린 자국이 눈을 아주 지저분하게 녹여 놓았더구나. 우리가 지나온 갈림길 위치로 보면 오솔길이 그 벼랑 끝으로 이어지지 않으면 어디로 이어지겠느냐?

그 말의 생긴 모습을 짐작한 것은 6~7세기 세비야의 대주교로서 위대한 학자였던 이시도루스의 명마名馬의 정의를 따라 작은 머리, 뼈에 달라붙어 있되 건조한 가죽, 뾰족한 귀 끝, 큰 눈, 푸짐하게 벌어진

콧구멍, 꼿꼿한 목, 무성한 갈기 및 꼬리털, 둥글고 단단한 발굽 등을 되뇐 것이다. 그 말이 수도원의 외양간에서 제일 잘난 놈이 아니었다면 마부가 나오지 수도원의 중책을 맡고 있는 식료계 수도사가 몸소 찾으러 나오지는 않았을 터다. 그러니까 이 말은 이 수도원에서 제일 좋은 말일 테고, 수도원의 말 주인은 자기 말이 마사馬事의 권위자들이 훌륭한 말의 조건으로 내세우는 조항을 그대로 갖추고 있다고 여기는 법이다. 그 말의 이름을 알아낸 것은? 당대 최고의 철학자이며 파리 대학교 총장이 된 장 뷔리당이 논증의 사례로 말을 인용할 때마다 그 말을 '브루넬로'라고 부르는데 여부가 있겠는가?

"이 세상 만물은 책이며 그림이며 거울이니omnis mundi creatura quasi liber et pictura nobis est in speculum" 세상이 위대한 책을 통해 우리에게 펼쳐 보이는 사물의 정황을 유심히 관찰하면 우리는 궁극적인 것이나 비근한 것이나 모두 볼 수 있는 법.

세렌디피티라는 이 말은 지금은 '의도적으로 연구하지 않고도 숨겨진 것을 찾아내는 능력' 혹은 '놀라운 관찰 능력' 등을 의미한다. 셜록 홈스와 같이 자잘한 사실을 잘 관찰한 다음 그로부터 추론하여 타당한 이론을 만들어내려면 강한 호기심과 예민한 추론 능력이 있어야 한다.

그런 명민한 능력을 갖춘 왕자들은 고향에 돌아가서 훌륭한 왕이 됐을까?

발다로의 연인

신석기 시대의
'로미오와 줄리엣'

    이탈리아 만토바 지역 인근의 발다로 마을에서 얼굴을 마주하고 포옹한 자세로 죽은 6천 년 전 남녀의 유골이 발견됐다. 두 사람의 나이는 18~20세 전후로 조사됐다. 이 유골에는 어느덧 '발다로의 연인Lovers of Valdaro'이라는 이름이 붙여졌다. 신석기 시대에 두 청춘남녀가 왜 그렇게 부둥켜안고 죽었는지는 영원히 알 수 없겠으나, 그 애잔한 모습은 보는 이들에게 형언할 수 없는 감동을 준다. 마침 만토바는 '로미오와 줄리엣' 이야기와도 관련이 있다. 칼부림으로 사람을 죽이고 피신해 있던 로미오가 줄리엣이 죽었다는 소식을 접한 곳이 바로 이곳이다.

    청춘남녀의 이루지 못한 슬픈 사랑 이야기는 아마도 인류 역사만큼이나 오래됐을 것이다. '피라모스와 티스베'도 그중 하나다. 옛날 시리아에 피라모스라는 잘생긴 총각과 티스베라는 어여쁜 처녀가 이웃하여 살고 있었다. 사이가 좋지 않은 양가 부모들이 이들의 만남을 반대하는 바람에 두 연인은 늘 벽에 뚫린 틈새로 서로를 바라보며 사랑

발다로의 연인.

의 밀어만 나눌 뿐이었다. 어느 날, 두 사람은 저녁에 남몰래 집 바깥으로 나가 함께 성을 빠져나가기로 약속했다. 성을 빠져나가기 전 우선 나누스 왕(바빌로니아 왕)의 왕릉에 있는 나무 밑에서 만나기로 했다. 저녁이 되어 먼저 티스베가 너울로 얼굴을 가리고 뽕나무 밑을 찾아갔다. 그런데 가는 길에 그만 샘에서 물을 마시고 돌아가던 사자를 만나 혼비백산하여 도망가다가 자신도 모르게 너울을 떨어뜨렸다. 티스베가 어두운 동굴로 몸을 피한 사이 사자는 그 너울을 갈기갈기 찢었는데, 이때 너울에 짐승의 피가 묻었다.

　조금 늦게 약속 장소로 가던 피라모스는 피 묻은 너울을 보고는 사랑하는 연인이 사자에게 잡아먹힌 줄 착각했다. '불쌍한 티스베여, 내가 그대를 죽게 했구나. 한밤중에 이 위험한 곳으로 오라고 하고는 내가 먼저 와서 기다리지 않았으니, 내가 죽인 것이나 다름없다.' 피라모스는 티스베의 피 묻은 너울을 집어들고 두 사람이 만나기로 약속했던 그 나무 밑으로 갔다. 울면서 너울에 입을 무수히 맞추고는 이렇게 말

「로미오와 줄리엣」, 포드 매독스 브라운의 유화 (1870).

했다. '너울이여, 티스베의 피를 마셨으니 이제 내 피도 마셔라. 그럴 때가 됐다.' 그러고는 칼을 빼어 옆구리를 찔러 자결했다.

일이 이렇게 된 줄 모르고 티스베가 떨면서 동굴에서 나왔다. 약속했던 나무 밑으로 가보니 사랑하는 피라모스가 쓰러져 있지 않은가! "피라모스, 어느 심술궂은 손길이 내게서 당신을 빼앗아갔군요. 티스베가 이렇듯 당신을 부르고 있어요. 내 말을 들었으면 이제 고개를 좀 들어보세요." 티스베라는 말에 피라모스는 마지막으로 눈을 떠 티스베를 보고는 다시 눈을 감고 말았다. 티스베는 아직 피라모스의 체온이 남아 있는 칼을 가슴에 안아 앞으로 넘어지며 자결했다. 그녀는 죽기 전에 이렇게 울부짖었다고 한다. "죽음이 당신을 내게서 떼어놓았지만, 이 죽음이 우리를 갈라놓을 수는 없어요. 무정한 부모님들이시여. 내 부모님, 피라모스의 부모님이시여, 원하오니 저희들 소원을 이루어주소서. 뜨거운 사랑과 죽음의 손길이 우리를 하나 되게 했습니다. 그러니 우리를 한 무덤에 묻어주소서. 나무여, 이미 내 사랑의 주검을 보았고 곧 내 주검을 내려다볼 나무여, 우리의 죽음을 영원히 기억하시어 사람들이 우리 둘이 흘린 피를 되새기도록 그대 열매를 어둡고 슬픈 색깔로 물들여주세요." 신들은 티스베의 기도를 들었고, 양가의 부모도 티스베의 뜻을 알고는 그 뜻이 이루어지게 했다. 뽕나무 열매인 오디가 익으면 검붉은 색깔로 변하는 것은 신들이 티스베의 기도를 들은 증거라 한다.

'로미오와 줄리엣'의 '원본'에 해당하는 이 이야기는 로마 시대의 작가 오비디우스의 『변신이야기』에 나온다. 고대 시리아의 이 전설은 오랜 세월 전해 내려온 인류 초기의 사랑 이야기일 것이다. 수많은 선사 시대 연인들도 오늘날과 마찬가지로 가슴 아픈 사연을 간직하고 살았으리라. 로미오와 줄리엣의 후예로 애정이 넘치는 이탈리아 사람들은 발다로의 연인의 사랑을 지켜주기 위해 박물관 안에 둘만이 오붓하게 지낼 수 있는 공간을 따로 마련하기로 했다고 한다.

기사의 사랑, 사랑의 기사

고귀한 귀부인을 향한
고결한 사랑의 주인공

동양의 지배층이 대개 문관인 반면 서양의 지배층은 무관, 곧 기사騎士(knight)였다(일본의 지배층이 사무라이라는 점이 일종의 예외라 할 수 있다). 그렇지만 중세 초기에는 말이 좋아 기사이지 단순 무식한 '칼잡이' 이상도 아니고 이하도 아니었다. 무력이 모든 것을 좌우하던 대혼란의 시대에 지배계급의 최고 덕목은 우선 싸움 잘하는 능력이었기 때문이다. 그러나 시대가 바뀌어 사회가 안정되고 질서가 잡히면서 이들은 점차 고상한 귀족으로 발전해갔다. 기사도chivalry라는 것이 새롭게 진화하는 지배층의 덕목을 잘 말해준다. 이 과정에서 덧붙여진 핵심 요소 중 하나가 사랑이다. 그들이 추구하던 사랑은 선남선녀의 평범한 사랑이 아니라 '고결한' 사랑이다. 사랑의 대상도 아무나 되는 것이 아니라 고귀한 귀부인이어야 한다. 인간적으로 최고의 덕성을 지닌 기사와 아름다운 귀부인 사이의 고결한 사랑, 그것이 대체 무엇일까?

트루바두르troubadour 혹은 민네징어Minnesinger라 불리던 편력시인遍歷詩人들이 노래하는 지상에서 가장 아름다운 사랑은 어떤 것일까? 사

고귀한 사랑의 기사(왼쪽)와 귀부인과 사랑을 나누는 기사(오른쪽). 14세기 초, 『코덱스 마네세(Codex Manesse)』라는 이름의 편력시인들 시가 선집(選集) 중에서.

랑이 아름답기 위해서는 조건이 있다. 그것은 쉽게 이루어질 수 없는 고통스러운 사랑이어야 한다. 아름다운 사랑 이야기의 주인공은 대개 드라마틱한 곡절을 겪으며 고통을 당하고 그러다가 끝내 비극적인 종말을 맞이해야지, 너무 쉽게 사랑이 맺어지면 아무런 이야깃거리가 되지 않는다. 지고의 아름다운 사랑을 꿈꾸는 기사들은 따라서 가장 이루어지기 힘든 사랑을 갈구했다. 기호학자이자 정신분석학자인 줄리아 크리스테바(1941~)의 표현에 따르면 기사는 "좌절의 정도에 따라서 자기 사랑의 가치를 측정한다." 그런데 그것은 흔히 자신의 직속 상사의 부인에 대한 사랑으로 나타나곤 했다. 남자는 전력을 다해 귀부인에게 봉사하고 귀부인은 그에 걸맞은 다정한 보상을 해준다. 이는 요즘 같으면 '막장 드라마'에 딱 알맞을 이상한 관계일 테지만, 당

사자들은 여기에 드높은 가치를 부여하며 섬세한 사랑fin amour을 만들어갔다.

이처럼 이상화된 중세 기사의 사랑은 단지 문학 안에서만 머무르지 않고 실생활로 이어졌다. 남자들 세계의 주군主君(lord)과 봉신封臣(vassal) 간의 주종 관계가 사랑의 세계에 그대로 옮겨져 남성 기사는 상사의 부인에게 전력을 다해 사랑의 봉사를 행하며, 심지어 그 사랑을 위해 목숨을 바치는 것까지 두려워하지 않는다. 구체적으로 이런 기사도적 사랑의 '실상'은 어땠을까? 그것은 거의 이해가 안 될 정도로 기묘한 놀이였다.

자신에게 헌신하는 젊은 기사에게 연상의 부인은 자신의 누드를 보여준다. 그리고 더 나아가면 두 사람 사이에 포옹까지 가능하다. 여기까지가 마지막이고 그 이상은 절대 넘을 수 없다. 부인이나 기사나 그 이상을 넘지 않는다는 것을 철칙으로 삼고 사랑의 놀이를 시작한다. 이 얼마나 육감적이면서도 순결한 놀이인가! 이들은 정절을 지킴으로써 욕망을 아름답게 승화시키고 있다. 이들은 욕망을 억압하고 정신적 합일을 추구했다(그러나 실제로는 넘어서는 안 되는 선을 흔히 넘지는 않았을까 하는 못된 상상을 해본다).

이런 사랑은 오직 미덕을 갖춘 사람에게만 가능하다. 욕망에 휘둘려서 힘으로 밀어붙이는 자는 짐승 같은 자다. 기사도적 사랑은 그럴 자격을 갖춘 자만이 할 수 있다. 따라서 이 미묘한 게임을 하기 위해서는 엄정한 자격 심사가 선행되어야 한다. 귀부인은 과연 기사가 사랑의 자격이 있는지, 자신의 사랑을 받을 만한 용기와 미덕을 갖추었는지 테스트한다. 그러나 때로 그 테스트가 너무 과도해서, 예컨대 '이교도의 땅에 가서 무슬림 10명을 죽이고 와라' 같은 무모한 요구를 하는 '저질 귀부인'도 있다. 반대로 테스트를 거치지 않고 바로 허락하는 '찌질한 귀부인'도 있다. 고상한 사랑을 해야 고상한 귀족이 되는 것이다. 중세 초의 '무식한 칼잡이'는 점차 고귀한 사랑의 기사로 업그레이드되어갔다.

　사랑의 양태는 시대마다 또 사회마다 다르다. 사랑이 넘쳐흐르는 봄날 캠퍼스에서 문득 오늘날의 사랑은 어떤 것일까 생각해본다. 우리는 진정 고귀한 사랑을 나누고 있는 것일까? 아니면 그 모든 것이 사실은 한낱 헛된 꿈에 불과할까? 통계에 의하면 남학생 둘 중 한 명은 이미 알 것 다 안다고 그러던데…….

수의(壽衣)에는 호주머니가 없다

모든 것을 내려놓아라

    오늘날에는 대부분의 사람이 부자가 되기를 꿈꾸지만 과거에는 오히려 부富보다는 빈貧이 더 높은 가치, 더 나아가서 성스러운 가치를 지녔다. 부자가 천국에 들어가기란 낙타가 바늘구멍을 통과하는 것보다 힘든 반면 예수와 성인들은 이 세상에 있을 때 하나같이 '거지들'이었다. 석가모니 역시 스스로 모든 지위와 재산을 버리고 출가하여 깨달음을 얻지 않았던가? 유대교·기독교·불교·이슬람교 등 모든 위대한 종교는 빈곤에 신성한 지위를 부여하고, 우리에게 청빈淸貧의 삶을 권한다. 현대 사회는 이 점에서 많은 변화를 겪었지만, 아직도 미국 백만장자의 아들이 히말라야나 애팔래치아 기슭에서 세상을 등진 채 가난한 삶을 사는 식의 사례들이 없지 않다. 고대·중세적 사고가 우리 내면에서 완전히 떠난 것은 아니다.

    중세 유럽의 설교자들이 자주 사용했던 우화 중에 이런 이야기가 있다. 어느 날 이집트의 은자 성 마카리우스는 광장에서 홀로 누워 있는 빈민을 보았다. 아무도 그에게 신경 쓰지 않는 가운데 그는 외롭게 죽어가고 있었다. 그때 은자는 환영을 보았다. 한 무리의 천사들이 그 병자를 둘러싸고 있던 반면 평화롭고 기쁨이 가득한 부자의 집 주위에는 마귀들이 소란을 피우고 있다. 이 우화는 부를 전적으로 부정하지는 않지만 부자의 삶이 수많은 위험에 노출되어 있다는 것을 이야기한다. 풍요로울수록 특별한 경계가 필요한 법이다. 부자로 살다가 영혼을 잃는 대신 가난하지만 성스러운 삶을 사는 것이 훨씬 낫다는 것이 이 이야기가 전하는 철학이다.

그러나 중세 사회에서도 모든 가난이 찬미의 대상은 아니었다. 실제로 대부분의 빈민들이 결코 성인이 아니며 도덕적으로 타락한 사람들이라는 점은 누구나 쉽게 알 수 있는 일이다. 중세라고 해서 그런 점을 몰랐던 것은 아니다. 물질적 가난은 분명 경멸의 대상이었다. 찬양의 대상이 되는 것은 소위 '자발적 가난'이었다. 모든 것을 버리고 스스로 가장 미천한 자로 떨어지는 겸손함이야말로 가장 큰 찬탄을 받았다.

이런 의미의 고상하고 아름다운 가난은 중세에 매우 특이한 기능을 했다. 부자들이 이들에게 보시를 함으로써 자신의 죄를 일부 씻어내는 기회를 준다는 것이다. 그러므로 빈민의 존재는 신의 구원 사업의 일부로 여겨졌다. '신은 모든 사람을 부유하게 하실 수 있지만 부자들의 죄를 용서하기 위해 이 세상에 빈민을 두었다'는 논리다. 이것이 바로 중세 '구원의 경제학'의 핵심이다.

왜 이런 현상이 나타났을까? 이는 11~12세기에 유럽에서 벌어진 경제적 변화의 충격을 고려할 때 이해할 수 있다. 이 시기에 상업이 크게 발전하면서 부의 형태가 바뀌어갔다. 부는 더 이상 토지나 권력, 전쟁의 승리로 얻는 지배나 특권의 결과가 아니었다. 이제 부는 돈으로

사프란색 승려복. 사프란색은 시체를 싸는 수의의 색깔이다. 사진은 싱가포르의 차이나타운에 있는, 부처님의 치아를 모셔두었다고 불아사(佛牙寺)라고 하는 절의 승려들.

드러났고 돈에 기초하게 됐다. 그런 움직임이 응집된 곳이 다름 아닌 도시였다. 도시는 새로운 발전의 중심지였지만 바로 그 때문에 새로운 도덕 문제를 야기했다. 돈이 모든 것을 좌우하고 이웃을 비인격적으로 억압하는 폐단이 초기적인 형태로나마 드러나고 있었다. 세상에서 물러남 fuga mundi, 곧 도시에서 물러난다는 것이 이에 대한 반응으로 나타났다. 그렇지만 이런 움직임이 갑자기 집단적으로 일어난다는 것은 사회나 교회 모두에 지나치게 큰 부담을 안기는 위험한 일일 수 있다.

이를 적절히 통제하고 조정한 것이 탁발托鉢(걸식)승단의 조직이었다. 부를 부정하는 격한 반발을 잘 길들이며 여기에 종교적이고 도덕적인 의미를 부여할 필요가 있었다. 그래서 스스로 부를 포기한 경건한 삶을 이상으로 하는 수도회가 만들어져 이것이 사회에 적절한 기능을 수행했다. 가난을 복음 생활의 본질로 삼았던 프란체스코 수도회가 대표적이다. 이 수도회 형제들은 원칙적으로 자기 손으로 일해서 먹고 살아가야 했지만, 이런 엄격한 규정은 그 후 완화되어 신도들로부터 기증을 받거나 빌어먹을 수 있게 됐다. 이 때문에 이들을 탁발 승단이라 부르게 됐다. 수도사들은 스스로 거지가 되어 세상 속으로 들어가 설교를 했다. 탐욕이 세상을 덮고, 교회마저도 부패와 축재를 일삼을 때, 빈이 부를 경계하고 정화하는 현상이 일어난 것이다.

오늘날 큰 부가 넘쳐나고 세속화된 현대 사회에서 모든 것을 버리라는 종교적 가르침은 더욱이나 지키기 어렵게 됐다. 많은 종교 단체들은 가난해서 망하기보다는 부유해져서 망하기 십상이다. 역설적이지만 가난과 무소유를 견지하던 프란체스코 수도회도 신심 깊은 신도들이 너무 많은 기부를 하여 정체성의 위기를 앓은 적이 있다.

인도의 승려들이 입는 승복의 사프란 색깔은 원래 시체를 싸는 수의의 색이다. 그들은 말하자면 죽은 사람들이다. 영어 속담이 말하듯 수의에는 호주머니가 없다 Shrouds have no pockets. 모든 것을 내려놓아야 한다. 수의를 입을 준비가 되어 있는가? 그럴 각오가 되어 있어야만 피안彼岸으로 건너는 배에 오를 수 있다.

현대 사회에서 이를 어찌 문자 그대로 실천할 수 있겠는가? 그래도 그 의미를 한번 깊이 생각해볼 일이다.

칼레의 시민

애국적인 영웅으로
재탄생한 시민들

'칼레의 시민Les bourgeois de Calais'은 유럽사에서 가장 유명한 일화 중 하나다. 이 이야기는 프랑스의 거의 모든 역사책에 실려 있고, 특히 저명한 조각가 로댕이 1895년에 이를 소재로 걸작을 제작한 이후 전 세계에 널리 알려지게 됐다.

백년전쟁 초기인 1347년 8월 4일, 유럽 대륙으로 건너와 공세를 펼치던 영국 국왕 에드워드 3세의 포위 공격에 맞서 1년 동안 강력하게 저항하던 칼레 시민들이 드디어 항복했다. 칼레 시민들은 프랑스 국왕 필리프 6세가 와서 그들을 구원해줄 것을 고대했지만 크레시 전투에서 패배한 프랑스군은 칼레를 구출할 수 없었다. 오랫동안 지속된 저항에 격노한 영국 국왕은 칼레 시민들을 전원 몰살하려 했다. 그러나 그의 부하들과 특히 필리파 왕비가 간곡히 설득하자 왕은 6명의 부자 시민이 자원하여 사형을 당하면 나머지 시민들의 목숨을 구해주겠노라는 타협안을 내놓았다. 시장인 외스타슈 드 생 피에르와 5명의 부유한 시민이 스스로 목숨을 희생하기로 하고, 왕이 말한 대로 목에

로댕의 작품 「칼레의 시민」.

밧줄을 두르고 셔츠 바람에 맨발로 걸어나왔다(로댕의 작품은 이 순간 그들이 겪는 죽음의 고뇌를 드라마틱하게 포착하고 있다). 이때 다시 왕비가 탄원하여 용감한 시민들의 목숨을 구해주었다.

오랫동안 역사가들은 이 이야기의 사실성에 대해 의심해왔다. 이미 18세기에 프랑스의 철학자이자 문학자인 볼테르는 "원래 영국 국왕은 시민들의 목에 두른 밧줄을 세게 쥘 생각은 없었을 것"이라고 추측한 바 있다. 최근 프랑스의 한 연구자는 이 이야기의 실제 의미가 왜곡·과장됐으며, 그 원인을 제공한 인물이 14세기의 연대기 작가인 장 프루아사르라는 사실을 밝혀냈다. 프루아사르는 또 다른 연대기 작가인 장 르 벨의 기록에서 영감을 얻어 이 이야기를 적었고, 이를 더 극적인 투로 기술했다. 특히 필리파 왕비의 역할을 미화했는데, 알고 보니 이 왕비는 프루아사르의 후원자였다!

칼레의 사건을 기록한 당대 문건은 모두 20여 개나 되는데, 그것들은 모두 시민들의 행위가 항복을 나타내는 연극적인 의식儀式이었다고

백년전쟁 때 칼레 시를 포위 공격하는 영국군.

적고 있다. 즉, 사형과 비슷한 장면을 연출하여 전적으로 항복한다는 사실을 보여주는 상징적 행위에 불과했다. 말하자면 6명의 시민 대표는 처음부터 죽음의 위험을 무릅쓰지는 않았던 것이다. 원래 게르만족의 관습으로 죄인이 자신의 잘못을 참회하는 의미로 광장에서 공개적으로 행진하는 하르미스카라harmiscara라는 의례가 있었는데, 칼레 시민들의 행위는 여기에서 발전해 나왔으리라는 점도 밝혀졌다. 이는 원래 종교적 참회와 관련이 있다. 칼레 시민 대표들이 맨발에 흰 셔츠를 입고 목에 밧줄을 두르고 있는 것도 그 때문이다. 애국적인 작가 프루아사르만이 이 사건을 숭고한 행위로 미화하며 민족정서에 호소했던 것이다.

16세기 이후 이 사건이 다시 주목을 받은 이유는 역설적으로 시간이 흐르면서 원래의 의미가 잊혀져갔기 때문이다. 이제 프루아사르가 왜곡한 의미가 사람들의 주목을 끌었고, 칼레의 시민들이 국가를 위해 희생한다는 의미가 크게 부각되기 시작했다. 1765년에는 드 벨루아라는 작가가 애국적인 방향으로 「칼레의 포위」라는 극을 써서 대중의 감성을 자극했다. 그렇지만 같은 시기에 드 브레티니라는 연구자가 이런 새로운 해석 방향에 대해 문제 제기를 했다. 문제의 사건이 일어난 이후 시장인 외스타슈 드 생 피에르가 영국 왕 에드워드 3세로부터 기부금을 받은 사실을 밝히면서 애국적인 희생일 수가 없다는 지적도 했다.

　프루아사르식의 해석이 대중의 감성을 완전히 지배한 것은 민족주의의 시대인 19세기다. 이제 많은 역사 교과서들이 '칼레의 시민'을 외세에 저항하며 동료 시민들의 목숨을 구하고자 한 애국적인 영웅으로 크게 부각시켰고, 문학과 예술이 그것을 뒷받침했다.

　몰랐던 진실을 새로 알게 되는 희열보다도 또 하나의 아름다운 신화가 깨졌다는 아쉬움이 더 크다.

프랑스혁명과 칸트 그리고 재스민혁명

혁명, 진보적이면서도 보수적인

　1789년 7월 14일, 파리 시민들이 바스티유 감옥을 점령하면서 프랑스혁명의 서막이 올랐다. 당시 국왕 루이 16세는 파리에서 서쪽으로 약 17킬로미터 떨어진 곳에 위치한 베르사유 궁에 기거하고 있었다. 몇 년 후 단두대에서 자신의 목을 자르게 될 거대한 혁명의 불길이 치솟았건만, 순진한 국왕은 아무것도 감지하지 못한 채 그날 일기에 '리앵Rien(Nothing)'이라는 단 한 단어만 기록했다. 이 말은 사냥을 나가서 짐승을 한 마리도 잡지 못했다는 뜻이라고 한다.
　밤늦게 왕의 측근인 리앙쿠르 공작이 바스티유 점령 사건에 대해 보고했다. 그러자 국왕은 "반역이로군" 하고 외쳤다. 리앙쿠르 공작은 이렇게 답했다고 한다. "전하, 반역이 아니라 혁명입니다." 모르는 사람은 서방님뿐이라고, 세상이 어떻게 돌아가는지 루이 16세는 전혀 파악하지 못하고 있었다.
　오히려 파리에서 수천 킬로미터 떨어진 동프로이센 주의 주도 쾨니히스베르크에 거주하고 있던 철학자 칸트(1724~1804)는 이 사건의 세

1789년 7월 14일 바스티유를 공격하는 시민. 피에르 앙투안 드마시가 그린 「바스티유의 함락」.

계사적인 의미를 곧 파악했다. 그는 파리에서 보내오는 『민중의 벗』을 비롯한 다양한 혁명 언론 매체들을 읽었다. 그리고 매일 근처 주막에 나가 점심을 먹으며 그의 친구들과 프랑스의 상황에 대해 열정적으로 논평을 했다.

그런데 칸트는 프로이센의 국왕 직속 경찰들이 그 자신과 친구들을 면밀하게 감시하고 있다는 사실을 눈치 채지 못했다. 경찰은 그들을 모두 '공공의 적' 명단에 올리고 장기간 감시했다. 경찰 기록에는 칸트가 주막에서 로베스피에르를 위해 건배를 외친 장면이 생생하게 남아 있다. 의자 위로 올라간 칸트는 라인 포도주를 잔에 채운 다음 "부르주아들이 일으킨 혁명이라고 해서 의심하지는 맙시다" 하고 외쳤다.

당시 칸트가 살던 동유럽 사회는 프랑스보다 훨씬 더 심각한 사회 모순을 안고 있었다. 귀족과 농민 사이에는 신분과 재산상으로 엄청난 격차가 엄존했고, 대도시 쾨니히스베르크에는 동유럽 각국 출신의

임마누엘 칸트.

이방인들과 유대인 등이 힘겨운 삶을 영위하고 있었다. 사회적 불의에 분노하던 철학자 칸트가 프랑스혁명에서 인간 해방의 가능성을 찾으려 한 것은 충분히 이해할 수 있는 일이다. 1798년에 그는 이렇게 썼다.

이 현상은 세계 역사에서 절대 망각될 수 없다. 이제까지는 아무도 생각하지 못했던 사실, 즉 인간의 본성 속에 이미 도덕적인 진보의 가능성이 배태되어 있음을 발견한 현상이기 때문이다. 비록 추구한 목표를 달성하지는 못했으나…… 처음으로 자유를 추구했다는 사실이 지니는 가치까지 소멸되는 것은 아니다.

맞는 말이다. 그러나 순진한 노철학자는 세상사가 한 번의 혁명으로 온전히 개선되리라고 진정으로 믿은 것일까? 혁명이 일어난 후에도 여전히 압제는 남아 있고, 더 나아가서 혁명 자체가 비인간적인 압제로 귀결되기도 했다.

그로부터 200년 이상의 세월이 흐른 2010년, 튀니지에서 26살의 청년 모하메드 부아지지가 경찰의 노점상 단속에 항의하며 분신자살했다. 이 사건은 전국적인 시위로 이어졌고, 강력하게 항의하는 국민들의 압력을 이기지 못한 지네 엘아비디네 벤 알리 대통령이 사우디아라비아로 망명함으로써 24년 동안 이어진 독재정권이 붕괴됐다. 튀니지의 국화인 재스민 꽃 이름을 따서 이 사건을 재스민혁명이라 부르게 됐다. 그 후 재스민혁명의 폭풍은 이웃 중동 국가들로 확산됐다. 이집트의 무바라크, 리비아의 카다피에 이어 예멘의 알리 압둘라 살레 대통령도 권력에서 물러나게 됐다. 1978년 쿠데타로 권력을 잡은 이래 33년 동안 철권통치를 하며 세계 최장수 독재자로 군림했던 살레 대통령 역시 성난 민심 앞에서는 더 이상 버틸 힘이 없었다.

중동의 정치적 변화는 물론 고무적인 일이다. 그러나 독재자를 권좌에서 끌어내렸다고 사회의 모순이 일거에 해결되는 것은 아니다. 무엇보다 여성의 권익 증진은 요원하기만 하다. 중동 지역에서는 아직도 명예 살인이 흔히 일어난다. 터키의 한 16세 소녀는 남자 친구를 사귄다는 이유로 부모와 할아버지에 의해 2미터 깊이의 구덩이에 생매장당했다. 여성의 운전을 금지하는 사우디아라비아에서는 여성운동가 세이마 자스타니아가 운전하다 경찰에 적발되어 제다 시 법원에서 태형 10대를 선고받았다. 세계 각지에서 항의가 빗발치자 압둘라 사우디아라비아 국왕이 하루 만에 형 집행을 철회해야 했다. 예멘에서는 남편의 허락 없이는 여성이 집을 떠날 수 없다는 것이 법률로 규정되어 있다. 또 남편이 '난 너와 이혼한다'고 세 번 말하면 이혼이 성립된다.

혁명은 한편으로 진보적이지만 다른 한편으로 여전히 보수적일 수 있다. 프랑스혁명은 자유, 평등과 함께 형제애 fraternité(흔히 '박애'라고 번역하지만 원래 의미는 '형제애'다)를 구호로 삼았다. '형제'들이 봉기해 '아버지'의 가부장제를 타파하고 새로운 공화국을 건설하고자 했지만, 그 결과는 형제들만의 자유, 형제들만의 평등에만 그치고 '자매'들은 해방되지 못했다. 아버지의 가부장제가 형제들의 가부장제로 바뀌었을 뿐, 자매들의 해방은 후일을 기약해야 했다. 중동 역시 비슷한 경로를 거치지 않을까? 남성 중심적 억압 체제가 앞으로 영원히 지속되지는 않을 것이다. 혁명을 경험한 사회는 강력한 변화의 동력을 유지한다. 마법사의 제자가 불러낸 마법처럼 변화의 힘은 한번 가동되면 되돌리기 힘든 법이다. 재스민혁명은 독재자의 실각에만 그치지 않고 다음 단계를 준비하고 있다. 200년 전 프랑스혁명을 다시 생각해보는 이유다.

샹그릴라

서구가 만들어낸 동양적 신비주의의
'짝퉁' 이상향

  샹그릴라는 영국의 소설가 제임스 힐턴(1900~54)이 1933년에 발표한 『잃어버린 지평선 *Lost Horizon*』에 나오는 이상향이다. 그곳은 쿤룬산맥崑崙山脈의 어느 고원지대에 위치한 라마교(티베트 불교) 사원으로 설정되어 있다. 소설은 인도 주재 영국 영사인 콘웨이를 비롯한 4명의 서구인이 탄 비행기가 납치되어 이곳에 도착하는 것으로 시작된다.

  사원 앞에는 카라칼(Blue Moon으로 번역된다)이라는 8,500미터의 산이 솟아 있고, 그 아래 기름진 계곡에서는 자급자족이 가능할 정도로 물자가 풍부하게 생산된다. 놀라운 것은 이 라마 사원에 중앙난방과 같은 현대적 시설이 완비되어 있고, 도서관에는 서양의 모든 책이 구비되어 있으며, 로첸이라는 중국 여인이 쇼팽의 피아노곡들을 완벽하게 연주한다는 점이다. 이 사원은 룩셈부르크 출신 가톨릭 사제가 18세기 초에 건설한 후 우연히 이곳에 들어오게 된 사람들이 모여 사는 공동체가 됐다. 어쩐 일인지 이곳 사람들은 나이를 천천히 먹어 한없는 장수를 누린다. 주인공 콘웨이는 원장 라마승과 대화하다가 그

윈난성(雲南省)의 중뎬(中甸) 시가 샹그릴라(香格里拉)로 개명됐다. 사진은 윈난성에서 가장 큰 라마 사원이자 샹그릴라의 작은 포탈라궁이라 불리는 송찬림사(松贊林寺).

가 다름 아닌 설립자 신부로서 나이 300세에 달해 이제 조만간 죽을 것이라는 사실을 알게 된다. 원장은 콘웨이가 이 사원을 이끌어주기를 바라며 그를 납치하듯 이곳으로 데리고 온 것이다.

　모든 유토피아 작품들이 그러하듯이 이 소설 역시 해당 시대의 문제와 열망을 담고 있다. 이 소설은 제1차 세계대전의 참화를 거치고 난 후 또다시 전쟁의 불길이 치솟아 오르려 하는 암울한 시대에 쓰여졌다. 찬란한 근대 서구 문명이 모조리 파괴되어 사라질 것처럼 보이던 당시, 시간의 흐름마저 거의 초월한 아득히 먼 이국땅에 이상적 공동체를 지어 그곳에 서구 문명의 정수를 보존하고자 하는 꿈이 표출된 것이라 할 수 있다. 한마디로 샹그릴라는 위기에 처한 서구가 탈출구를 찾는 과정에서 창안해낸 동양적 신비주의의 이상향이다.

　이곳 사람들이 장수를 누리는 것은 그 자체로서 좋은 게 아니라 서구 문명의 정수를 배우고 향유하며 보존하는 데에 도움이 되기 때문에 더욱 큰 의미가 있다. 원장은 콘웨이에게 이렇게 설명한다.

자네는 육체적 욕망을 향유하는 단계에서 보다 금욕적이면서도 같은 정도로 만족스러운 영역으로 옮겨갈 거야. 촉각과 미각의 민감함은 잃을지 몰라도 잃는 만큼 얻는 것이 있을 걸세. 침착함과 깊이, 원숙함과 지혜, 명확한 기억이 주는 황홀감을 얻게 되겠지. 그리고 무엇보다 귀중한 '시간'을 갖게 될 걸세. 서양의 나라들이 좋으면 좋을수록 점점 더 잃어가는 희귀하고도 아름다운 신의 선물이지. ……헤아릴 수 없을 만큼 긴 시간이 자네로 하여금 가장 풍부한 풍미를 즐길 수 있게 해줄 걸세.

여기에서 우리는 세계가 불길에 휩싸일지 모르는 불안의 시대에 서구 문명의 정수를 모아 동양이라는 저장실에 보존하고픈 애달픈 꿈을 볼 수 있다. 그러나 모든 유토피아 작품들처럼 이 소설에서도 한번 그곳을 나온 주인공은 다시 그곳을 찾아가지 못한다. 함께 나왔던 중국 여인 로첸은 지난 200년의 나이를 한번에 먹고 늙어 죽어 샹그릴라로 가는 길을 알려줄 수 없다.

샹그릴라가 원래 어느 지역인가 하는 문제는 부질없는 논쟁일 수밖에 없지만, 사람들의 호기심과 돈벌이의 욕심이 괴이한 결과를 만들어냈다. 1997년 중국의 윈난성雲南省 정부는 디칭迪慶 티베트족 자치주가 샹그릴라라고 선언했고, 2001년에는 중뎬中甸 시를 아예 샹그릴라香格里拉로 개명했다. 그동안 티베트족 주민들이 야크 방목을 하던 곳이 어느 날 유명한 관광지로 변모했고, 그 후 10년 동안 2300만 명의 관광객이 몰려들었다. 샹그릴라는 '중국의 현대 관광산업 사상 최고 발명품'이 된 것이다. 달리 생각해보면 '짝퉁' 낙원을 만들어야 할 정도로 오늘날의 사람들이 마음의 안식을 갈구하는가 보다.

안뜰과 러브 라운지

창의적 해결책을 찾으려면
직접 만나서 대화하라

　세상은 늘 분주하고, 고통스러운 일도 많고, 심각한 갈등도 계속된다. 이런 시대에 원만한 삶을 살면서도 발전적이고 창의적인 해결책을 찾으려면 어떻게 해야 할까? 참 어려운 문제이지만 답은 의외로 바로 가까이에 있다. 직접 만나서 대화하는 것이다. 이보다 좋은 방안이 또 있을까? 스티브 잡스(1955~2011)의 전기를 읽다가 이와 관련된 재미있는 일화를 알게 됐다.
　스티브 잡스는 픽사 영화사를 운영하여 「토이스토리」 같은 작품으로 대성공을 거두고 나서 본사 건물을 다시 지었다. 자신이 만드는 모든 것을 자기 뜻대로 완벽하게 통제하려는 성품 그대로 그는 이 건물의 모든 측면에 세세하게 관여했다. 대개 영화사 건물이라면 프로젝트별로 건물이 따로 있고, 각 개발팀별로 방갈로들이 나뉘어 있는 전형적인 할리우드식 스튜디오를 떠올린다. 그러나 잡스는 정반대로 생각했다. 디지털 시대는 온라인상으로 사람들을 연결하고 소통시키지만 오히려 그로 인해 사람들 사이의 만남을 막고 고립시키는 경향도 나타난다. 이런 점을 너무나 잘 알고 있는 잡스는 건물 자체가 우연한 만남과 협력을 독려하는 방향으로 지어져야 한다고 판단했다.

픽사 본사는 그런 아이디어를 구현하도록 설계했다. 중앙에 큰 안뜰을 놓고 하나의 거대한 건물이 이를 둘러싸게 지은 것이다. 현관문들과 주요 계단, 복도들이 모두 안뜰을 내다보았고, 영화 상영관들과 회의실 창문들 역시 모두 안뜰을 향했다. 사람들은 사무실에서 나와 안뜰의 카페에서 자연스럽게 만나 서로 이야기를 나누었다. 잡스는 심지어 남녀 화장실을 커다랗게 하나씩만 만들어 안뜰과 연결되게 하라고 지시했다. 결국은 임산부의 불편함을 고려하여 화장실을 두 개로 늘렸지만, 화장실에 가다가도 사람들을 만나게 하려는 의도였던 것이다.

> 건물이 그런 것을 독려하지 않으면 뜻밖의 발견으로 야기되는 혁신과 마법을 상당 부분 잃을 수 있습니다. 그래서 우리는 사람들이 사무실에서 나와, 서로 만날 일이 없었을 사람들이 중앙 안뜰에서 섞이도록 건물을 설계했지요.

안뜰만 있으면 되는 게 아니고 내밀한 공간 또한 필요하다. 우연한 발견을 독려하는 가장 기발한 공간은 '러브 라운지'였다. 이 회사의 애니메이터는 방을 배정받자 안쪽 벽에 작은 문이 나 있는 것을 발견했다. 그 문을 열면 기어서 통과할 수 있는 낮은 통로가 나오는데, 이 통로는 판금으로 둘러싸이고 통풍과 에어컨 설비가 갖춰진 방으로 이어진다. 이것이 소위 러브 라운지다. 크리스마스 조명, 칵테일 테이블, 쿠션, 바 용품들이 갖추어진 이 비밀의 방은 동료들이 친밀하게 의견을 나누는 아지트가 됐다. 잡스는 중요한 손님들을 그리로 데려가 벽에 서명하게 했다. 마이클 아이스너, 로이 디즈니, 팀 앨런 같은 주요 인물들의 서명이 이곳에 남아 있다(그러나 손님이 없을 때에는 잡스의 명상실로 사용됐다).

이메일과 인터넷 관련 제품을 팔아 먹고사는 사업가들 자신은 다른 무엇보다 인간적 만남을 가장 중시하고 있었던 것이다. 공간이 어떻게 구성되어 있는가가 실제로 사람들의 사고방식, 특히 창의성에 지대한 영향을 미친다고 한다. 그런 점에서 볼 때 우리나라의 많은 학교나 회사 건물들이 너무 딱딱하고 답답하다는 느낌을 지울 수 없다. 특히 학생들이 오랜 시간 머무는 학교 공간은 '교도소 스타일'이 아니라 활기 넘치고 창의성이 솟아나는 공간으로 바꿔주었으면 좋겠다는 생각이다.

Please, Thank you

우리 모두 서로 의존하며 살아가고 있으니

　영국이나 미국에서 사람들은 '플리스 please'나 '생큐 thank you' 같은 말을 입에 달고 산다. 유치원에서 아이들에게 제일 열심히 가르치는 것도 반드시 이런 말을 하도록 만드는 것이다. 언제부터 이렇게 됐을까? 그 의미는 원래 무엇이었을까?

　식탁에서 옆 사람에게 소금을 건네 달라며 "플리스"라고 말할 때 원래의 말뜻은 '당신이 꼭 그렇게 해야 할 의무는 없지만, 당신이 원하면 if you please 그 일을 하라'는 것이다(불어의 실 부 플레 s'il vous plaît, 에스파냐어의 포르 파보르 por favor도 똑같다). 물론 실제 의미는 완곡하나마 명령을 내리고 있지만 말이다. 상대가 소금을 건네주었을 때 이번에는 "생큐" 하고 말하는 게 예의다. 생크 thank라는 단어는 싱크 think(생각하다)에서 나왔다. 이 말은 당신이 나에게 베푼 호의를 생각하고 잘 기억해두겠다는 뜻이며, 그것은 곧 내가 당신에게 빚졌음을 확인한다는 의미다. 다른 나라 말에서는 빚졌다는 의미가 훨씬 더 생생하게 남아 있다. '생큐'에 해당하는 불어의 '메르시 merci'라는 표현은 자비를

간청한다는 것이니(영어의 머시mercy와 같은 단어다), 당신이 나에게 베푼 호의에 대한 채무, 말하자면 일종의 정신적 죄에 대해 자비를 구한다는 표현이다. 채무를 지고 있으니 일종의 죄인이며, 따라서 용서를 구한다는 식이다. 포르투갈어에서는 고맙다는 표현이 '오브리가도obrigado'인데, 이는 문자 그대로 빚졌다는 표현이다. 영어의 어블라이지드obliged라고 보면 쉽게 이해가 될 것이다. 포르투갈어의 '오브리가도'가 일본어에 가서 '아리가토有り難う'가 된 것도 흥미로운 일이다(이게 흔히 거론되는 말이지만, 원래부터 그와 유사한 발음의 단어가 있었다는 설도 있다).

상대가 고맙다고 하면 호의를 베푼 사람은 '유어 웰컴you're welcome' 혹은 '이츠 나싱it's nothing'이라고 답한다. 불어의 '드 리엥de rien'도 똑같다. 이는 같은 맥락에서 당신의 그 채무를 나의 정신적 장부에 기입하지 않고 그냥 두겠다는 의미다. 더 나아가서 '마이 플레저my pleasure'라고 하면, 오히려 그것이 나의 기쁨이어서 심지어 내가 당신에게 일종의 빚을 진 것이니 안심하라는 뜻이다.

이런 어법 뒤에 있는 것은 암묵적인 부채 계산법이다. 곧, 채무와 채무 탕감의 내용을 가지고 도덕적 이야기를 표현하는 것이다. 이런 점을 보면 이런 표현들이 원래 중산층의 관습이었음을 말해준다. 따라서 이런 말들을 입에 달고 사는 습관은 생각보다 그리 오래된 것이 아니다. 이는 16~17세기의 상업혁명 동안에 일어난 일이며, 그 혁명을 주도한 중산층 사이에 뿌리내린 것이다. 말하자면 원래 사무실과 관청의 언어였는데, 이것이 점차 전 사회로 퍼져갔다. 중산층이 확대되고 또 그들의 영향력 점차 커지면서 중산층의 감수성이 사회 전체를 지배하기에 이른 것이다.

그렇지만 이런 표현 뒤에 있는 철학은 훨씬 오래된 것이다. 그것은 우리 모두 남에게 의존하며 또 빚을 지고 산다는 것이다. 그러는 이상 서로가 서로에게 고마움을 드러내고 그것을 서로 인정하고 탕감해주고자 하는 표현이다. 사실이 그러하다. 우리 모두 서로 의존하며 살아가고 있으니, 고맙다는 말 자주 하고, 험한 말은 가급적이면 하지 말 일이다.

제6부

정치와 경제의 소용돌이

기적궁

낭만도 사랑도 없는
도시 빈민가의 불행한 역사

　빅토르 위고(1802~85)의 소설 『파리의 노트르담』(일명 '노트르담의 꼽추')에는 파리 시내에 위치해 있던 빈민가인 기적궁奇蹟宮(Cour des Miracles)이 나온다. 거리의 시인 피에르 그랭구아르는 중앙시장 근처에서 걸인들에게 구걸을 요청받지만 한 푼도 없는 그는 동냥을 거절한다. 그는 길을 헤매다 이상한 구역으로 잘못 들어가게 되는데, 뒤를 보니 앞서 만났던 장님 걸인이 눈을 번쩍 뜨고, 앉은뱅이 걸인이 벌떡 일어나고, 절름발이 걸인은 목발을 휘두르며 달려온다. 이들은 아침에 시내로 출근할 때에는 모두 불구의 몸으로 위장하지만 저녁에 자신들의 동네로 돌아올 때면 다시 성한 몸이 되는 것이다. 이처럼 매일 저녁 신유神癒의 기적이 일어나는 이곳이 바로 기적궁이다.
　걸인들에게 잡힌 불쌍한 시인은 이곳 왕인 클로팽 트루유푸 앞에 끌려간다. "너는 우리 도시의 특권을 침해했다. 네가 만일 야바위꾼이나 소매치기나 거지가 아니라면 너는 처벌받아야 한다. 너는 그런 놈이냐? 네 무죄를 증명하라. 네 신분을 밝혀라." 지엄한 거지 나라 국왕

파리 시내의 기적궁.

의 추궁에 그랭구아르가 작가라고 답하자, 그것만으로 유죄 판결을 받기에 충분한 사유가 된다.

"너를 교수형에 처하겠다. 매우 간단한 일이다. 선량한 시민 나리들이여! 그대들이 그대들의 나라에서 우리의 선량한 시민을 다루듯이, 우리는 그대들의 시민을 우리나라에서 다룬다. 그대들이 거지에게 씌우는 법률을 거지들은 그대들에게 씌운다. 그 법률이 고약하다면 그건 너희들 탓이다."

그랭구아르는 마지막 힘을 다해 "시인이 거지들 틈에 끼여서는 안 된다는 법이 어디 있습니까? 방랑자 이솝도 그랬고, 걸객 호메로스도 그랬고, 도둑 메르쿠리우스도 그러했고……" 하며 목숨을 구해보려 한다. 그렇지만 이 나라 시민 자격증을 따려면 '절름거리는 의자 위에서 오른발을 왼발에 감고 왼발 끝으로 서서 앞에 있는 마네킹의 호주

1853~69년까지 파리를 근대화한 오스망 남작에게 넝마주이로 분한 콜레라가 파리의 자기 집을 잃게 됐다고 항의하고 있는 캐리커처.

머니를 뒤져 지갑을 꺼내되 마네킹에 달린 방울들에서 소리가 나지 않도록 하는' 엄격한 자격 심사를 거쳐야 한다. 물론 그가 억지로 시도해보았지만 방울들이 일제히 장엄한 소리를 내는 통에 실패! 이제 그가 목숨을 구할 길은 단 하나, 이 구역에 사는 여인들 중에 누군가가 이 불행한 시인과 결혼해주어야 한다. 그렇지만 그 누구도 그와 결혼할 생각이 없다. 꼼짝없이 여자 대신 교수대 밧줄과 결혼해야 할 순간, 아름다운 집시 여인 에스메랄다가 그에게 연민을 느껴 거짓 결혼을 해주면서 가까스로 죽음을 면한다. 이 나라의 지도급 인사인 '이집트 공작'이 찰흙 단지를 건네며 땅에 던지라고 명령한다. 단지가 네 조각으로 깨지자 이집트 공작께서 그랭구아르와 에스메랄다의 이마에 손을 얹고 말한다. "이 여자는 네 아내다. 누이여, 이 남자는 네 남편이다. 앞으로 4년 동안 자!"

　문학적으로 다소 과장됐을 수도 있겠지만, 실제 파리 한복판에 상당히 넓은 지역에 걸쳐 걸인, 부랑자, 도둑이 모여 사는 슬럼이 형성되어 있었다. 악취가 진동하고 포장도 안 되어 있는 진창의 복잡한 골목길인 이 지역은 일종의 반反사회로서 이곳만의 법칙과 언어가 따로 있으며, 일반 사회의 법이나 종교, 결혼 풍속 같은 것은 무시됐다. 이 지역은 루이 14세 시대인 1656년에 파리 경찰청이 대대적으로 단속을 시행했고, 19세기에 오스망 남작이 강압적인 도시정비를 하면서 완전히 자취를 감추었다.

　그 비슷한 빈민가 공격이 오늘날 브라질에서 일어났다. 2014년 브라질 월드컵과 2016년 리우데자네이루 올림픽 개최를 앞두고 브라질 정부가 대규모 빈민가인 호시냐와 비지갈 지역에 대한 대대적인 소탕 작전을 편 것이다. 헬기와 탱크, 장갑차를 동원하고 경찰과 군인 3천 명이 동원된 엄청난 작전의 결과 마약 조직의 최대 중심지로서 30년 동안 치안이 부재했던 곳이 마침내 정복됐고, 이 지역 '왕초'도 체포됐다. 그나마 가난한 시인과 아름다운 집시 여인의 낭만적인 사랑 이야기 같은 것도 없이, 단지 불행의 역사가 되풀이됐을 뿐이다.

베이비 박스

백 년 전처럼 아이를
내다 버리도록 해야 하는가

오늘날 우리는 아이들을 천사처럼 아름답고 소중한 존재로 여긴다. 과거에도 늘 그랬을까?

백 년 정도만 거슬러 올라가도 지금과는 전혀 딴판인 세계가 펼쳐져 있었다. 많은 아이들은 집이나 학교에서 좋은 교육을 받는 대신 일찍부터 일터로 향했다. 1830년대 방적공장 노동력의 절반을 아이들이 충당하고 있었다. 미국에는 225만 명의 아이가 석탄, 유리, 직물, 통조림, 담배 공장에서 일했다. 네 살짜리 아이가 하루 16시간 구슬 분류 혹은 담배 마는 일을 했고, 남부 면화공장에서는 5살짜리 노동자 소녀가 일을 했다. 어머니가 아이들을 내다 버리거나 심지어 살해하는 일이 비일비재했다.

당시 탁아소나 고아원은 한 편의 지옥도地獄圖를 보여주었다. 아이들은 수면제나 마취약을 먹고 잠이 들었다. 당시 아이들에게 많이 먹이던 고드프리Godfrey라는 수면제는 '어머니의 조력자mother's helper'로 불렸다. 이런 상황에서 아이들의 사망률이 엄청나게 높은 것은 당연했

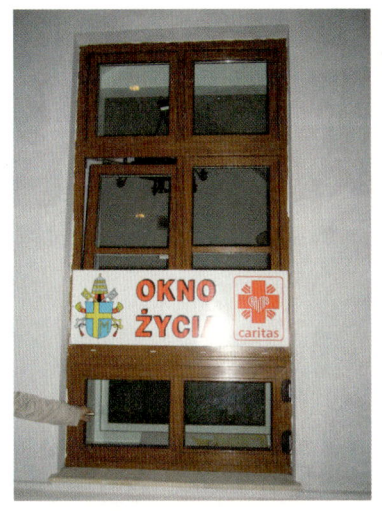

폴란드의 베이비 박스(왼쪽)와 피렌체의 베이비 박스(오른쪽).

다. 부정직한 업자들은 아이들에게 보험을 들었다가 그 아이가 죽으면 매장하지도 않고 돈을 타먹었는데, 이상하게도 보험에 들어 있는 아이들이 더 잘 죽었다. 이런 보호소는 '매장 클럽burial club'이나 '천사 제조기angel maker'라는 별명으로 불렸다.

유아 살해와 낙태는 널리 퍼져 있는 관행이었다. 당시 신문에는 아이들을 다른 집에서 대신 길러준다고 말하면서, 다시는 아이를 안 볼 수도 있다는 뜻을 넌지시 암시하는 광고들이 실려 있었다. 그런 곳에는 임신한 여성이나 어린아이들이 들어가는 모습을 볼 수 있지만 그곳을 떠나는 아이들은 한번도 보지 못했다! 끔찍한 일이지만 아이를 살해해주는 일을 하고 있는 것이다. 수많은 산파가 월경불순을 치료해준다는 광고를 내고 실제로는 낙태 청부업자로 일했다. 심지어 어머니 자신이 아이들을 죽이는 일도 적지 않았다. 극단적인 사례로 1734년에 런던의 주디스 두포어라는 여인은 구빈원workhouse에 맡긴 자기 아이에게 새 옷이 지급된 것을 알자 아이를 찾아와서 목 졸라 살해하고는 그 옷을 팔아 술을 사서 마셨다!

출산 직후에 아이를 바로 살해하는 영아 살해도 흔했다. 프랑스 법무부의 공식 통계에 의하면 1831~80년 사이에 영아 살해로 기소된 사건 수는 8,568건이었다. 그러나 여러 이유로 기소를 하지 않은 경우가 매우 많았을 터이므로 실제 일어난 사건은 2만 건이 넘을 것으로 추산된다. 특히 시골의 가난한 미혼의 문맹 여성이 이런 범죄를 많이 저질렀다. 브르타뉴 지방에 대한 연구를 보면 1825~65년 기간 중 영아 살해로 기소된 572명 중 80퍼센트가 시골 출신이었다. 영아 살해 방법으로는 산채로 땅에 묻거나 목을 조르기도 했지만 그보다 더 자주 사용된 방법은 입에 걸레조각이나 흙덩이를 집어넣어 질식사시키는 방법이었다.

이런 사태의 원인은 무엇이었을까? 이런 일은 부분적으로 다산다사多産多死의 인구 구조와 관련이 있다. 워낙 많은 아이들이 태어나서 그 중 많은 아이들이 일찍 죽으니 요즘처럼 한두 명의 아이만 낳는 때와는 분명 사정이 달랐다. 1842년 기소된 한 과부는 이미 12명의 아이를 낳아 그중 7명이 살아남은 상태에서 새로 아이를 낳게 되자 신생아를 살해했다. 그러나 이보다 더 중요한 것은 혼외 임신의 책임을 전적으로 여성에게 묻기만 할 뿐 일절 도움을 주지 않았다는 점이다. 이런 범죄에 대해 엄격한 처벌이 규정되어 있지만, 판결이 대체로 너그러웠던 것도 이런 사정과 무관치 않다. 사형이냐 무죄냐 할 때 흔히들 배심원은 무죄를 선택했다. 입법자들은 엄격한 법률을 완화해서 중벌은 아니더라도 실제로 처벌을 해야 범죄를 억제할 수 있다고 주장했다. '엄벌주의'보다 '필벌주의必罰主義'가 사건 방지에 더 효과적이라는 것은 잘 알려진 사실이다. 실제로 19세기 중에 관련 법이 세 번 개정되어 처벌이 갈수록 완화됐다. 하지만 이런 사건이 일어났을 때 피고는 으레 사산이었다고 주장하는데, 그것을 반박하기 어려운 점이 문제가 되곤 했다. 그래서 법원은 여전히 관대했다.

아이를 살해하지는 않더라도 내다 버리는 기아棄兒 현상도 심각했다. 아이를 버리는 것은 대개 밤중에 교회 문 밑에 두고 가거나 병원의 접수구接受口(tour. 아이를 놓고 갈 수 있도록 만든 통)에 집어넣는 식이었다. 파리의 쿠슈 병원은 1640년 이래 파리만이 아니라 프랑스 북부 각 지방의 아이들을 받았다. 문제는 이렇게 받은 아이들의 사망률이 극히 높다는 것이다. 이곳 아이들 중 한 살이 되기 전에 죽는 아이의 비율은 60퍼센트에 달했다!

100~200년 전에 일어났던 슬픈 이야기들이 21세기 대한민국에서 재현되고 있다. 파리의 그 '접수구'가 '베이비 박스'라는 이름으로 서울에 등장했다. 이 일을 어찌할 것인가? 아이를 버리는 사람을 비난하기 전에 국가와 사회가 하루바삐 대책을 마련해야 하지 않을까?

이자

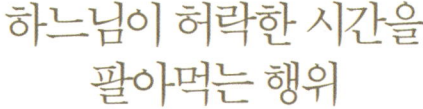
하느님이 허락한 시간을
팔아먹는 행위

'수쿠크sukuk'는 이슬람 채권을 가리킨다. 원래의 단어는 '사크sakk'이고 수쿠크는 그 복수형이다. 이슬람 율법인 샤리아는 돈을 빌려주는 대가로 이자를 받는 것을 금하지만, 이자 수수收受 없는 현대 경제는 존립할 수 없다. 그래서 율법의 엄격한 금지를 우회하여 이자 수수가 가능하도록 만든 채권이 발명된 것이다. 운용 원칙은 채권을 발행하여 모은 자산으로 특정 사업에 투자한 뒤 수익을 배당해주는 것이다. 차입자가 투자자에게 형식적으로 자기 부동산을 팔고 집세를 내는 방식이 대표적이다. 나중에 똑같은 가격으로 부동산을 되사면 원금을 갚는 것이고, 그동안 낸 집세는 이자를 대신한 셈이다.

이를 더 일반적으로 이야기하면 이중 판매double sale 방식을 통해 이자 문제를 해결해왔다고 할 수 있다. 구매인이 판매인으로부터 어떤 물건을 P라는 가격에 산다. 1년 후 구매인은 원래의 판매인에게 똑같은 물건을 P+r의 가격에 되판다. 이렇게 되면 결과적으로는 구매인이 판매인에게 P라는 금액을 빌려주고, 1년 후 돌려받을 때 r만큼의 이

게니자 문서가 우연히 보존되어 있던 카이로의 벤 에즈라 시너고그(유대교 회당).

자를 받은 셈이다. 사실 게니자 문서나 여타 중세 이슬람 문서를 보면 이자 지불 계약이 일상적이었음을 알 수 있다.* 이슬람 법정에서도 이자율이 일정 한도 이하라는 조건에서 오히려 이자 지불을 강요했다.

원칙적으로 이자를 금지하는 것은 이슬람교만의 일이 아니고 기독교나 유대교 역시 마찬가지였다. 구약에서 "이자를 위하여 돈을 꾸어주지 말고 이익을 위하여 네 양식을 꾸어주지 말라"(『레위기』 제25장 제

* 게니자 문서(Genizah documents)는 12세기 서아시아 최대의 상업도시였던 이집트 카이로의 벤 에즈라 시너고그(유대교 회당)에서 발견된 문서다. 유대 관습에서는 '하느님'이란 단어가 들어 있는 문서를 훼손하는 행위를 신성모독으로 여겼기 때문에 이런 문서는 예배당의 다락방이나 지하실 공간에 던져넣었다. 이 방이 게니자(genizah), 즉 '거룩한 문서들의 창고'다. 이 문서들은 오랜 세월이 흘러 삭아 없어지도록 하거나, 때때로 절차를 갖춰 매장됐다. 카이로의 게니자는 오랜 세월 잊혀 있었는데, 사막의 건조한 기후 덕분에 문서들이 온전히 보존됐다가 19세기에 보수 공사를 하다가 우연히 발견됐다. 이 문서는 12세기 이 지역의 사정을 말해주는 보고(寶庫)로서, 특히 수많은 상업 서한을 통해 광범위한 유대인 교역망을 확인할 수 있다.

카이로의 벤 에즈라 시너고그에서 게니자 문서를 연구하는 학자.

37절)고 했고, 신약에서도 "아무것도 바라지 말고 꾸어주라"(『누가복음』 제6장 제35절)고 하지 않았던가.

중세 유럽에서 고리대금업자들은 모두 지옥에 떨어질 사람들로 쳤다. 단테의 『신곡』 중 「지옥편」 제17곡에 지옥에 갇힌 고리대금업자들이 묘사되어 있다. 이들은 자기 가문의 문장이 새겨진 돈주머니를 목에 단 채 끊임없이 하늘에서 떨어지는 불똥을 털어내며 타오르는 땅을 할퀴고 있다. 이들이 남색가들과 함께 폭력범으로 분류되어 있는 것도 흥미롭다. 이때 '폭력'은 하느님의 법 혹은 자연 질서에 대한 폭력을 가리킨다. 중세의 경제 개념에서 돈은 생산에 아무런 기여를 하지 않는다. 돈을 빌려주는 행위는 다만 사정이 급한 사람들에게 시간적으로 여유를 준 것에 불과하다. 그렇다면 이자를 받는 것은 하느님이 만인에게 공통으로 허락한 '시간'을 팔아먹는 행위다.

만일 이런 식으로 금융업자들을 계속 규제했다면 서구 경제는 결코 오늘날처럼 성장하지 못했을 것이다. 그렇지만 실제로는 교회의 금지를 피하는 방편들은 얼마든지 고안해낼 수 있었다. 환율 계산 과정에서 이자를 감추어 지급할 수 있는 환어음이 대표적 사례다. 종교 도그마의 압박을 피해 현실 경제가 유연한 대응책을 찾아온 것이 지금까지 역사가 걸어온 길이다.

채무 노예

인간을 '노예 상태'로
떨어뜨리는 부채 문제

　프랑스의 인류학자 장클로드 갈레가 동부 히말라야 지역에서 관찰한 상황은 빚이 사람을 어느 정도까지 악랄하게 옭아매는지 보여준다. 땅도 없고 돈도 없는 이 지역 하층민은 상층 지주들에게 돈을 빌려 살아가지 않을 수 없다. 이 사람들은 수세기 전에 현 지주계층의 선조들에게 정복당한 사람들의 후손으로 여겨졌기 때문에 아예 '피정복민'으로 불렸다. 실제로 이들은 상층민들에게 몸과 영혼 모두 정복당한 상태나 마찬가지였다. 이들의 융자 금액은 실상 소액에 불과했기 때문에 이 돈 자체가 문제는 아니었다. 이들을 장기간 예속 상태로 묶어두는 방식은 이자였다. 돈을 빌린 사람은 흔히 돈으로 이자를 지불하는 대신 일을 해주곤 했다. 이들은 채권자의 화장실을 청소하거나 지붕 이는 일을 하는데, 그동안은 그나마 음식과 잠자리를 제공받는 이점이 있었다.
　더 큰 문제는 결혼과 장례처럼 돈이 많이 드는 대사를 치를 때다. 상당히 큰 금액을 빌려 혼례를 치르려면 채권자들은 대개 차입자의

「수금하는 고리대금업자」, 뒤러의 판화.

딸 중 하나를 '담보'로 요구했다. 심지어 신부 자신이 담보가 되는 경우도 종종 있다. 신부는 첫날밤 이후 채권자의 집에 가서 첩으로 몇 개월을 살고, 그러다가 대출자가 '노리개'에 싫증을 느낄 때쯤 인근 벌목장이나 심지어 매음굴에서 1~2년 정도 일하며 아버지의 빚을 다 청산한 다음에야 자기 남편에게 돌아가 결혼생활을 시작한다.

외부인들은 이런 사실에 대해 충격과 분노를 느끼지만 정작 그 지역 사람들은 불공정하다고 생각하지 않는다고 한다. 세상일이 모두 그렇게 돌아가는 것으로 여기는 모양이다. 도덕 문제를 관장하는 브라만(승려 계급) 역시 그런 현실에 대해 아무런 문제를 제기하지 않는다. 브라만 계급이 중요한 채권자이기 때문에 비판적인 태도를 취하지 않는 것인지 모른다. 물론 이곳 주민들이 정말로 비판적인 감정이 없는지는 모르는 일이다. 만일 마오이스트 반군들이 갑자기 이곳에 들이닥쳐 고리대금업자들을 재판에 회부한다고 가정하면, 그때 주민들이 토로하는 진심이 어떨지는 누구도 모른다. 그런 일이 일어나지 않는 한 이 지역은 제도적으로 그리고 도덕적으로 억압된 상태가 이어지고 있을 뿐이다.

이와 대조되는 곳이 중세 유럽이었다. 당시 가톨릭은 이자를 받고 돈을 빌려주는 행위를 완벽하게 금지하려 했다. 물론 그 규칙이 늘 철저히 지켜질 수는 없었다. 그러자 가톨릭이 설교 운동을 통해 도덕적

18세기 영국에서도 생활고를 견디다 못해 빚을 지고 파산하는 사람들이 많았다. 당대의 풍자 화가였던 윌리엄 호가스의 「빚에 의한 투옥」.

인 감시 운동을 펼쳤다. 탁발수도사들이 이 마을 저 마을을 돌며 고리대금업자들에게 회개하지 않으면 지옥에서 영원히 고통받을 것이라고 경고했다. 당시의 설교 내용이 일부 전해지는데, 이를 보면 하느님이 회개하지 않는 대부업자들을 심판한다는 무시무시한 내용들이다. 부자들이 임종의 자리에서 뱀이나 악마가 나타나 자신의 살점을 찢어먹히는 악몽을 꾸는 이야기 같은 것들도 많다.

이런 움직임이 절정에 이른 12세기가 되면 교황이 모든 고리대금업자를 파문하도록 명령했고, 교회에서는 그런 사람들의 시신을 교회 묘지에 묻지 못하도록 조치했다. 당시 어느 부자 대부업자의 친구들이 신부에게 압력을 가해 죽은 친구의 시신을 교회 묘지에 묻으려고 했던 이야기가 전해진다. 압력에 시달리다 못한 신부가 이런 제안을 한다. "그의 시신을 당나귀에 태워 하느님의 뜻이 어떠한지 보도록 합시다. 그 당나귀가 시신을 데리고 가는 곳이면 그곳이 어디든 그곳에 묻도록 합시다." 그런데 시신을 등에 얹은 당나귀는 뒤도 안 돌아보고 곧장 앞으로 나아가더니 도둑들을 교수형에 처하던 형장으로 가서 교수대 밑 똥이 쌓여 있던 곳에 시신을 박아버리더라는 것이다. 이런 식의 이야기를 통해 부채와 이자 문제에 대해 아주 강력하게 도덕적 압력을 가하고자 했다.

런던 대학교의 인류학자 데이비드 그레이버가 주장하듯 인간의 역사 전체가 어떤 의미에서 부채의 역사라고 해도 과언이 아니다. 어떤 사회든 사람들이 관계를 맺으며 살아갈 때 돈이나 명예, 혹은 그 외의 무엇이든 서로 빚지게 되고, 이것이 누적되면 결국 일부 사람들이 다른 사람들에게 종속당하게 된다. 영국 케임브리지 대학교 고전학 교수인 모세 핀리는 고대 세계에서 모든 혁명 운동들은 '빚을 탕감하고 토지를 재분배하라'는 요구에 맞추어져 있다고 말했다. 부채 문제가 해결되지 못하고 장기간 지속되면 시민 중 다수가 채무 노예로 전락하는 사태가 벌어진다. 이 문제에 어떤 방식으로 응하느냐가 해당 사회의 성격을 잘 드러내는 요소라 할 수 있다.

우리 사회의 불평등 문제도 이런 시각에서 재고해볼 필요가 있다. 이자가 인간을 '노예 상태'로 떨어뜨리고 있는 건 아닐까? 이 문제에 대한 지혜로운 해결 방안을 찾아볼 필요가 있다.

밑바닥 10억

하루 1달러로 살아가는
극빈국에게 우리의 경험을

　현재 세계 인구는 부유한 10억과 가난한 50억으로 나뉘어 있다. 가난한 50억 인구 중에서도 상위 80퍼센트는 그나마 열심히 노력하여 경제 사정이 개선되는 개발도상국 주민이지만 가장 밑바닥에 위치한 10억 명은 경제가 후퇴하거나 아예 와해 지경에 빠진 국가에 살고 있다. 이 나라들은 한 사람이 하루 평균 1달러 정도로 살아가는 극빈국들이다. 옥스퍼드 대학교의 경제학 교수인 폴 콜리어는 이들을 따로 '밑바닥 10억Bottom Billion'이라 부르며 이들을 위한 특단의 대책을 강구해야 한다고 역설한다.

　성장 중인 개발도상국들의 경우 1970년대에는 1인당 국민소득이 연평균 2.5퍼센트, 1980~90년대에는 4퍼센트씩 성장했다. 그러나 같은 기간 밑바닥 국가들은 매년 0.4~0.5퍼센트씩 마이너스 성장을 기록하여 21세기 초에는 1970년대보다 경제 사정이 오히려 더 악화됐다. 두 그룹의 격차는 1980년대에는 매년 4.4퍼센트씩, 1990년대에는 매년 5퍼센트씩 벌어졌다. 이렇게 30년이 지나는 동안 밑바닥 국가들은 개발은커녕 현상 유지도 못한 채 뒷걸음쳤다. 분명 개발도상국들이 나름대로 노력하여 성장해가는 것이 밑바닥 국가들의 기회를 빼앗는 결과를 가져왔을 터다. 그 결과 밑바닥 국가들은 최악의 상황에 내몰렸다. 평균 기대수명은 50세에 불과하고 유아 사망률은 14퍼센트에 달하며, 평균 36퍼센트의 어린이들이 만성 영양실조 증세를 보이고 있다.

이 나라들을 가난에서 벗어나지 못하도록 붙잡고 있는 여러 종류의 덫이 있다. 콜리어 교수는 이를 네 종류로 나눈다. 밑바닥 국가의 73퍼센트는 내전을 겪었고, 29퍼센트는 천연자원 수입에 전적으로 의지하는 정부의 지배를 받고 있다. 30퍼센트는 천연자원이 부족할 뿐 아니라 나쁜 이웃들에 둘러싸여 있는 내륙국들이다. 그리고 76퍼센트는 장기간 나쁜 통치와 빈약한 경제정책으로 많은 고통을 겪은 나라들이다.

그동안 선진국들이 이 국가들에 원조를 확대해왔으나 그렇다고 빈곤 탈출에 성공하지는 못했다. 지금까지의 경험에 비추어보면 원조 금액이 두 배 늘었다고 해서 경제성장률이 두 배로 늘지는 않는다. 세계개발센터는 '원조 금액이 국내총생산의 16퍼센트를 차지하면 원조 효과가 거의 제로에 가까워진다'는 '원조 수확체감의 법칙'을 내놓았다. 유럽연합EU이 아프리카의 차드에 보건정책 개선을 위해 예산을 지원했지만, 실제 지역 보건소에 도달한 예산은 원래 금액의 1퍼센트도 되지 않았다. 많은 돈은 차드의 군대로 들어갔으리라고 추측할 뿐이다. 어떻게든 가난에서 벗어나려는 의지가 없으면 아무리 원조를 많이 해주더라도 밑 빠진 독에 물 붓기다. 한국전쟁 당시 부산 피란지에서도 천막 학교를 세워 아이들을 가르치던 윗세대의 눈물겨운 노력이 있었기에 우리나라가 이런 정도의 성과를 거둘 수 있었다.

콜리어 교수는 차라리 적절한 군사 개입을 하자는 과격한 안까지 제시하지만, 그것이 해결책이 될지는 의문이다. 전문가들은 극빈국들이 나쁜 통치와 빈약한 경제정책의 덫에서 벗어나는 데 걸리는 예상 기간을 60년 정도로 추산한다. 그나마 실제 극빈국 상태에서 벗어날 확률은 2퍼센트가 채 되지 않을 것으로 본다. 되돌아보건대 아마 우리나라가 바로 그 2퍼센트에 속하는 희귀한 사례가 아니었을까 싶다. 세계 최빈국에서 어엿한 경제 강국으로 성장 중인 우리나라의 경험이 이들에게 도움이 되지 않을까? 우리에게는 강대국들과의 외교도 중요하지만 개발도상국이나 '밑바닥 10억' 국가들에 대한 개발협력 역시 갈수록 중요성이 커지고 있다. 그렇지만 남을 돕는 것도 제대로 알아야 가능한 일이다.

우리의 역사 경험은 이제 우리에게만 소중한 게 아니라 세계 시민이 주목하는 중요한 내용이 됐다. 후진국에 물질적 원조를 제공할 뿐 아니라 우리의 경험을 알려주는 것도 앞으로의 과제가 될 것이다.

특허

어느 정도까지
보호해야 하는가

세계 산업계는 특허 전쟁 중이다. 애플과 삼성 같은 거대 공룡 기업들이 조兆 단위의 돈을 놓고 혈투를 벌이고 있다. 많은 역사가는 근대에 서구가 패권을 차지한 요인 중 하나로 특허제도의 성립을 든다. 과학자·엔지니어·디자이너들이 쏟아부은 지대한 노력에 응분의 보상을 해줄 때 경제발전이 이루어진다는 것은 분명하다.

사유재산권 보호에 가장 앞선 나라는 영국이었다. 영국은 다른 나라보다 훨씬 일찍 사유재산권 보호를 제도화했을 뿐 아니라, 발명과 같은 지식재산권도 보호해야 할 권리에 포함했다. 1642년에 만든 독점법은 새로운 발명품에 대한 특허권을 14년간 보장해주었다. 14년이라는 기간은 발명가에 대한 보상과 유용한 발명품들을 이용할 공공의 권리를 적절히 조정한 결과였다.

이 제도를 가장 잘 이용한 인물로 제임스 와트(1736~1819)를 들 수 있다. 증기기관을 처음 개발한 것은 토머스 뉴커먼(1663~1729)이었지만 이를 개선하여 실질적으로 현대 산업의 중추적인 동력원으로 만든

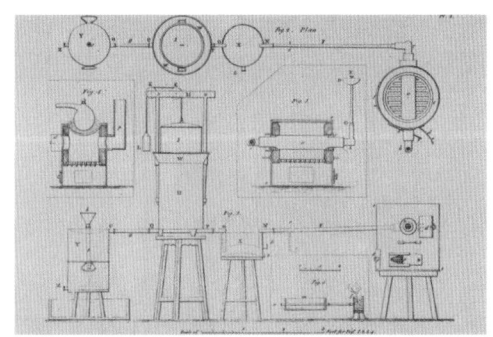

제임스 와트가 개발한 기계의 설계도.

것은 와트였다. 1712년 석탄 광산에 설치된 뉴커먼의 기관은 약 10갤런(약 38리터)의 물을 153피트(약 47미터)까지 끌어올렸다. 그러나 뉴커먼의 증기기관은 그 효능을 제약하는 많은 결점을 안고 있었다. 이 기관은 설치하는 데에 2층 높이의 건물이 필요할 정도로 거대했지만 정작 그 힘은 성능 좋은 물레방아와 별반 차이가 없었다. 게다가 뉴커먼 기관은 물을 증기로 바꾸는 열을 얻기 위해 엄청난 양의 석탄을 필요로 했다. 그런데 뉴커먼 기관은 열의 5분의 4를 헛되이 낭비하고 있었다. 이 기관의 중심부에 있는 실린더는 증기가 채워지면 여기에 붙어 있는 피스톤을 밀어냈다. 다음에는 실린더를 냉각시키기 위해 기체를 물로 액화시켰고 이 과정에서 진공상태를 만들어냈다. 그러면 피스톤은 기압에 의해 실린더 쪽으로 다시 밀려간다. 이런 식으로 위아래로 움직이는 힘을 이용해서 피스톤에 붙어 있는 펌프 같은 도구들이 유용한 작업을 수행하는 것이다. 와트는 뉴커먼 기관이 비효율적으로 증기력을 낭비하는 원인은 매번 가열된 실린더를 직접 냉각해야 하기 때문임을 알아냈다. 와트는 별도의 증기 콘덴서condenser(액화장치)를 사용하여 실린더를 계속 뜨겁게 달구어진 상태로 유지시키는 방법으로 이 문제를 해결했고, 1769년 특허를 출원했다. 이 발명 덕분에

제임스 와트와 매슈 볼턴이 보유한 특허에 따라 제작된 기계.

증기기관은 각종 기계와 선박, 기차 등 다양한 분야에 사용될 수 있게 됐다. 수많은 사람들이 그의 특허를 침해하려 했지만 와트는 증기기관을 계속 개선하여 특허 침해자보다 한걸음 더 앞서나갔다.

와트가 기술 개발 측면에서 탁월한 재능을 보였다면 그의 파트너인 매슈 볼턴은 안목이 뛰어난 사업가였다. 두 사람은 영국 의회 법령에 따라 25년 연장된 특허권을 가지고 1775년 함께 사업을 시작했다. 볼턴이 증기기관을 활용할 수 있는 사업을 찾아내면 와트는 기술적으로 그 문제를 해결해냈다. 그 결과 생각할 수 있는 모든 제조업에 응용할 수백 가지 증기기관이 만들어졌다. 와트가 죽은 1819년에는 그 수가 1천 개를 넘어섰다. 그들은 철저하게 특허권을 보호했고, 그 덕분에 큰돈을 벌었다.

특허가 경제발전을 위한 가장 중요한 제도인 것은 분명하다. 한편으로는 이 제도가 불비不備한 것이 문제가 될 수 있고, 다른 한편으로는 이것이 과도해서 문제가 되지 않나 하는 느낌을 받을 때도 있다. 오늘날 발명가나 사업가의 재능과 노력을 보호하는 특허제도는 극단으로 치닫는 느낌이다. 심지어 인간의 감성 또는 느낌까지 특허 대상이 됐다. 인류 공통 지혜의 집적물에 무엇인가를 약간 덧붙였다고 해서 대기업이 모든 것을 독차지하고 파는 행위가 과연 올바른 일인지 근본적으로 재검토해볼 필요가 있다고 본다. 결국 균형잡힌 제도의 정비가 핵심이다.

짝퉁과 기술 도용

경제성장 초기에 벌어지는
낯뜨거운 일들

흔히 '짝퉁'으로 불리는 가짜 상품의 거래가 세계적으로 확대되고 있다. OECD 보고서에 의하면 가짜 상품의 국제거래로 인한 피해액이 2005년에는 2000억 달러, 2007년에는 2500억 달러에 달했다고 한다. 여기에 온라인 판매나 국내 거래액을 합치면 그 액수는 훨씬 늘어 6000억 달러에 이를 것이라고 한다. 중국의 경우는 가짜 상품 규모를 GDP의 20퍼센트인 1조 달러로 추산하기도 한다. 허가 없이 깊은 산골짜기에 숨어 제품을 만든다는 뜻에서 '산짜이山寨'라 부르는 이런 상품들 중에는 '참일술', '찐라면', '새우짱'처럼 우리나라의 유명 상품을 모조한 것들도 많다.

어느 나라나 경제성장의 초기에는 외국 기술이나 상표를 도용하는 단계를 거친다. 과거 우리가 일본에서 많은 것을 훔쳐왔다고 하지만, 일본 역시 초기에는 다를 바 없었다. 제2차 세계대전의 패전 이후 침체해 있던 일본 경제가 한국전쟁의 특수特需 덕분에 본격적으로 성장하기 시작했을 때 그들 역시 외국 상표를 많이 도용했다. 한 일본 회사는 유명한 재봉틀 'Singer'를 모방하여 자기 상품에 'Seager'라는 인장을 찍은 후 국내 시장에서는 2만 5천 엔에 팔면서 외국에서는 1만 엔에 싸게 팔았다. 일본 상품이 싸구려 이미지를 벗어던지지 못했던 당시 흔히 자국 상품을 미국산으로 속이려 했다. 심지어 규슈九州 지방의 우사宇佐라는 소도시에서 싸구려 물품을 만드는 생산자들이 자기 물품에다가 '메이드 인 우사Made in Usa'라는 라벨을

아크라이트가 개발한 역직기.

붙여서 미제Made in USA인 양 속였다는 소문도 있었다. 아마 이 이야기는 재미있는 조크였을 가능성이 크지만, 당시 일본이 미국 상품을 얼마나 많이 베끼려 했는지를 말해준다.

그렇다면 일본의 상표 도용의 대상이었던 미국의 경우는 어떠했을까? 미국 역시 마찬가지였다. 미국의 초기 섬유업은 영국 기술을 해적질하여 시작했다. 사무엘 슬래터라는 인물은 영국에서 면직물 공업의 거물인 리처드 아크라이트의 동업자 중 한 명이 운영하는 방직공장에서 십대 때부터 수년간 도제로 일했고 이후에는 감독자로 승진했다. 그는 뛰어난 기억력을 가진 숙련공으로, 아크라이트 공장 전체의 설계를 암기할 수 있었다. 그는 1789년 평범한 농민으로 가장하고 미국으

로 향하는 배에 올랐다. 그러고는 곧장 로드아일랜드의 부유한 상인인 모세 브라운과 동업자로 사업을 시작했다. 브라운은 이전에 생산성이 높은 면직 공장을 세우려 노력했으나 실패한 적이 있었다. 채 일 년도 되기 전에 슬래터는 블랙스톤 강 유역의 포터컷에 아크라이트 방식의 공장을 세우는 데 성공했다. 소규모 공장이었지만 이것이 미국의 섬유·직물업의 시발이 됐다.

우리나라가 다른 나라 상품을 모방하던 단계를 벗어나서 오히려 모방의 대상이 됐다는 것은 나쁘지 않은 일이다. 그렇지만 중국이 우리나라 것을 베꼈다고 하는 일부 상품이 일본 상품의 짝퉁이라는 사실은 놀랍고 부끄러운 일이다. 이제는 확실하게 짝퉁 제조를 정리할 때가 됐다.

네덜란드병(病)

로또 당첨이 인생을 망치듯

'네덜란드병Dutch disease'이란 천연자원 개발에 따른 갑작스러운 외환 증가가 제조업의 후퇴를 불러오는 것을 말한다. 마치 로또에 당첨된 후 오히려 인생이 망가지는 것과 유사하다. 네덜란드에서 초대형 천연가스전田과 유전이 개발되어 거액의 외화가 유입되자 이로 인해 환율이 급격히 떨어져서 전반적인 수출 경쟁력이 떨어지고 경제의 활력이 감소하는 사태가 일어났다. 이로부터 네덜란드병이라는 말이 생겨났다. 자원의 수익이 어떻게 해서 오히려 경제를 망가뜨리는 결과를 가져왔을까? 네덜란드병의 원인과 증세에 대해 알아보도록 하자.

제2차 세계대전 이후 네덜란드의 경제구조는 노동집약형 산업 생산 위주였으므로, 임금 인상을 억제하여 국제적으로 가격경쟁력을 높이는 것이 경제 부흥의 중요한 전략이었다. 그와 같은 국가적 목적을 위해서는 임금 인상 억제가 필수적이었다. 이 나라에서는 정부의 임금중재위원회가 제시한 임금 가이드라인을 노사가 모두 잘 따른 결과 주변국들에 비해 임금이 20~25퍼센트 낮은 수준을 유지했고, 그 대신 거의 완전 고용에 가까운 상태가 유지됐다. 1945년부터 거의 15년이나 임금 인상 억제가 유지됐다는 것은 매우 놀라운 일이다.

그렇지만 지나치게 오랫동안 지속된 임금 통제가 결국은 문제가 됐다. 1960년대 초 드디어 한계에 이른 임금 통제가 허물어져 이때까지 지체됐던 임금 수준이 폭발적으로 급등했다. 산업 구조는 여전히 노동집약적인 가운데 임금이 급격히 상승하자 기업의 경쟁력이 무너져갔다. 이런 위기의 순간, 슬로흐터런 지역에서 엄청난 규모의 천연가스전이 개발되어 막대한 국고 수입이 가능해졌다. 이것이 문제를 일으키리라고는 처음에는 상상하지 못했을 것이다. 국가 재정에 여유가 생기자 이것으로 복지국가 시스템을 상당히 오랫동안 공고하게 유지할 수 있었다. 임금 인상이 기업의 경쟁력을 약화시키고 결과적으로는 실업을 유발했는데, 이로 인한 문제 해결을 국가의 복지 시스템에 의존했기 때문이다. 그 결과가 바로 '노동 없는 복지' 현상으로 나타났다. 이런 상황에서 가스 관련 산업으로 자원이 과도하게 집중되어 다른 경제 부문이 약화되는 한편, 가스 수출 대금 유입으로 인해 환율이 인상되어 다른 산업 부문의 수출 경쟁력을 더욱 악화시켰다. 경제 전반의 경쟁력 하락, 실업, 과도한 복지라는 문제가 연쇄적으로 일어난 것이다.

더 심각한 점은 이런 문제점들을 해결할 수 있는 체제 자체가 마비되어갔다는 것이다. 이전처럼 정부가 주도해서 중재하지도 못했고, 기업과 노조 간의 협상은 난항을 거듭하다가 극단적인 파국으로 치닫곤 했다. 이런 일련의 사태에서 특히 중요한 사건 중 하나는 1967년에 있었던 필립스사의 3년 단위 임금 협약이었다. 이를 기점으로 이후 노조는 매년 협약 임금에 물가상승률의 반영을 보장받게 됐다. 임금이 물가상승률을 따라 자동적으로 인상되자 임금 수준에 연동된 사회보장 지출도 자동적으로 상승했다. 그 결과 네덜란드의 사회보장제도가 아예 유지되기 힘들어졌다. 할 수 없이 사회보장 부담금과 조세가 증가하자 이는 결과적으로 노동자들의 소득 수준을 낮추는 결과를 가져왔다. 이처럼 모든 요소들이 서로 맞물려 옴짝달싹하지 못하는 최악의 상태로 가고 있었던 것이다.

이런 상황에서 1973년의 제1차 석유 위기와 1979년의 제2차 석유 위기는 네덜란드 경제에 심대한 충격을 가했다. 1981~83년 당시 국민소득은 8사분기 동안 연속 감소했고, 순 투자수익률은 2퍼센트 수준으로 곤두박질쳤다. 부채 증가로 인해 제조업체 25개 중 하나 꼴로 파산 상태에 이르렀고, 실업률이 치솟았다. 고용 근로자의 평균 가처분 소득은 1981~83년 3년간 약 10퍼센트 감소했으며, 미취업자들에 대한 사회보장 혜택은 더 크게 줄었다. 그러면서도 전반적인 사회보장의 부담이 과도하여 1982년도 예산 적자는 GDP의 7퍼센트에 달했다. 당시 네덜란드는 경제가 너무 피폐해져서 도저히 회생할 수 없어 보였다.

이는 한 나라의 경제가 어떻게 하면 철저하게 망하는지 보여주는 사례 같다. 그랬던 네덜란드가 어떻게 슬기롭게 중병을 이겨냈을까? 그 계기가 된 것이 바세나르 협약Accord of Wassenaar이었다.

바세나르 협약

가족의 가치를 중시하는
분위기에서 나온 노사 합의

　1980년대 중반 네덜란드는 '선진 자본주의 세계에서 가장 심각한 고용 실패를 한 곳'이자 동시에 '노동 없는 복지'의 전형적인 사례로 지목됐다. 소위 '네덜란드병'의 발생지였던 이 나라는 그로부터 10년 뒤 이번에는 '네덜란드의 기적'이라 불릴 정도로 성공적인 경제 회복을 이룩했다. 1984년 14퍼센트에 달했던 실업률이 1997년엔 6퍼센트 수준으로 떨어졌는데, 이는 11퍼센트에 달하는 유럽연합EU 평균 실업률에 비해 거의 절반 수준이었다. 경제가 거의 붕괴될 뻔한 위기에서 탈출할 수 있었던 핵심 요인은 결국 노사 간의 합의였다. 1982년의 바세나르 협약이 그것이다.

　1982년 11월 24일, 노동조합연맹과 경영자단체연합을 대표하는 빔 코크와 크리스 판 페인이 네덜란드 노동정책에 관한 중요한 협약을 체결했다. 이 협약은 페인이 사는 지역 이름을 따서 바세나르 협약이라 부른다.

　이 조약은 원래 법적인 구속력이 없는 '권고' 방식으로서, 중요 사항들을 직접 결정하는 것이 아니라 가이드라인을 제공하는 방식이었다. 즉 수많은 노동조합과 기업을 대표하는 중앙의 단체들이 협의하여 하위 단계의 임금 협상에서 적용할 가이드라인을 제공하는 체제를 만든 것이다. 이런 느슨한 협약이 그토록 큰 영향을 미치며 성공을 거두리라고는 누구도 예상치 못했다.

조약의 가장 큰 특징은 노조가 투자와 고용의 활성화를 위한 전략으로 임금 인상 억제를 채택했다는 점이다. 치솟는 실업률에 자극을 받은 노조는 네덜란드 산업의 수익성을 높이는 것이 노동시장 회복에 필수 조건이라는 확신을 갖게 됐다. 이에 대한 보상으로 기업들도 노동시간 단축에 대한 반대 입장을 철회했다. 노조가 임금 인상에 대해 양보하고 기업이 노동시간 축소에 동의하는 지극히 어려운 양보가 이루어진 것이다.

정부는 이제 노사 간에 도출된 타협안에 반대할 이유가 없으므로 사회적 합의를 존중하고 그것을 정치적으로 추인하는 절차를 밟았다. 이해 12월 12일, 국회는 일자리 재분배와 근로시간 단축을 촉진하기 위해 현존하는 협약들의 효력을 인정하고 물가에 따른 임금의 자동 인상 규정을 유예하는 내용의 특별법인 '포괄법umbrella law'을 승인했다. 이제 민간 부분이나 공공 부문 모두 임금 인상을 억제하고 노동시간을 줄여 고용을 늘리려 노력하는 것이 시대의 대세가 됐다. 실제로 평균 실질 임금이 9퍼센트나 하락했고, 기업의 순수입에서 노동비용의 비중은 1982년 89퍼센트에서 1985년 83.5퍼센트로 낮아졌다.

노조가 임금 인상을 억제해서라도 일자리를 확대하는 방안에 동의한다는 것은 쉬운 일이 아니다. 노조는 차제에 근로시간 단축을 강하게 밀어붙였다. 노조의 의도는 네덜란드 사회가 직면한 최대의 문제인 실업, 특히 청년실업 문제에 대한 해결 방식으로 노동시간을 줄여 일자리를 공유하자는 것이다. 그렇지만 더 이상의 노동시간 단축안에 대해 기업들은 강력하게 저항했고, 이후 단체협상은 교착상태에 빠졌다. 이 상황에서 네덜란드는 다른 나라와는 매우 다른 방식으로 일자리를 창출했는데, 그것이 곧 네덜란드 모델의 독특한 강점이면서 동시에 단점이 됐다.

네덜란드의 새로운 일자리 창출은 시간제 근무의 확대 방식으로 일어났다. 시간제 근로와 탄력 근로는 1983년 이후 고용 증가의 4분의 3을 차지한다. 1987년 이후 새로 만들어진 일자리의 60퍼센트가 주당 35시간 이하의 시간제 근로였다. 시간제 근로는 1979년 16.6퍼센트에 불과했던 것이 1996년에는 20퍼센트 포인트 증가한 36.5퍼센트로 상승했다. 이는 다른 유럽 국가들과 비교해볼 때 매우 높은 편이다. 이와 관련해서 또 한 가지 중요한 사실은 시간제 근로의 4분의 3을 여성이 차지한다는 점이다. 다른 각도에서 이야기하면 여성 임금 근로자의 3분의 2가 시간제 노동에 종사한다. 이를 정리하면 네덜란드는 시간제 노동 비율의 상승, 특히 여성의 시간제 근로 비율의 급격한 상승을 통해 고용 증가를 이룬 것이다.

이는 분명 비판적으로 볼 여지가 많다. 고용 기적의 실상이라는 것이 사실은 정규직 남성 노동자의 임금 억제 및 노동시간 단축을 통해 여성 파트타임 노동자가 증가한 것에 불과하며, 결국 노동력 재배분에 지나지 않기 때문이다. 네덜란드 모델에 대한 비판은 대개 이 점에 모아진다. 그런데 정작 네덜란드 내부의 시각은 외부의 비판적 견해와는 많이 다르다. 비정규직 노동의 선택이 '자발적'이라는 것이다. 전체 파트타임 취업자 중 '풀타임 일자리를 원하지 않아서' 이를 선택한 사람이 72.0퍼센트인 반면 '풀타임 일자리를 얻을 수 없어서' 선택했다는 사람은 4.3퍼센트에 불과하다는 조사가 이를 단적으로 말해준다. 말하자면 네덜란드 사회는 이런 방식을 진정으로 원했기 때문에 선택했다고 할 수 있다. 가족 중 한 사람의 풀타임과 한 사람의 파트타임(소위 '1+0.5')을 통해 일과 가정을 함께 지키는 전략을 취한 것이다. 이는 가족의 가치를 대단히 높이 여기는 이 나라의 문화에서 나온 결과다.

네덜란드 방식은 분명 참고할 만한 사례이지만 그렇다고 곧바로 도입할 수 있는 모델은 아니다. 우리의 사회·문화 풍토에서 내가 임금을 덜 받더라도 동료의 일자리를 만들어준다는 방안에 합의할 수 있을지 의문이다. 가족 중 한 사람이 전업 노동을 하고 다른 한 사람(특히 여성)이 파트타임을 하면서 경제를 꾸리고 동시에 가정의 가치를 지킨다는 것에 흔쾌히 동의할지도 불확실하다. 합의 모델이란 원한다고 해서 되는 게 아니라 수백 년 역사의 흐름에서 만들어진 그 나라의 풍토가 거기에 맞기 때문에 작동한 것이다. 외국의 모델이 좋아 보여 우리나라에 들여온다고 해서 이것이 작동하리라고 기대할 수는 없다. 결국은 우리 사회·문화에 맞는 자체 모델을 개발해야 한다.

머라이온

사자와 물고기의 이종교배

신화에는 반인반수半人半獸의 존재가 많다. 켄타우로스는 사람과 말이 합쳐진 것이고, 인어는 사람과 물고기가 합쳐진 것이다. 이때 인어의 상체가 여성이면 '머메이드mermaid', 남성이면 '머맨merman'이라 한다. 이보다 더 특이한 상상력의 산물로는 사자와 물고기가 합쳐진 머라이온을 들 수 있다.

머라이온은 바다를 뜻하는 '머mer'와 사자를 뜻하는 '라이온lion'이 합성된 말이다. 고대 인도나 헬레니즘 시대의 유적에서 이 문양을 찾을 수 있고, 영국의 포츠머스처럼 많은 항구도시가 시 문장紋章으로 이와 유사한 바다-사자sea lion를 사용해왔다. 그렇지만 머라이온은 특히 싱가포르의 상징으로 널리 알려지게 됐다. 물고기 부분은 테마섹이라 일컫던 작은 어촌에서 싱가포르가 시작됐다는 점을 나타내고, 사자 부분은 싱가포르의 원래 이름인 싱가푸라Singapura('사자의 도시kota singa'라는 뜻)를 나타낸다.

이 특이한 상징을 주목하게 된 것은 이것이 바다와 육지의 결합을

사자와 물고기가 결합된 상상의 동물 머라이온. 싱가포르의 머라이온파크에 있는 머라이온 상.

보여주기 때문이다. 육상동물 중 최강자인 사자가 해양동물의 힘까지 얻은 모양새다. 사실 싱가포르의 역사가 그런 궤적을 그리고 있다. 대륙에서 내려온 화교가 중심이 되어 동남아시아에 세계 경제의 중심지를 건설한 것이다. 1965년에 공식적으로 독립국가가 됐을 때만 해도 이 지역은 도박, 마약, 매춘이 횡행하던 황폐한 곳에 불과했지만 그 후 반세기가 안 되는 단기간에 완전히 환골탈태하여 국제 금융 도시로 성장했다. 이 나라의 초대 총리 리콴유李光耀(1923~)의 삶이 이 나라의 역사를 그대로 보여준다.

리콴유의 집안은 중국의 북방계 유랑민인 객가客家 출신이다(중국의 덩샤오핑鄧小平 주석과 대만의 리덩후이李登輝 총통도 같은 객가 출신이다). 중국에서 '객가'라고 하면 기질이 매우 강하고 응집력이 강한 사람들로 평가한다. 그들은 원래 중국 한나라 시대 귀족 출신으로 전란을 겪으면서도 집단 피난민 생활을 하며 남쪽 곳곳으로 이주하여 현재 동남아시아 각지에 많이 살고 있다.

1819년 영국인 스탬퍼드 래플스 경이 싱가포르를 개발하기 시작하던 무렵, 리콴유의 고조부가 중국에서 이주해왔다. 리콴유는 부친 리친쿤李進坤과 어머니 추아짐니蔡認娘 사이에 장남으로 태어났다. 그는 공부를 매우 잘하여 싱가포르 명문 래플스칼리지를 졸업하고 영국의 케임브리지 대학교 법학과에 장학생으로 입학하여 수석 졸업했다. 1950년 영국에서 돌아온 리콴유는 좌경적 사상을 가진 민족주의자로 약 100여 개의 노동조합 법률자문으로 활동했다. 이때 이미 정치적으로 두각을 나타내더니 1954년 인민행동당이 창당됐을 때 가입하여 초대 사무총장직을 맡으면서 정치가의 길을 걷기 시작했다. 35세이던 1959년 영국 식민정부군으로부터 제한적인 독립을 부여받은 자치정부의 초대 총리가 됐다. 그 후 그는 싱가포르를 말레이시아 연방의 일원으로 가입시켰지만, 2년 후인 1965년에 연방에서 축출당했다. 당시 싱가포르는 작은 섬에 바위와 늪지대가 전부이고 도박과 마약, 매춘이 들끓던 때라 말레이시아 연방에 가입하는 것이 유리하다고 판단했지만 정작 말레이시아는 당시 좌경 사상을 가지고 있던 리콴유가 위협적으로 보여 그를 내쫓은 것이다. 결과적으로는 이로 인해 싱가포르는 완전 독립을 이루게 됐다.

그로부터 리콴유는 부존자원이 하나도 없는 섬나라 다민족 국가를 지켜내기 위해 생존survival을 모토로 내걸었다. '쉬면 쓰러진다', '부패하면 망한다'는 것이 그가 간직한 정신이었다. 그는 이 나라를 자본주의도 아니고 사회주의도 아닌 독특한 방식으로 운영하여 세계 경쟁력 1위, 부정부패 없는 유능한 정부를 만들었다. 그러나 그 이면에는 엄청난 인권 탄압과 비밀경찰 제도가 어두운 그림자를 드리우고 있다. 반정부 인사는 손발을 묶어 헬리콥터에서 직접 바다로 떨어뜨렸다는 유의 가공할 이야기들이 전해온다. 민주화를 희생하고 그 대신 얻은 세계 최고 수준의 부국! 이것이 그동안 싱가포르가 걸어온 길이다.* 이제 경제적 풍요와 민주체제를 융합시키는 것이 이 나라의 최대 과제가 될 것이다.

이 나라는 리콴유 총리가 정권을 내놓은 이후 사회와 경제 전반에 걸쳐 많은 변화가 시작됐다. 10년 만에 다시 방문한 싱가포르는 벌써 분위기가 많이 달라져 있었다. 과도하게 전제적이었던 정치 색채는 많이 줄고, 세계적인 기업들의 아시아 본부 집결지라는 성격은 더욱 강해진 느낌이다. 리콴유 총리 시절과 비교해보면 가히 놀라운 일이지만, 관광 사업에도 눈을 떠서 세계 최대의 카지노 단지를 허가하여 큰 성공을 거두었다. 그런데 싱가포르의 새로운 랜드마크가 된 마리나 베이 샌즈 건물을 우리 건설사가 지었다는 점도 주목할 만한 사실이다. 머리에 배를 이고 하늘로 치솟는 용 세 마리를 연상시키는 건물 모습이 인상적이었다. 사자와 고래의 결합, 그리고 다시 용으로 승천! 이야말로 싱가포르가 꿈꾸는 미래상일 것이다. 지금은 남에게 건물을 지어준 정도로 그쳤지만, 다음은 우리 차례가 될 수 있다는 희망을 가져본다. 이제 한국인이 육지로, 바다로 그리고 하늘로 약진하는 역사를 만들 때다.

---

* 리콴유는 반(反)민주적인 시스템이 경제발전을 이루는 데 훨씬 유리하다는 주장을 하여 이를 흔히 리(Lee)의 가설이라 부른다. 한국이나 중국 같은 규율주의 국가들이 인도, 자메이카, 코스타리카 등 덜 규율적인 국가보다 경제성장의 속도가 빠르다는 점을 들어 이 가설이 옳다고 주장하기도 하지만, 사실 이 가설은 광범위한 통계에 근거한 것이라기보다 제한적으로 선택된 정보에서 도출한 것이라 신빙성이 없다. 놀라운 경제성장률을 자랑했던 보츠와나가 아프리카에서 가장 민주적인 국가라는 점이 하나의 반증이 될 것이다.

말라카 해협

동서양의 교류·충돌의 핵심 지역

'동양'과 '서양'은 원래 말라카 해협을 기준으로 나눈 개념이다. 중국에서 보았을 때 말라카 해협 너머 서쪽으로 가는 해로海路 혹은 그 해로를 통해 도달하는 지역을 서양이라 불렀고, 반대로 말라카 해협 동쪽을 동양이라 불렀다. 아시아 해상 세계의 중요한 길목이었던 말라카 해협이 이제는 오늘날 의미의 동양과 서양이 교류하고 충돌하는 핵심 지역이 됐다.

말라카 해협은 세계 해상 무역의 50퍼센트 이상이 집중되는 곳이다. 말레이 반도와 수마트라 섬을 나누는 깔때기 모양의 이 해협은 길이가 950킬로미터에 이르며 그 끝에 싱가포르가 위치해 있다. 이 지역은 시계視界가 좋지 않은 데다가 해적이 자주 출몰하여 위험한 곳으로 악명 높다. 이곳은 주변 지역의 어선 및 연안 항해 선박들 외에 수송선만 매년 5만 척이 오가는 핵심 전략 지점이다. 만일 이 해협이 봉쇄되면 전 세계 원유 수송이 막대한 타격을 입게 된다.

말라카 해협을 대신할 항로가 없지 않지만 여건이 훨씬 불리하다.

말라카 해협 지도.

수마트라 섬과 자바 섬 사이의 순다 해협은 훨씬 넓지만 해심이 얕아 많이 이용되지 않는다. 1천 킬로미터 동쪽에 위치한 롬복 해협과 거기에 이어지는 마카사르 해협은 항해 여건이 양호하여 특히 오스트레일리아에서 출발하는 석유 및 광물 운송선들이 갈수록 더 많이 이용하는 해로이지만, 싱가포르로부터 멀리 떨어져 있고 해적도 많이 준동하여 실제로 많이 이용되지는 않는다. 다른 한편, 태국 남쪽의 크라 지협을 통과하는 운하 건설 계획이 준비됐고, 여기에 중국이 자금 지원 의도를 가지고 있었으나 미국 쪽이 고의적으로 이 정보를 흘려 곧 환경 보호주의자들의 반대 시위가 일어났다. 말레이시아 또한 초대형 송유관 건설을 계획 중이다.

이처럼 세계 경제의 급소인 이 지역에는 세계 강대국들과 초대형 기업들의 이해가 걸려 있지만, 말레이시아나 인도네시아 같은 주변 국가들은 미국이나 일본 같은 외세의 지나친 개입을 원치 않고 있다. 이 해협 근역에서 인도와 중국이 해상 영향력을 강화하는 조치를 취하고 있어 두 거인 간의 충돌 위험도 커지고 있다. 이런 상황에서 말레이시아와 인도네시아의 반대에도 불구하고 싱가포르만이 미국 해군에 적극적으로 도움을 주고 있고, 이에 미국이 말라카 해협을 장악하고 있다.

중국이 우려하는 것이 이 점이다. 현재 중국 원유 수입의 80퍼센트 이상이 이 해협을 통과하고 있는데, 유사시에 미국이 이 지역을 봉쇄한다면 중국은 큰 위험에 처하게 된다. 이런 위험을 미연에 방지하기 위해 중국 해군은 이 지역 각지에 거점을 얻고자 노력해왔지만 현재까지 큰 성과는 없다. 여전히 '대륙 세력'의 성격이 강한 중국의 해외 팽창을 '해양 세력'인 미국이 틀어막고 있는 형세다. 게다가 중국의 강력한 경쟁자로 떠오르는 인도도 중국의 해상 팽창을 앉아서 보고 있으려 하지는 않을 것이다.

이런 상황에서 2013년 초에 중국이 인도양의 거점 도시인 과다르 항의 운영·관리권을 확보했다는 소식이 들려온다. 중국은 파키스탄 남서부에 있는 이 항구도시를 확보한 후 이곳으로 수입해 들여온 원유를 육지를 통해 중국까지 수송하는 계획을 검토 중이라 한다. 그러기 위해 과다르 항과 신장 위구르 자치구를 잇는 철도와 송유관 건설을 추진 중이다. 중국이 과다르 항 정비 사업을 추진하면서 단순히 상업 항구를 개발할지 군항을 동시에 건설할지 세계가 주목하고 있다. 그 이면에는 미국과 중국, 중국과 인도, 인도와 파키스탄의 경쟁 관계가 놓여 있다. 숨 가쁘게 돌아가는 세계정세를 정확히 읽는 눈이 필요하다.

대분기

산업혁명은
왜 유럽에서 일어났는가

왜 어떤 나라는 가난하고 어떤 나라는 부유한가? 이는 핵심적인 질문이지만 사실 답하기 매우 어려운 문제다. 그래서 문제를 조금 바꾸어 일단 이런 질문을 던져볼 수 있겠다. 현재 잘사는 나라는 언제부터 그렇게 부유했으며, 현재 못사는 나라는 언제부터 그렇게 가난했는가?

최근 경제사학계의 한 흐름은 중요한 문제들에 대해 글로벌한 시각으로 접근하는 것이다. 예컨대 50년 전에는 산업혁명이 왜 프랑스가 아니라 영국에서 일어났는가를 물었다면, 이제는 산업혁명이 왜 아시아나 아프리카가 아니라 유럽에서 일어났는가를 묻는 식으로 질문 자체가 바뀌었다. 앞에서 제기한 부국과 빈국의 문제 역시 지구적 차원에서 비교해보면 흥미로운 결과를 얻는다.

20세기 중반부터 역사가들은 인구와 생산에 대한 수량사적 연구를 수행해왔다. 예컨대 16세기 프랑스의 인구, 17세기 잉글랜드의 GDP, 혹은 18세기 네덜란드의 1인당 GDP 같은 것들을 파악하는 일은 지대한 노력을 필요로 한다. 수십 년의 노력 끝에 이제 어느 정도 받아들일 만한 수치 자료들을 얻게 됐다. 이런 수치들을 잘 들여다보면 세계사의 큰 흐름 속에 우리가 어떤 위치에 있는가를 헤아려볼 수 있다.

첫 번째 이야기할 수 있는 것은 현재 부유한 국가들은 모두 1820년경에 이미 부유한 국가들이었다는 사실이다. 달리 표현하면 대체로 19세기 초에 선두 그룹에 들어간 나라들은 그 이후 계속 성장가도를 달렸고, 그때 뒤처진 나라들은 여전히 후진 상태에 머물렀다. 다시 말하면 1820년을 기준으로 하여 이때 선진국에 도달해 있으면 지금까지 부국으로 남아 있고, 그때 빈국으로 뒤처져 있으면 현재에도 빈국으로 남아 있다는 것이다. 동시에 부국과 빈국 간 격차가 크게 벌어졌다. 비유하여 설명하면, 19세기 초까지 제법 큰 눈덩이를 뭉쳐 가지고 있으면 이후 그것을 굴려 현재는 아주 큰 눈덩이로 만들어 가지고 있는데, 당시에 조막만한 눈덩이밖에 못 만들었다면 그 후로도 조그마한 덩치로밖에 키우지 못했다.

구체적으로 몇몇 수치를 보자. 1820년에 영국과 네덜란드를 비롯한 서유럽 선진국들의 1인당 GDP는 1990년 달러 기준으로 1,700~1,850달러였던 데 비해 다른 대륙은 대개 500~700달러 사이이고, 아프리카는 415달러로 최하 수준이었다. 오늘날 부국들의 1인당 GDP는 2만 5천~3만 달러 사이이고, 아시아와 라틴아메리카 대부분은 5천~1만 달러 사이이며, 사하라 이남 아프리카는 평균 1,387달러다. 두 시점 사이를 비교해보면 영국과 서유럽 국가들은 17~25배, 아시아 대부분의 국가들은 10배, 사하라 이남 아프리카는 3~6배 성장했다. 이런 점을 두고 학자들은 1820년경에 세계사적인 대분기大分岐(Great Divergence)가 일어났다고 말한다. 오늘날의 국가 간 빈부격차는 이

시기부터 본격적으로 벌어진 것이다.

여기에서 정말 흥미로운 점은 세계사적으로 예외적인 경우에 속하는 나라들이다. 그런 나라들로는 일본, 한국과 대만 그리고 그보다는 덜 뚜렷하지만 러시아(소련)를 들 수 있다. 일본만 해도 1820년에 세계 평균으로는 빈국이었지만 20세기에 최대 부국 집단에 합류했다. 그보다 더 극적인 예외는 다름 아닌 한국이다. 한국은 1820년부터 현재까지 1인당 GDP가 무려 35배 성장하는 놀라운 기록을 세웠다. 당시 우리의 1인당 GDP는 약 600달러로 추산되며, 세계 각국의 경제발전 추세를 보면 유사한 수준의 나라들은 그 후 10배 정도 성장했다. 우리나라가 세계사적인 경향을 그대로 따랐다면 현재 1인당 GDP가 약 6천 달러 수준에 이르렀어야 정상이다. 그런데 우리나라는 2만 달러 정도에 도달하여 가장 극적인 예외에 속하게 됐다. 최근 경제사학계에서 한국을 주목하는 이유다.

수치들을 잘 분석해보면 그 외에도 아주 흥미로운 사실들을 많이 끄집어낼 수 있다. 19세기 초에 제일 잘사는 나라들의 1인당 GDP가 1,700~1,800달러라면 현재 아프리카 국가들 수준과 크게 다르지 않다. 현재와 비교하면 19세기 초만 해도 전 세계가 모두 가난한 상태에 처해 있었다. 따라서 오늘날 미국이나 유럽의 부국들이 이룩한 엄청난 부는 19세기 이후, 특히 20세기 이후 아주 최근에 얻은 성과다. 산업혁명의 성과가 본격적으로 나타난 것이 인류가 엄청난 경제적 성장을 향유하게 된 계기인 것이다.

당시 우리나라의 1인당 GDP가 600달러 수준이라는 점 또한 그 의미를 되새겨볼 필요가 있다. 1년에 600달러로 산다고 할 때 그중 절반 이상은 주거, 연료, 조명, 최소한의 위생 물품에 쓸 수밖에 없다. 따라서 1년에 300달러 정도, 다시 말하면 하루에 1달러가 안 되는 돈으로 먹고살았음을 의미한다. 모두 하루에 1천 원으로 하루를 버티는 셈이다. 최빈국 수준에서 출발하여 중진국을 넘어 선진국을 향하고 있는 이런 발전은 세계사적으로 예외이고 거의 기적에 가까운 일이다.

긴 흐름에서 보면 아마 현재가 또 다른 분기점이 아닐까 싶다. 과연 우리는 지금까지 그랬던 것처럼 계속 '기적'을 만들어갈 수 있을까? 이는 우리의 문제이자 동시에 세계적인 관심사가 아닐 수 없다. 빈곤의 굴레를 벗어던지고 선진국으로 향하는 한국의 사례는 우리 자신에게도 매우 중요한 일이며, 동시에 세계의 많은 빈국들에게 희망을 밝혀주는 사례가 될 것이다.

케랄라 현상

교육의 확대가
과연 경제발전을 가져오는가

지난 수십 년 동안 우리가 성취한 사회·경제적 발전은 분명 세계사적으로 보기 드문 성공 사례다. 한국이 그처럼 비약적인 성공을 거둔 이유가 무엇이냐고 묻는 외국 친구들이 많다. 자세히는 알 수 없으나 우리의 교육이 결정적인 요인이 아닐까 생각한다고 답하면 그들은 대개 수긍하는 눈치다. 그렇지만 구체적으로 어떤 성격의 교육이 어떤 사회·경제적 결과를 초래한 것일까?

우리나라를 비롯해서 동아시아 국가는 일찍부터 교육의 확대가 경제성장에 큰 기여를 한 것으로 이야기된다. 특히 일본이 근대 교육면에서 앞섰다. 메이지明治 시대에는 국민의 능력 개발에 초점이 집중되어 예컨대 1906년에서 1911년까지 일본 전국의 도시와 농촌의 예산 중 43퍼센트가 교육비로 충당됐다. 특히 초등교육 보급이 매우 잘 이루어져서, 1893년 징집된 군인의 3분의 1이 문맹이었는데 1906년에는 문맹률이 제로가 됐다. 가난한 사람에 대해 가장 먼저 교육을 확대한 것이 일본의 경제발전 전략에서 돋보이는 점이라고 인도의 경제학자인 아마르티아 센(1933~)은 지적한 바 있다. 우리 역시 교육열에서는 세계 최고의 수준이라 할 만하다. 더 넓게 보면 교육 투자를 통한 경제성장이 동아시아의 전략이라고 할 수도 있을 것이다.

그렇지만 교육이 늘 경제성장으로 이어지는 것은 아니다. 여기에서 한번 비교해볼 만한 곳이 인도 남서부에 위치한 케랄라 주다.

케랄라는 1956년 인도의 한 주로 독립한 이후 줄곧 사회민주주의 성향의 복지 경제체제를 유지해왔다. 주 정부는 의료와 교육에 많은 재정 투자를 했고, 그 결과 이 지역의 삶의 질은 인도 최고 수준에 이르렀다. 인도의 다른 주들과 비교해보면 차이를 뚜렷이 알 수 있다. 예를 들어 인도 북서부의 우타르프라데시 주와 각종 지표들을 비교해 보면, 여성의 문자 해독률은 케랄라 주 88퍼센트, 우타르프라데시 주 43퍼센트, 출생 때 기대수명은 케랄라 주 70세, 우타르프라데시 주 54세, 유아 사망률(신생아 1천 명당 사망 수)은 케랄라 주 13퍼센트, 우타르프라데시 주 114퍼센트, 출산율은 케랄라 주 1.8퍼센트, 우타르프라데시 주 5.2퍼센트다.

한마디로 우타르프라데시 주가 전형적인 후진국 양태를 보이는 반면 케랄라 주는 거의 미국 수준에 근접해 있다. 케랄라 주가 이토록 높은 복지 수준을 자랑하고 인간개발지수human development index가 인도 최고 수준인 것은 아동 교육, 특히 여자 아이들에 대한 교육을 꾸준히 시행해왔기 때문이다. 여성 교육의 보급은 출산율 감소와 유아 사망률 감소까지 가져온다는 실증 연구들이 많다. 이를 다시 중국과 비교해보아도 흥미롭다. 중국은 '한 자녀 갖기 운동' 같은 강제 조치를 엄격하게 시행하여 1979년과 1991년 사이에 출산율을 2.8퍼센트에서 2.0퍼센트로 낮추는 데 성공했다. 그런데 케랄라 주에서는 그러한 강제 조치를 시행하지 않는데도 같은 기간에 출산율이 3.0퍼센트에서 1.8퍼센트로 감소했다.

그렇다면 케랄라 주는 괄목할 만한 경제성장을 이루었을까? 놀랍게도 케랄라 주의 경제발전 수준은 매우 낮은 편이다. 인도의 평균보다는 다소 높지만 1인당 GDP도 저개발 국가 수준이고, 기근 문제 역시 여전히 심각한 상황이다. 무엇보다 별다른 산업이 자리 잡지 못해서 일자리가 크게 부족하다. 그 결과 매년 200만 명의 젊은이들이 해외로 나가서 일하고 있다. 두바이나 그 주변 지역에서 일하는 케랄라 주 젊은이들이 고향으로 송금하는 외화가 케랄라 주 정부 수입의 4분의 1을 차지할 정도다. 이처럼 높은 교육 수준과 낮은 경제발전의 결합을 '케랄라 현상'이라 칭한다. 케랄라 모델은 좌파와 우파가 섞여 있다는 평가를 받는데, 의료와 교육에 많은 투자를 한 데 비해 일자리 창출이 저조한 것이 치명적인 단점이 아닐까 싶다.

교육은 분명 사회와 경제발전의 핵심 요인 중 하나이지만 실상은 매우 복잡하다. 교육이 경제발전을 가능케 한다고 단순히 이야기할 것이 아니라, 장차 어떤 목표로 어떤 교육을 시켜야 할지 고민해볼 시점이 왔다. 지금까지의 우리나라 교육 방식은 이제 한계에 이르렀다는 느낌을 받는다. 새로운 시대에 걸맞은 새로운 창의적 교육이 절실히 필요하다.

발전의 대가

불평등, 자살, 우울증에 시달리는 부국강병

현대사에서 동아시아 3국의 경제발전은 경이로운 일임에 틀림없다. 가장 먼저 앞서나간 일본은 아시아 국가 중 처음으로 서구 국가들을 압도하는 강국이 됐다. 한국은 제2차 세계대전 이후 후진국으로 출발하여 선진국으로 진입해가는 유일한 국가로 주목받고 있다. 중국은 고속 성장을 거듭하여 조만간 세계 최대의 경제규모를 이룰 것으로 보인다. 이처럼 부를 확대해가는 동안 세 나라의 국민에게는 어떤 일이 일어났을까?

중국에서는 애초에 자동차가 많지 않으니 교통사고가 드물었지만 2002년에 10만 명이 차에 치여 사망했다. 도시와 농촌 간 경제력의 비율은 1985년에 1 대 1.8로 매우 평등했지만 2003년에는 1 대 6으로 벌어졌다. 현재 중국 경제가 성장하면서 불평등 정도는 갈수록 심각해지고 있다. 치열한 생존경쟁 때문에 생겨난 불안 장애는 문화혁명 당시보다 훨씬 더 심각한 상태라고 하는데, 정작 정신과 전문의는 그 큰 나라에서 고작 2천 명에 불과하다(미국의 경우 인구 100만 명당 105명의 정신과 전문의가 있다). 18~34세 청년 중 매년 25만 명이 자살하여 자살이 청년층 사망 원인 1위가 됐다. 일본에는 오랜 기간 집 밖으로 나가지 않고 틀어박혀 사는 소위 히키코모리가 100만 명이 넘는데, 이는 40가구당 한 명꼴이라 한다. WHO는 아시아 국가들에서 장애를 초래하는 주요 원인 10개 중 다섯 개가 정신과적 질병이며, 이는 경제적 부담 면에서 암보다 더 큰 문제라고 진단했다. 또 앞으로 우울증이 가장 심각한 질병이 될 것이라는 예측도 내놓았다. 여기에 더해 동아시아에서 AIDS 문제도 심각한 양태로 진행 중이다. 그렇지만 이 문제에 대해서는 명확한 파악도 힘든 형편이다. 중국에서는 관련 자료가 여전히 '국가 기밀'이기 때문이다.

우리나라 역시 크게 다르지 않다. 살인과 자살이 급증하고, 출산율은 세계 최저 수준으로 떨어졌다. 이는 사회의 기본 구조에 이상이 생겼다는 징표다. 아이를 많이 낳지 않는 것은 현재의 고통스러운 삶을 내 아이에게 다시 물려주지 않으려는 심정, 곧 '삶에 대한 비관적 인식'과 관련이 있어 보인다. 이 비슷한 상태는 해체 직전의 소련에서 관찰된 바 있다. 당시 사회 안전망이 무너지고 출산이 급격하게 하락하여 이대로 가면 러시아 민족은 수십 년 내에 지구상에서 사라질지 모른다는 위기감이 팽배했었다. 또한 인간관계에서 행복을 찾기 힘들어지자 물품의 소비를 통해 보상받으려는 경향도 강하다. 우리나라나 중국에서 소위 '명품'이라는 고급 브랜드 제품을 구입함으로써 정신적 보상을 받으려는 현상도 이와 무관치 않을 것이다.

동아시아 3국만이 아니라 조금 넓게 보면, 빠른 경제성장을 이루고 있는 아시아 국가들이 모두 소비주의의 확대라는 공통된 현상을 보이고 있다. 말레이시아나 싱가포르 같은 동남아시아 국가들을 가보면 몰mall이 엄청나게 확대되는 것을 관찰할 수 있다. 이런 곳에서는 신흥 부자들이 흔히 비전통적인 의상이나 음식을 통해 자신들의 정체성을 구성하려 하고, 그들의 구매품으로 서로를 판단하는 경향이 생겨나고 있다. 중국에는 이미 1000만 명을 훨씬 넘는 '럭셔리' 상품 소비자가 존재하는데, 이들은 멋진 브랜드 상품을 구입함으로써 자신들의 독립성을 확인하려 한다(사실은 매우 모순적인 일이다). 아마 우리나라의 발전된 성형 미용술이 인기를 누리는 것도 이와 관련이 있을 것 같다. 자신의 정체성을 브랜드 상품에 맞춘다고 할 때 자신의 얼굴 자체를 '성형'한다는 것은 물질주의·소비주의의 극단이다.

 빠른 발전이 결국 대가를 치르도록 했다. 영토 문제를 놓고 3국이 비이성적으로 싸우는 것은 표면적으로는 정치 문제이지만, 빠른 변화와 발전으로 인해 병들어가는 사회끼리 충돌하는 것으로 볼 수도 있지 않을까?

 지금까지 우리는 경제성장을 통해 강대국 대열에 합류하는 것을 목표로 삼고 이 악물고 살았다. 과연 21세기에도 부국강병이 우리의 지상 목표일까? 궁극적으로 어떤 삶을 사는 게 잘사는 것인지 그리고 그것을 이루어가기 위해서 국가는 어떠해야 하는지에 대한 논의가 필요해 보인다.

여성과 권력

조화와 협력의
부드러운 시대가 될 것인가

여성이 정치적으로 최고위 결정권을 가지게 되면 사회가 크게 변화할까? 전통적으로 여성은 갈등과 경쟁보다는 조화와 협력의 경향이 강하므로 여성 대통령을 맞은 우리나라 역시 '부드러운' 시대로 진입하게 될까?

역사의 사례들을 보면 꼭 그렇게 되리라고 예상할 수는 없다. 파키스탄의 베나지르 부토(1953~2007) 총리는 1988년에 이슬람권 최초의 여성 지도자가 됐지만 파키스탄의 정치나 사회의 가부장적 성향이 크게 바뀌지는 않았다. 사실 부토는 강력한 정치 명문 가문 출신이라 과거로부터 단절하여 새로운 방향으로 나가는 것이 쉽지 않았을 터다. 인도의 인디라 간디(1917~84) 총리는 1975년부터 1977년 사이에 비상계엄을 선포했는데, 이는 1947년 인도의 독립 이후 유일하게 민주정치가 중단됐던 시대로 간주된다. 이스라엘의 골다 메이어(1898~1978) 총리는 중동 정세가 긴박했던 1969~74년에 주변 국가들과의 관계에서 늘 강경한 입장을 고수하며 국정을 이끌었다. 영국의 마거릿 대처

파키스탄의 총리 베나지르 부토(왼쪽)와 영국의 총리 마거릿 대처(가운데), 그리고 이스라엘의 총리 골다 메이어(오른쪽).

(1925~2013) 총리 역시 1979년부터 1990년까지 세 번 총리를 역임하는 동안 강력한 통치력을 과시하며 국내적으로 보수적 정책을 밀어붙였고 바깥으로는 아르헨티나와 포클랜드 전쟁(말비나스 전쟁)을 수행하여 '철의 여인'이 됐다.

전반적으로 남성이 더 폭력적인 것은 사실이다. 프랑스의 연구 사례를 보면 1970년대부터 현재까지 살인 범죄의 85퍼센트가 남성이 저지른 것이다. 이 비율에 큰 변화가 없다는 것에 주목할 필요가 있다. 이에 비해 여성들은 공감empathy의 능력이 더 크다는 것이 일반적 견해다. 뇌과학자들 중에는 여성의 두뇌가 기질적으로 공감의 성향을 띠는 데에 알맞은지 연구 중이다. 이런 입장에 서 있는 캐나다 출신의 하버드 대학교 심리학자 스티븐 핑커는 만일 여성이 군사적 결정 과정에서 최후의 발언권을 가진다면 명예, 군사적 위엄, 복수 등에 집착하여 일어나는 바보 같은 전쟁이 훨씬 줄어들 것이라고 주장했다. 그러나 이 역시 역사 경험과는 맞지 않아 보인다. 만일 여성성이 정말로 그런 경향을 띤다면 여성들은 제1차 세계대전 참전에 반대했어야 했고, 나치즘 같은 극우 세력에 참여하지 않았어야 하지만, 실제로는 그렇지 않았다. 공감이 곧바로 연민compassion으로 연결되지는 않는다.

현재 프랑스의 호전적 극우 정당인 국민전선Front National을 지휘하는 사람은 마리 르 펜(1968~ . 얼마 전까지 이 정당의 당수였던 장마리 르 펜의 딸)이다. 튀니지 국회의 여성 의원들 대부분은 이슬람 정당 소속으로, 이들은 사회에 이슬람교의 영향이 증대되어야 한다는 당의 정강政綱에 찬성한다. 이란에서는 여성들이 권력 기관에 많이 접근한 것이 사실이지만 여전히 부차적인 수준에 머물고 있으며, 판사와 같은 특정 부문에 진출하지 않는 것에 동의한다.

우리나라가 처음 여성 대통령을 맞이한 것은 실로 중요한 긍정적 변화이지만, 그것이 자동적으로 큰 변화를 가져올지는 지켜봐야 할 것이다. 여기에 상응하는 사회 전체의 심층적 변화가 따라야만 발전과 개선을 기대할 수 있다.

| 참고문헌 |

제1부 문명과 자연의 대화

커피 | 이슬람의 성수(聖水)에서 전 세계의 음료로
장 지글러, 양영란 옮김, 『탐욕의 시대』, 갈라파고스, 2008.

다이아몬드 | 호신용 부적에서 전쟁 자금으로
지바현역사교육자협의회세계사부, 김은주 옮김, 『물건의 세계사』, 가람기획, 2002.
폴 콜리어, 류현 옮김, 『빈곤의 경제학』, 살림, 2010.

이집트 문명 | 영원한 신비 속에 굳어져버린 '차가운' 사회
국립과천과학관 투탕카멘전 도록, 『신비의 파라오 투탕카멘』, 2011.
Jan Assmann, *La mémoire culturelle, Ecriture, souvenir et imaginaire dans les civilisations antiques*, Flammarion, 2009.

국왕의 사체(死體) | 국왕의 신성함을 통치 수단으로 만드는 국민의례
Stanis Perez, "Momies royales", *L'Histoire*, no. 347, Novembre 2009, pp. 80~84.

대동강 문명권 | 세계 5대 고대 문명권?
노태돈, 『한국사를 통해 본 우리와 세계에 대한 인식』, 풀빛, 1998.
역사학연구소, 『교실 밖 국사여행』, 사계절, 2010.

리스본 지진 | 죽은 자를 묻고 산 자를 치유하자
볼테르, 이봉지 옮김, 『캉디드』, 열린책들, 2009.
David Birmingham, *A Concise History of Portugal*, Cambridge University Press, 1993, pp. 75~79.

흉년 | 굶주림의 역사는 아직 끝나지 않았다
맛시모 몬타나리, 주경철 옮김, 『유럽의 음식문화』, 새물결, 2001.
사카이야 다이치, 최현숙 옮김, 『동경대 강의록』, 동양문고, 2004, p. 47.

하수관 | 땅 밑에서부터 시작된 근대적 발전
스티븐 솔로몬, 주경철·안민석 옮김, 『물의 세계사』, 민음사, 2013.

홍수 | 선진국은 재해에 대비한 기반시설이 탄탄한 나라
한 반 데어 홀스트, 김용규 외 옮김, 『낮은 하늘』, 2002, 박영사, pp. 113~130.

악마의 선택 | 세상을 삼키는 홍수 앞에 누구를 희생시킬 것인가
Pap Ndiaye, "Mississipi : la leçon oubliée", *L'Histoire*, no. 304, Décembre 2005.

페르미의 역설 | 컴퓨터 게임에 중독되어 지구를 찾아오지 않는 외계인
존 브록만 엮음, 이영기 옮김, 『위험한 생각들』, 갤리온, 2007.

우리는 더 아름다워졌는가 | 나의 아름다움을 내가 기획하는 시대
Georges Vigarello, "Les Français sont-ils plus beaux qu'en 1945?", *L'Histoire*, no. 291, Octobre 2004, pp. 48~51.

오스트레일리아의 코끼리 | 생태계 혼란을 초래한 외래종 동식물
클라이브 폰팅, 이진아 옮김, 『녹색세계사』, 심지, 1995.

인간과 동물 | 지구는 우리만 사는 곳이 아니다
페르낭 브로델, 주경철 옮김, 『물질문명과 자본주의』 1, 까치, 1995, pp. 78~79.

제2부 인류의 삶을 수놓은 문화

섹스 스트라이크 | 참혹한 전쟁과 죽음을 넘어서려는 진지한 노력
아리스토파네스, 나영균 외 옮김, 『희랍희극』, 현암사, 1995.

노출 | 올바른 주장과 비열한 선정성이 뒤섞인 문제
한스 페터 뒤르, 최상안 옮김, 『음란과 폭력』, 한길사, 2003.

여배우 | 시대가 주목한 미녀들
미하일 칼라토조프 감독, 「학이 날다(Cranes are Flying)」, 1957.
Josephine Woll, *The Cranes are Flying*, Tauris, 2003.

오즈의 마법사 | 경제적 해석보다는 용기 넘치는 모험
데이비드 그레이버, 정명진 옮김, 『부채, 그 첫 5,000년』, 부글북스, 2011.
빅터 플레밍 감독, 「오즈의 마법사」, 1939.
Henry, Littlefield, "The Wizard of Oz : Parable on Populism", *American Quarterly 16*(1), 1964, pp. 47~58.

버터 | 매운맛에서 부드럽고 섬세한 맛으로
마귈론 투생-사마, 이덕환 옮김, 『먹거리의 역사』, 까치, 2002, pp. 150~154.
맛시모 몬타나리, 주경철 옮김, 『유럽의 음식문화』, 새물결, 2001.

축구 | 단순한 공놀이에 깃들어 있는 민족적 스타일과 역사적 흐름
이은호, 『축구의 문화사』, 살림, 2004.

올림픽 정신 | 돈과 국가권력, 민족주의 경쟁으로 변질된 인류 최고의 제전
Georges Vigarello, "Le Religion des temps modernes", *Collecions de L'Histoire*, no. 40, pp. 86~90.

바캉스 | 위기 상황에서 시작된 유급휴가 제도
팀 블래닝, 김덕호·이영석 옮김, 『옥스퍼드 유럽 현대사』, 한울아카데미, 2003.

빅토리아 앨버트 박물관 | 노동자들의 교양을 위한 보수적인 '인민 궁전'
Lucy Trench, *The Victoria and Albert Museum*, V & A Publishing, 2010.

영국에 대한 오해 | 이웃 나라 사람들의 못된 비방에 오해받고 있는 나라
Sophie Desorme, "Perfide Albion", *L'Histoire*, no. 270, Novembre 2002, pp. 18~19.

금지곡 | 국민의 정서를 통제하려던 독재 시대의 노래들
민은기 엮음, 『독재자의 노래』, 한울, 2012.

강남 좌파 | 민중을 위한 투쟁 이전에 우선 캐비아와 샴페인부터
로랑 조프랭, 양영란 옮김, 『캐비어 좌파의 역사』, 워드앤코드, 2012.

문화와 상품 | 문화의 흐름이 빚어내는 변화들
Eric L. Jones, *Cultures Merging : A Historical and Economic Critique of Culture*, Princeton University Press, 2006.

국민 행복 | 경제성장 다음 단계의 행복은?
이정전, 『우리는 행복한가』, 한길사, 2008, pp. 37~44.

제3부 역사 속의 인간들

아마존과 헤라클레스 | 힘과 지혜 그리고 사랑
강응천, 『문명 속으로 뛰어든 그리스 신들』, 사계절, 1996, pp. 183~196.

동방박사 | 아기 예수를 경배한 '불의 숭배자들'
마르코 폴로, 김호동 옮김, 『동방견문록』, 사계절, 2000.

성 프란체스코 | 성인과 이단의 수괴는 종이 한 장 차이?
니코스 카잔차키스, 박석기 옮김, 『성 프란체스코』, 학원사, 1982.

콜럼버스 유해의 미스터리 | 신화화된 인물의 시신을 둘러싼 의혹
주경철, 『크리스토퍼 콜럼버스, 종말론적 신비주의자』, 서울대학교출판부, 2013.

국왕의 신화화 | 앙리 4세는 생전에도 존경받는 군주였는가
Michel Cassan, "Naissance d'une légende", *L'Histoire*, no. 351, Mars 2010, pp. 64~65.

프리드리히 대왕 | 강력한 국왕은 어떻게 만들어졌는가
메리 풀브룩, 김학이 옮김, 『분열과 통일의 독일사』, 개마고원, 2000.

마리 앙투아네트 | 혁명의 물결에 휩쓸린 기구한 운명의 '작은 요정'
린 헌트, 조한욱 옮김, 『프랑스 혁명의 가족 로망스』, 새물결, 1999, pp. 135~136.

빅토르 위고 | 좌파와 우파, 민중과 엘리트 모두에게 추앙받는 문인
로랑 조프랭, 양영란 옮김, 『캐비어 좌파의 역사』, 워드앤코드, 2012.

라스푸틴 | 신비적인 힘으로 정치를 농단한 괴승
니콜라스 랴자놉스키 외, 조호연 옮김, 『러시아의 역사』, 까치, 2011.

'이상한 패배' | 스스로 역사가 된 위대한 역사가의 죽음
마르크 블로크, 김용자 옮김, 『이상한 패배, 1940년의 증언』, 까치, 2002.

조지프 스완 | 냉혹한 사업가 에디슨에 가려진 백열전구의 진짜 발명자
Kamil Fadel, "Adieu à la lampe Edison", *L'Histoire*, no. 369, Novembre 2011, pp. 26~27.

록펠러 | 무자비한 사업가에서 회심한 자선가로
유진수, 『가난한 집 맏아들, 대한민국 경제정의를 말하다』, 한국경제신문, 2012.

아마르티아 센 | 시장의 문제보다 부의 배분이나 약자 보호 시스템의 문제
아마르티아 센, 원용찬 옮김, 『센코노믹스, 인간의 행복에 말을 거는 경제학』, 갈라파고스, 2008.

그라민 은행 | 빈곤 없는 세상을 만들 수 있다는 희망과 믿음
무함마드 유누스, 김태훈 옮김, 『가난 없는 세상을 위하여』, 물푸레, 2008.

덩컨과 드밍 | 한국과 일본의 경제성장을 도와준 이방인 은인들
조이스 애플비, 주경철·안민석 옮김, 『가차없는 자본주의』, 까치, 2012.
주경철, 「가이젠」, 『히스토리아』, 산처럼, 2012.
http://www.dharma-haven.org/five-havens/deming.htm

제4부 전쟁과 학살, 고난의 기억

바람과 함께 사라지다 | 미국의 보수적 정서를 밝혀주는 사료
Charles Mcgrath, "A Piece of 'Gone With the Wind' Isn't Gone After All", *New York Times*, March 30, 2011.

도버 | '됭케르크의 기적'이 이루어진 역사 현장
존 키건, 유병진 옮김, 『세계전쟁사』, 까치, 1996.

『징비록』 | 정세에 어둡고, 준비도 없이 내분에 휩싸였던 임진란에 대한 기록
유성룡, 이민수 옮김, 『징비록』, 을유문화사, 1970.

천연두 | 침략자들의 앞길을 열어준 병원균
아노 카렌, 권복규 옮김, 『전염병의 문화사』, 사이언스북스, 2001, pp. 156~159.

벚꽃 | 봄날의 서정이냐 제국주의의 집단 죽음이냐
니토베 이나조, 양경미·권만규 옮김, 『일본의 무사도』, 생각의나무, 2006.

가미카제 | 일본의 젊은 청년들을 희생시킨 잔인한 비극
Christian Kessler, "Kamikazes : pour l'empereur, contre l'Amérique!", *L'Histoire*, no. 299, Juin 2005, pp. 74~80.

한낮의 공포 | 다음의 소식을 전하게 되어 유감입니다
존 키건, 정병선 옮김, 『전쟁과 우리가 사는 세상』, 지호, 2004.
David Smith, "'Wrong man' in Kipling son's grave. War historians believe that a different officer who died at Loos in 1915 lies in cemetery", *The Observer*, Sunday 4 November 2007.

제1차 세계대전 종전 | 산업화되고 대량화된 젊은이들의 죽음
존 키건, 유병진 옮김, 『세계전쟁사』, 까치, 1996, pp. 502~507.

세상에서 가장 슬픈 만남 | 죽음의 문턱에서 만난 부인과 여동생
이상빈, 『아우슈비츠 이후 예술은 어디로 가야 하는가』, 책세상, 2001.
클로드 란츠만 감독, 「쇼아(Shoah)」(1985), 프리미어 엔터테인먼트, 2005.

부상병 그리고 군 병원 | 강한 군사력은 병원 체계에서 나온다
존 키건, 정병선 옮김, 『전쟁의 얼굴』, 지호, 2005, pp. 320~324.

전후 처리 방안 | 복수와 응징이 평화를 가져오지는 않는다
한스 페터 뒤르, 최상안 옮김, 『음란과 폭력』, 한길사, 2003.
André Fontaine, *La Guerre froide*, La Mrtinière, 2006.

미사일 | 강력한 힘을 스스로 통제할 수 있는 지혜가 필요
조이스 애플비, 주경철·안민석 옮김, 『가차없는 자본주의』, 까치, 2012.

스푸트니크 | 서방세계를 충격에 빠뜨린 세계 최초의 인공위성
스탠리 큐브릭 감독, 「닥터스트레인지러브(Dr. Strangelove)」, 1964.
André Fontaine, *Histoire de la guerre froide*, tome 2, Fayard, 1967.
Charles Maland, "Dr. Strangelove : Nightmare Comedy and the Ideology of liberal Consensus", in Peter C. Rollins ed., *Hollywood as Historian, American Film in a Cultural Context*, The University Press of Kentucky, 1983.

크메르루주 | 유토피아 이념에서 나온 최악의 독재 디스토피아
David Chandler, "3 ans, 8 mois et 20 jours", *L'Histoire*, no. 381, Novembre 2012, pp. 40~50.
토머스 모어, 주경철 옮김, 『유토피아』, 을유문화사, 2007.

제5부 시간 속에서 숙성된 인류의 지혜

축(軸)의 시대 | 인류는 축의 시대의 통찰을 한번도 넘어선 적이 없다
카렌 암스트롱, 정영목 옮김, 『축의 시대』, 교양인, 2006.

조로아스터교 | 세계 최초로 악의 원리를 밝힌 종교
André Lemaire, "L'exil à Babylone", *Les Collections de L'Histoire* n°13, 2001.

조로아스터교와 유대교 | 기독교와 이슬람교로 이어진 유일신 사상
André Lemaire, "L'exil à Babylone", *Les Collections de L'Histoire* n°13, 2001.

Philippe Abrahami, "Babylone, Dieu et les Juifs", *L'Histoire* n°301, août, 2005.

이슬람교에서 보는 예수 그리스도 | 실패한 예언자?
한국이슬람교중앙연합회, 『쿠란에 비친 예수 그리스도』, 이슬람문고 5(http://www.islamic book.ws/korean-06.pdf)
Gabriel Martinez-Gros, "Jésus vu d'Islam : un prophète raté", *L'Histoire*, no. 305, Janvier 2006.

천둥이 한 말 | 절제하고, 보시하고, 자비로워라
남수영 옮김, 『브리하다라냐카 우파니샤드』, 여래, 2009.
T. S. 엘리엇, 황동규 옮김, 『황무지』, 민음사, 2004.

세렌디피티 | 이 세상 만물은 책이며 그림이며 거울이니
움베르토 에코, 이윤기 옮김, 『장미의 이름』, 열린책들, 1986.
주경철, 「치즈와 구더기 : 큰 세상을 작게 보기」, 『현대문학』 제694호, 2012. 10.

발다로의 연인 | 신석기 시대의 '로미오와 줄리엣'
오비디우스, 이윤기 옮김, 『변신이야기 1』, 민음사, 1998, pp. 156~161.

기사의 사랑, 사랑의 기사 | 고귀한 귀부인을 향한 고결한 사랑의 주인공
주경철·정재승·박지현, 『사랑』, 서울대학교출판부, 2013.
쥘리아 크리스테바, 김인환 옮김, 『사랑의 역사』, 민음사, 2008.

수의(壽衣)에는 호주머니가 없다 | 모든 것을 내려놓아라
브로니슬라프 게레멕, 이성재 옮김, 『빈곤의 역사』, 길, 2010.

칼레의 시민 | 애국적인 영웅으로 재탄생한 시민들
J.-M. Moeglin, *Les Bourgeois de Calais. Essai sur un mythe historique*, Albin Michel, 2002.

프랑스혁명과 칸트 그리고 재스민혁명 | 혁명, 진보적이면서도 보수적인
미셸 보벨, 최갑수 옮김, 『왕정의 몰락과 프랑스혁명, 1787~1792』, 일월서각, 1987.
F. 퓌레, D. 리셰, 김응종 옮김, 『프랑스혁명사』, 일월서각, 1990.

샹그릴라 | 서구가 만들어낸 동양적 신비주의의 '짝퉁' 이상향
제임스 힐턴, 황연지 옮김, 『잃어버린 지평선』, 뿔, 2009.

안뜰과 러브 라운지 | 창의적 해결책을 찾으려면 직접 만나서 대화하라
월터 아이작슨, 안진환 옮김, 『스티브 잡스』, 민음사, 2011.

Please, Thank you | 우리 모두 서로 의존하며 살아가고 있으니
데이비드 그레이버, 정명진 옮김, 『부채, 그 첫 5,000년』, 부글, 2011.

제6부 정치와 경제의 소용돌이

기적궁 | 낭만도 사랑도 없는 도시 빈민가의 불행한 역사
빅토르 위고, 정기수 옮김, 『파리의 노트르담』, 민음사, 2005.

베이비 박스 | 백 년 전처럼 아이를 내다 버리도록 해야 하는가
주경철·정재승·박지현, 『사랑』, 서울대학교출판부, 2013.

이자 | 하느님이 허락한 시간을 팔아먹는 행위
Joel Mokyr ed., *The Oxford Encyclopedia of Economic History*, vol. III, Oxford University Press, 2003, p. 309.

채무 노예 | 인간을 '노예 상태'로 떨어뜨리는 부채 문제
데이비드 그레이버, 정명진 옮김, 『부채, 그 첫 5,000년』, 부글북스, 2011.

밑바닥 10억 | 하루 1달러로 살아가는 극빈국에게 우리의 경험을
폴 콜리어, 류현 옮김, 『빈곤의 경제학』, 살림, 2010.

특허 | 어느 정도까지 보호해야 하는가
스티븐 솔로몬, 주경철·안민석 옮김, 『물의 세계사』, 민음사, 2013.

짝퉁과 기술 도용 | 경제성장 초기에 벌어지는 낯뜨거운 일들
스티븐 솔로몬, 주경철·안민석 옮김, 『물의 세계사』, 민음사, 2013.
조이스 애플비, 주경철·안민석 옮김, 『가차없는 자본주의』, 까치, 2012.

네덜란드병(病) | 로또 당첨이 인생을 망치듯
이근 외, 『국가 간의 추격, 추월, 추락』, 아시아 기초연구 지원사업 최종 보고서, 2012.

바세나르 협약 | 가족의 가치를 중시하는 분위기에서 나온 노사 합의
이근 외, 『국가 간의 추격, 추월, 추락』, 아시아 기초연구 지원사업 최종 보고서, 2012.

머라이언 | 사자와 물고기의 이종교배
아마르티아 센, 원용찬 옮김, 『센코노믹스, 인간의 행복에 말을 거는 경제학』, 갈라파고스, 2008.
정영수, 『멋진 촌놈』, 이지출판, 2012.

말라카 해협 | 동서양의 교류·충돌의 핵심 지역
Pascal Gauchon, Jean-Mar Huissoud, *Les 100 Lieux de la Géopolitique*, PUF, 2008.

대분기 | 산업혁명은 왜 유럽에서 일어났는가
Robert Allen, *Global Economic History : A Very Short Introduction*, Oxford University Press, 2011.

케랄라 현상 | 교육의 확대가 과연 경제발전을 가져오는가
아마르티아 센, 원용찬 옮김, 『센코노믹스, 인간의 행복에 말을 거는 경제학』, 갈라파고스, 2008.

발전의 대가 | 불평등, 자살, 우울증에 시달리는 부국강병
Eric L. Jones, *Cultures Merging : A Historical and Economic Critique of Culture*, Princeton University Press, 2006.

여성과 권력 | 조화와 협력의 부드러운 시대가 될 것인가
Barbara Loyer, "Une gouvernance sensiblement différente?", *Le Monde Hors-série, L'Atlas des Utopies*, pp. 150~151.

주경철의 역사 에세이
히스토리아 노바

지은이　주경철
펴낸이　윤양미
펴낸곳　도서출판 산처럼

등　록　2002년 1월 10일 제1-2979
주　소　서울시 종로구 내수동 72번지 경희궁의 아침 3단지 오피스텔 412호
전　화　725-7414
팩　스　725-7404
E-mail　sanbooks@hanmail.net
홈페이지　www.sanbooks.com

제1판 제1쇄 2013년　7월 1일
제1판 제2쇄 2013년 12월 1일

값 18,000원

ISBN 978-89-90062-45-1　03900
　　　978-89-90062-43-7　(세트)

* 잘못된 책은 바꾸어 드립니다.